清华哲学文库

# 彝伦攸斁
## ——中西古今张力中的儒家思想

唐文明 著

中国社会科学出版社

## 图书在版编目(CIP)数据

彝伦攸斁：中西古今张力中的儒家思想／唐文明著． —北京：中国社会科学出版社，2019.5

ISBN 978-7-5203-4605-4

Ⅰ.①彝… Ⅱ.①唐… Ⅲ.①儒家—哲学思想—研究 Ⅳ.①B222.05

中国版本图书馆CIP数据核字（2019）第122342号

| 出 版 人 | 赵剑英 |
|---|---|
| 责任编辑 | 冯春凤 |
| 责任校对 | 张爱华 |
| 责任印制 | 张雪娇 |

| 出　　版 | 中国社会科学出版社 |
|---|---|
| 社　　址 | 北京鼓楼西大街甲158号 |
| 邮　　编 | 100720 |
| 网　　址 | http://www.csspw.cn |
| 发 行 部 | 010-84083685 |
| 门 市 部 | 010-84029450 |
| 经　　销 | 新华书店及其他书店 |
| 印刷装订 | 环球东方（北京）印务有限公司 |
| 版　　次 | 2019年5月第1版 |
| 印　　次 | 2019年5月第1次印刷 |
| 开　　本 | 710×1000　1/16 |
| 印　　张 | 16.5 |
| 插　　页 | 2 |
| 字　　数 | 230千字 |
| 定　　价 | 128.00元 |

凡购买中国社会科学出版社图书，如有质量问题请与本社营销中心联系调换
电话：010-84083683
**版权所有　侵权必究**

你是继承人。
儿子们是继承人，
因为父亲们已死。
儿子们玉树临风，开花结果。
你是继承人：
于是你继承
旧日花园的青翠与倾圮的天空
寂静的蓝。
你继承岁月凝成的露水，
倾泻阳光的诸多夏日，
喧嚷的春带着光华与哀叹
如少妇的许多信笺。
你继承秋，如奢华的衣装
留在诗人们的回忆里，
所有的冬，如失去双亲的大地，
怅然而静默地依偎着你。

——里尔克《朝圣之书》

# 目 录

序　大同抑或人伦？
　　——现代中国文明理想的探索 ………… 吴　飞（ 1 ）
子　儒教文明与基督教文明的相遇
　　——略论现代儒门学者对中西问题的理解 ………（ 1 ）
丑　中国革命的历程与现代儒家思想的开展 ………（ 20 ）
寅　人伦理念的普世意义及其现代调适
　　——略论现代儒门学者对五伦观念的捍卫与重构 ……（ 35 ）
卯　从陈寅恪悼念王国维的诗文谈儒教人伦思想中的
　　自由观念 ………………………………………（ 53 ）
辰　陈焕章论儒教社会主义 ………………………（ 67 ）
巳　辛亥革命以前王国维论哲学及人文学的分科 …………（ 90 ）
午　夷夏之辨与现代中国国家建构中的正当性问题 ………（110）
未　政治自觉、教化自觉与中华民族的现代建构 …………（163）
申　儒教美德伦理传统的衰落与复兴 ……………………（189）
酉　儒教伦理与腐败问题 …………………………………（206）
戌　实际生活经验与思想的路标
　　——评张祥龙的儒学研究 ………………………（218）
亥　比较的陷阱与软性暴力 ………………………………（234）
参考文献 …………………………………………………（241）
跋 …………………………………………………………（249）

# 序

## 大同抑或人伦？
### ——现代中国文明理想的探索

吴 飞

唐文明教授的《彝伦攸斁》，收入作者近年来的十二篇文章，根据主题的推进，而非发表顺序，以十二地支精心安排。我与文明兄相识二十多年，对他的思想也算熟悉，他出版过的几本书都认真读过，但只有在一口气读下这十二篇文章之后，才了解了他思考的丰富性和深刻性。

经过一百多年的批判与否定，儒学思想在近些年得到了比较多的重视，但严重缺乏学理上的思考，一时间沉渣泛起，众声嘈杂，曲学阿世，沐猴而冠，各种狂热、偏狭、固执、迂腐、复古、自以为是和别有用心的意见与表演，与儒学通达与包容的本性背道而驰，却纷纷在国学复兴的旗号下粉墨登场，这种混乱局面对儒学的破坏，甚至不亚于以前的批判。在这样的情境下，对儒家严肃的学术研究就变得尤其迫切。在关心儒学的少数严肃学者中，有几位特别引人瞩目，因为他们主张回到现代中国思想的起点：康有为。唐文明就是认真研究康有为思想的一位。关于康有为，我也多次与唐文明深入讨论过，我既清楚地表明过自己对康氏之学的不以为然，他也明确告诉过我他对康氏之学的认同。所以，在这样一本讨论现代中国与儒教关系的著作中，他仍然对康有为颇为推许，也就是在意料之中的了。不过，出乎我意料的是，在高度肯定康有为的思想高度和对现代中国的影响的同时，唐文明也充分意识到了康有为思想的问题，特别是对于其在《大同书》中主张消灭家族的主张，有着非常深入的反思——而这正是我不愿认同康有为的地方。一个思想者，对于自己最推崇的思想家不是盲目崇拜，而是多方面全方位审视，既清楚其力量所在，也深知其可能的危险，这是使严肃的学术研究不同于民间意见的地方，而这正是唐文明的研究中最值得钦佩的地方。

唐文明是主张儒教的，但此书不是对儒教的信仰表达，也不是对某个具体问题的专门研究，而是对现代中国文明走向的一种理性反思。所以，其间不仅有对儒学自身问题的深入分析，也有对中国现代处境的全面考察，既有对现代中国各个主要思想流派的细致梳理，更有对中西文明碰撞之实质问题的宏观把握。书虽不厚，却对现代中国所面对的最重要文明问题都有相当丰富的思考，并且作者并不想以自己的意见做出一个武断的结论，而是通过对问题的揭示，不断引发读者更多的思考。在儒学思想界相当混乱的当下，这本书的出版可谓适逢其时。

此书立意很高，因为是从"文明"的高度思考现代中国的命运。救亡、启蒙、独立、发展、富强，是很多现代人思考中国命运的角度，权力关系、经济结构、军事力量、社会形态、民族独立，自然就成为这些思考的入手点。但此书作者关心的问题却是：现代中国人的美好生活是什么？唐文明对儒家的推崇，并不是因为儒教正巧是中国的文化，而是因为它是中国人思考美好生活的方式，这种思考方式与西方价值一样具有普遍意义，在现代世界虽然遭受了巨大的危机，却仍有其潜在的力量。这种力量已经为现代中国的各派思想家所认识，也与来自西方的各种主义有过非常深入的对话。

唐文明认为，曾国藩、张之洞等人都已经抓住了中西文明问题的实质，即产生自基督教思想的西方文明对于以人伦为核心的儒家文明的挑战，而康有为之所以决定性地塑造了现代中国各主要思想派别的话语模式，就在于他创造性地提出了大同主义，这个出自《礼运》但又能与西方思想勾连起来的概念。作者在书中两次引用叶德辉对康有为的批评"其貌则孔也，其心则夷也"，并认为一针见血，叶氏的批评确实抓住了康有为以大同说附会西方思想的实质，他并不是像曾国藩和张之洞那样，在西方文明的挑战面前捍卫中国文明，而是以西方文明的许多观念，来改造中国文明。但叶德辉未必能够意识到，恰恰是康有为的这一做法，对后来的思想发展有非常根本的影响。

书中虽然没有哪一篇专门写"大同主义"的，但大同问题贯穿始终，时刻提醒着我们康有为对现代中国思想的支配性影响，而唐文明更明确关心的另一个主题"人伦"，则与大同之间形成了一个不可忽视的张力，成为此书最重要的两个关键词。

在唐文明看来，曾国藩的《讨粤匪檄》是出于中华文明的自觉意识对西方文明做出重要评点的第一个文本，就是因为曾国藩强烈地意识到，基督教思想对中国的人伦思想是一个巨大的挑战；而张之洞《劝学篇》则以中体西用的方式继续了基督教与儒教的文明对话，也非常深刻地意识到人伦问题对中国文化的重要意义。在今天看来，无论曾国藩还是张之洞，对现代中国所处世界文明格局的把握是非常准确的，值得今人的深刻反思与借鉴，但他们仅仅是看到了问题，却并未提出一个足够有力的方案，处于守势的"中体西用"说作为当时众多开明士大夫的共识，还完全不足以承担塑造现代中国文明理想的重任。因而，在来势凶猛的现代性面前，他们虽然清楚地意识到了巨大的文明挑战，在政治、军事、实业，乃至教育上都试图应对，但总体而言，仍处于文明的守势。

主动建构现代中国文明，则是从康有为才真正开始的。可以说，对大同的再解释，决定性地改变了其前辈在中西体用之间徘徊思索的状态，为现代中国人给出了重构中国文明的一个可能性，为以后中国思想的探索提出了一个有力的方案，以后无论孙中山、蒋介石、毛泽东，都无一例外地接受了大同理想，尽管给出了各自不同的解释；而国民党方面的戴季陶和共产党方面的郭沫若，都对《礼记·礼运》一篇给予了极大的重视，并花了很大力气来研究。如果说，《大学》、《中庸》构成了宋代思想展开的核心文本，在现代中国，《礼运》则起着非常类似的作用。康有为大同说的提出，是现代中国思想的一个分水岭，标志着从提出问题到给出方案的跃进。在这个意义上，我们无论喜欢还是不喜欢，无论认同还是不认同，都不能无视康有为的工作，而必须面对和反省他的努力。指出大同主义在现代中国思想中的核心位置，是唐文明此书一个非常重要的贡献，因为这就使现代中国思想史上的很多现象获得了一个全新的解释角度。

但唐文明不仅指出了大同主义的重要性，全书一个更重要的线索是，告诉我们大同主义一个根深蒂固的内在张力。康有为大同说不同于曾国藩、张之洞等人的努力的最关键之处在于，他不再将人伦当做中国文明不可或缺的部分，反而将消灭家族当作文明理想的核心部分。梁启超评论《大同书》说："其最要关键，在毁灭家族。"这句话切中了康有为大同说的要害。所以，在这个意义上，康有为也成为现代中国反人伦、反礼教的始作俑者，从他以后，经过五四运动、文化革命，传统礼教遭到一波又一波的批判，使人伦问题几乎无法被当作严肃的学术问题来对待。作为现代中国的文明理想，竟然把几千年来使中国成为中国的礼教抛弃殆尽，这个巨大的吊诡既成为现代中国无法回避的一个根本困难，也构成了唐文明此书最核心的张力所在——当然，也是唐文明这几年来苦苦思索的核心问题之一。

为什么以否定人伦为主要特征的大同说，会成为现代中国公认的文明理想？它意味着中国文明对人伦思想的真正放弃吗？无论社会文化的现实还是文明发展的内在理路，都不允许我们草率地得出这一结论。唐文明此书中对现代中国各派思想的丰富考察，也不容我们得出这样的简单判断。一个更理性的推论是：大同理想中的某些因素使得现代中国人更愿意接受这一文明理想，而消灭家庭只是一个伴生性的特征，并且很可能来自诠释大同说时的误解。唐文明在这方面已经做出了许多努力，他对现代中国各种大同主义的分析告诉我们，平等理念、强大国家，或许这才是大同主义得以为多数现代中国人推崇的实质所在，这两点不仅是现代性的应有之意，而且是大同学说的实质内涵。孙中山将"天下为公"的大同当做人类进化的最高目标，蒋介石也把这当做革命的最高理想，戴季陶更认为大同乃是民国国宪之本，毛泽东同样以找到实现大同的真正道路自任，邓小平之后大力提倡小康，仍然是在以大同为最终理想的前提下，所采取的审慎策略。虽然他们对大同的具体阐释不尽相同，但其中都包含着强大国家、民主政治、经济平等这些现代理念，而这些恰恰都能在《礼运》中找到根据，而且在历代的解释中争议不大。这样我们也就可以理解，出自《礼运》的大同说之所以在现代中国成为一个被广泛接受的文明理想，是因为其中的很多表述与现代文明的理念有一致之处，从大同说的角度看，我们可以比较顺畅地以中国的方式理解和接纳现代文明的这些观念，同时又给它一个中国式的表述。

但是"消灭家庭"云云，只能在"不独亲其亲，不独子其子"一句中找到似是而非的支持，而"男有分，女有归"一句却又毫不含糊地否定了这一解释，使得康有为不得不将"归"强行解为"肖"，郭沫若则以"后人窜入"为说。毁灭家庭，并非《礼运》大同说的本来含义，而是西方乌托邦思想的实质内容。中国思想在用大同说来吸纳现代理念的时候，是否一定要将这一点也吸纳进来？这就是《礼运》的现代解释所提出的最大挑战，而正是在这个地方，我们才能更清楚地看到，康有为大同方案虽然有非常重大的价值，但它的问题正在于忽视了曾国藩、张之洞所曾经看到的中西文明的差异，这种强烈的乌托邦色彩，因而也渗透在现代中国的各派思潮中，虽然程度不一，理解各异，康有为所带来的这个传统，反而成为今天需要认真清理的问题。这就是为什么，在后康有为的时代，我们仍然必须回到曾国藩、张之洞等人的问题意识。只有依靠他们对中国文明的深刻理解，我们才能平衡康有为的乌托邦式大同理想所带来的种种问题，为现代中国树立真正有力的中国文明理想。

在这本书里，唐文明已经非常清楚地指出，自从孙中山之后，哪怕接受康有为的公羊三世说，哪怕身为基督徒，也已经不再像康有为那样，明确以消灭家庭来理解大同理想，反而更愿意正面评价传统中国的人伦价值。这已经说明，使大同理想与人伦教化不那么直接对立，在现代中国并非不可能，而且已经是被尝试过的思想方向了。

但是，不毁灭家庭并不意味着肯定人伦。虽然有人在讲大同理想时不再强调毁灭家族，但他们并没有把人伦价值成功地树立为现代中国文明理想的一部分。大同理想与人伦价值之间的张力，是唐文明此书一个最核心的思考方向，书名定为《彝伦攸斁》，原因正在于此。

在这一点上，我和唐文明的判断是高度一致的。对人伦与礼教的否定，与对大同理想的张扬，无疑是现代中国思想史中同样不可忽视的两个主流传统。虽然现代中国出现过很多保守主义人物，但真正从人伦角度看待中国传统的少之又少，这正是使我们今天无法真正理解中国文化核心精神的症结所在。所以，对于肯定人伦问题的现代中国学者，如曹元弼、刘咸炘、谢幼伟、王国维、陈寅恪、梁漱溟、贺麟、费孝通、张祥龙等，此书中都有非常深入的讨论，尤其是关于曹元弼、刘咸炘、谢幼伟等人的部分，多有发前人所未发之处。书中所论，此处就不再一一复述了，我们更关心的有两个宏观问题：第一，如何从文明理想的角度理解人伦问题？第二，大同与人伦之间的关系是什么？

从文明理想的高度来解析人伦，而不是简单地把它当成一个社会、文化、伦理或经济问题，这一关怀渗透在全书各处，而《人伦理念的普世意义及其现代调适》、《从陈寅恪悼念王国维的诗文谈儒教人伦思想中的自由观念》、《儒教伦理与腐败问题》，以及最后一篇《实际生活经验与思想的路标》，都是直接针对这一问题的讨论。儒家所讲的孝悌并不是一种民族性的文化理念，而且有着实质的普遍意义，陈寅恪甚至将这种普遍意义当作一种自由。但在加入前些年非常活跃的亲亲相隐的讨论之后，唐文明一方面大力肯定亲亲相隐的内在价值，另一方面也并不讳言它的流弊所致，在一定程度上为现实中的腐败提供了理由。所以，唐文明给出的建议是："在道德建设层面，倡导一种公私兼顾的平实的伦理观念或许是合适的、值得欲求的。而主张'道在日用伦常中'的儒家传统所珍视的家庭伦理，正是这样一种公私兼顾的平实的伦理观念。"

公私兼顾的平实的伦理观念，这就涉及第二个问题：人伦理想与大同理想的关系，书中的所有文章也几乎都在直接面对这个问题。如果如上文所说，大同理想代表了中国文明对现代理想的接纳与表述，那么，作为中国文化核心的人伦观念是否与它有着内在的张力？一个清楚的事实是，当自由、平等、民主、理性等观念在西方确立起来的时候，基本的人性论假定是，每个人都是抽象的、没有人身依附关系的人，所以国家可以面对每个个体，每个个体也可以成为一个充分的权利义务主体。看上去，人伦思想中的家庭主义将私的范围只是由个体延伸到了家庭，但其最根本的差别，在于人性论的假定已然不同，就不容易以个体面对国家，成为权利与义务的主体，儒家伦理与腐败问题的纠葛，其实质乃在于此。从这个角度看，费孝通当初将差序格局当作中国人自私观念的根源，并非没有道理；而面对一个现代的强大国家，由家庭之内的爱与敬推展出"老吾老以及人之老，幼吾幼以及人之幼"的公共伦理，即形成"不独亲其亲，不独子其子"的大同之世，仍然有着相当大的理论困难。正是因为这个困难没有被克服，所以，尽管不乏学术、思想乃至政治上对人伦问题的重视，现代中国人仍不愿意将彝伦攸叙当做自己的一种生活理想。大同与人伦，这两个方面还缺乏一个好的匹配。

但这并不意味着我们应该放弃对人伦的思考，反而逼迫我们将它作为普遍概念的意义挖掘得更加彻底，因为仅仅从伦理和社会的层面上思考人伦观念的优劣，就不可能给它一个更宏观的定位。人伦的普遍意义，在于它对人性的成立与美好生活的实现的根本意义，在于中国思想中贯通天地人的思考中，为世界赋予意义的反思性确认。要知道，对大同、小康的表述是出现在《小戴礼记》的《礼运》一篇当中，而《礼运》的主题正是以人伦为核心的礼制运转演变。没有对人伦价值的肯定，不仅大同不能成立，小康也完全没有实现的可能——对于这个问题，我另有文章详论。康有为以来的大同理想虽然来自《礼运》，却根本忘记了大同、小康说出现的语境和话语体系，所以带来的一个重要问题是：现代中国人所确立的文明理想，已经失去了自己的文明根本，缺乏实质的文明内涵，因而对大同理想的表述中，总是带着似是而非的痕迹。要解决这个问题，我们不仅需要对《礼运》一篇做出更实质的重新诠释，还必须在一些更基础的哲学问题上寻求中国式的理解，即，在形而上学、宇宙论、人性论与文明理想等几个方面，更加全面地重审儒学思想的价值，才能够从儒家经典中汲取建构现代中国文明更丰富的营养。唐文明在全书最后说的"只有一部《周易》能救渡我们"，充分昭示了他将来思考的方向，同时也告诉我们，作者目前的努力还只是处在提出问题的阶段。

作者虽然秉持着鲜明的儒家立场，但最难能可贵的是，此书并非一本判教之书，而是作者多年严肃思考的心血之作，对于现代儒家的历史困境与理论挑战，有着清楚的认识和明确的表述，丝毫不会遮遮掩掩。相信凡是阅读此书的读者，都会为作者思想的真诚所感动，不论是否同意作者的观点和立场，应该会愿意与他进行深层的对话与共同的思考，而这，应该是仍然在思考途中的作者最希望看到的。

子

# 儒教文明与基督教文明的相遇
## ——略论现代儒门学者对中西问题的理解

与西方的相遇是中国现代性历程中一个至关重要的事件，尽管从起源上——无论是思想层面还是社会层面——可以将中国的现代性追溯得更早。[①] 因此，理解中国现代性的一个恰当的角度就是提出中西问题。以世界历史的眼光看，中西问题是一个文明比较的问题，就是说，其主要课题是理解并评定中华文明与西方文明之间的优劣，以期在世界历史的高度上为人类文明的走向提供指南。亨廷顿曾指出，文明的繁荣和发展离不开其核心国家。[②] 既然中国是中

---

① 关于中国现代性起源的断代，有三种看法对中国学术界的影响比较大。一种是由中国的马克思主义学者提出的晚清说，将中国的现代起点断自鸦片战争，背后是以"反帝反封建"为主调的政治革命叙事。另一种也是由中国的马克思主义者提出的，侧重的是经济方面的变化，即明清资本主义萌芽说。与这个看法有相应之处的另一个观点特别被一些日本学者所重视，即从晚明的阳明后学的思想中探索中国现代性的思想起源。第三种看法是由日本京都学派提出的唐宋转型说，发展到现在已经非常成熟，也在世界范围内的中国研究领域产生了巨大的影响。这一派的论者从文化精神、社会形式、政治制度等各个方面说明唐宋时期中国社会的转型，即"近世中国"的出现，而"近世中国"的概念又被后来的一些研究者刻画为中国的"早期现代"。就文化精神具有框定、整合社会形式与政治制度这一点而言，这个看法比较侧重文化因素。当然，关于现代性的某些具体因素在中国的起源，还可能被追溯得更早，比如，福山将现代国家的起源追溯到秦汉，与此相应，有些学者从《韩非子》一书中寻找中国现代性的思想起源。需要明确的是，既然西方近代科学所带来的世界观革命是理解现代性的第一要点，那么，对于中国现代性起源的断代，就其实际展开的时间而言就不宜过早。

② 参见萨缪尔·亨廷顿：《文明的冲突与世界秩序的重建》，周琪译，新华出版社2010年版。

华文明的核心国家，那么，何谓中华文明的问题与何谓中国的问题就紧密地关联在一起了。这一点也提示了理解中西问题的另一个层次，即国家的层次。在中国的现代性话语中，从国家的层次上提出的中西问题往往通过"中国问题"这个提法被表述出来：直面由西方国家凭借其价值观念和强大实力主导的世界格局，中国何去何从？[①] 就试图效法的对象来说，这里的西方国家尤以美国、英国和法国为代表。文明层次上的中西问题和国家层次上的中西问题在主题上并非完全对应，但二者之间的相关性是很清楚的。

从两个层次上把中西问题刻画为文明问题与中国问题可以避免一些理解上的混乱，而一个非常明显的事实是，中国现代性历程中的思想家几乎无一例外，都在文明问题的高度上理解中国问题，尽管中国的特殊性也常常被一些深思熟虑的思想家所强调。因此，那种流行的以寻求富强来概括中国现代性的核心问题的看法虽然不能说错，但可能没有将中国问题最根本的方面呈现出来。实际上，强国的梦想一直从属于追求文明的理想。值得重视的是，文明较量中的强弱异势带来的心理影响，诱使很多引领潮流的思想家在文明问题的理解上发生了巨大的缺失，最典型的莫过于新文化运动中的领袖人物，如胡适、陈独秀等人。这些缺失不光表现在他们对中华文明的理解上，而且也表现在他们对西方文明的理解上。如果说这双重缺失中的前一方面在一定程度上还比较容易被察觉的话，那么，后一方面的缺失则往往被这些思想家的西方留学背景所掩盖。相反，处于中国现代性历程中的儒门学者，由于他们对中华文明的体会比较深，而且能够有意识地从教化——毫无疑问意味着文明的根本——的角度看待问题，所以往往能够留意到西方文明的独特之

---

[①] 关于中国问题与中西问题的关联可参考梁漱溟在《中国文化要义》1949年首版序言中所说的话："中国问题盖从近百年世界大交通，西洋人的势力和西洋文化蔓延到东方来，乃发生的。要认识中国问题，即必得明白中国社会在近百年所引起之变化及其内外形势。而明白当初未曾变的老中国社会，又为明白其变化之前提。"

处，从而在对西方文明的理解上往往能够提出更为全面的看法。①以下分两个阶段略加论述现代儒门学者对中西问题的理解。

## 一

中国所遭遇的，是一个在中世纪经历了教皇革命，又经过文艺复兴、科学革命、新教改革和启蒙运动后的西方。若能深刻理解这些历史事件对于现代西方的意义，就能明白，科学与教化，都是主宰现代西方的重要力量。若能充分考虑到一个文明的内核往往呈现在其主流的教化及其精神中，就能意识到，西方文明实际上可概括为基督教文明，正如中国文明可概括为儒教文明一样。因此，中国与西方的遭遇，就可以合理地概括为儒教文明与基督教文明的相遇。关于基督教及其精神构成现代西方文明之内核这一点，在现代儒学史上呈现出一个清晰的认知脉络，也构成现代儒门学者理解和刻画中西问题的一个重要思路。

文明的冲突是一个学术概括，对于身处文明冲突之中的人来说，无论就其感受还是理解而言，往往会将问题刻画为文明与野蛮的斗争，而非文明的冲突。在我看来，在古今之变的历史端口，基于中华文明的自觉而对西方文明做出重要评断的第一个重要文本，非曾国藩的《讨粤匪檄》莫属。其中对太平天国的指控主要集中在教化之争上，即所谓"举中国数千年礼义人伦、诗书典则，一旦扫地荡尽"。② 既然太平天国就其思想根源来自西方的基督教，所谓"粤匪窃外夷之绪，崇天主之教"，那么，我们可以说曾国藩的理解和认识意味着儒门学者对西方文明的第一个重要的认识。

---

① 在我使用的术语里，如果对"宗教"作狭义的理解，那么，"教化"与"宗教"就是种属关系；如果对"宗教"作广义的理解，那么，"教化"与"宗教"就是同一关系。

② 曾国藩：《讨粤匪檄》，见《曾国藩全集·诗文》，岳麓书社1986年版，第232页。

这个看法可能会受到三方面的质疑。其一，有人可能会提出，太平天国与基督教之间的关系是复杂而微妙的，太平天国中的基督教因素究竟有多重要是需要考虑的，不能简单地认定太平天国运动就是一场基督教运动。我们知道，过去关于太平天国的研究，有两种主流的理解范式，都是将之放在中国革命的整体叙事中而给予积极评价：民族革命的范式来自以孙中山为代表的晚清民族革命派，强调的是满汉之争；阶级革命的范式来自以毛泽东为首的共产党人，强调的是阶级斗争。从理论上说，这两个范式中的每一个都有将另一个所注重的主题纳入自身的可能。民族革命的范式包含着平等的诉求，这与阶级革命的范式所看重的主题是一致的；阶级革命的范式认为只有通过阶级斗争的胜利才能取得民族的真正解放，从而也会将民族革命的主题纳入其中。但是，革命的范式对于理解太平天国有其局限，其中教化斗争的维度几乎呈现不出来。实际上，近年来已经有学者从宗教革命与宗教战争的角度来理解太平天国。根据周伟驰的研究，虽然有很多因素起作用，但太平天国不折不扣就是发生在中国境内的一场儒教与基督教之间的冲突与战争。① 如果我们仍能在一定意义上肯定民族革命和阶级革命的范式在理解太平天国运动上都有其积极的方面，那么，对于儒教的服膺者来说，同意教化斗争的范式并不一定意味着必然与曾国藩的立场完全一致，毋宁说，太平天国运动意味着儒教必须回应来自基督教的一些挑战。这也就是说，教化斗争的积极的方面客观上也提出了教化改革的要求。

其二，有人可能会指出，从儒教立场上批评基督教的文本在曾国藩之前早就有，而且为数不少。对此我的简单回应是，太平天国的强大力量和影响与曾国藩对儒教文明的高度自觉，使得这篇檄文与以前那些仅从义理方面批判基督教的文本区别开来了。我们常常引用李鸿章的著名说法，说晚清巨变是"三千年未有之大变局"，

---

① 参见周伟驰：《太平天国与启示录》，中国社会科学出版社2013年版。

强调的正是中国与西方的被迫交通所导致的新局面。至于究竟如何理解这个因西方的进入而导致的大变局，一般是把李鸿章的这个说法放在洋务运动的历史脉络中加以理解，突出其对西方现代科学技术的看重。其实我们能够看到，在《讨粤匪檄》中，"三千年未有之大变局"的类似思想早已出现，但在具体的理解上则是聚焦于教化及其精神，所谓"此岂独我大清之变，乃开辟以来名教之奇变"。考虑到李鸿章与曾国藩的密切关系，我们可以合理地推论，李鸿章"三千年未有之大变局"的看法实际上来自曾国藩，只是曾国藩注重的是西方的精神因素，看到的主要是一个基督教的西方，李鸿章注重的则是西方的技术因素，注重的是一个船坚炮利的西方。也就是说，所谓"三千年未有之大变局"，正是从太平天国这一历史性事件开始的。

其三，可能还有人会注意到，很难说曾国藩的思想里具有多少成分的现代性。如果我们较严格地将中国现代性的起点断自近代科学观念给中国人的世界观带来的革命性变化，那么，的确很难把曾国藩归入现代儒学史。但是，如果我们把基于儒教文明的自觉而对西方的认识作为现代儒学史的开端，那么，就不能不考虑曾国藩对太平天国的认知对于现代儒学史的重要意义。《讨粤匪檄》虽然是一篇非常简短的战斗檄文，但将基督教对于中华文明的挑战的一些要点都呈现出来了，这无疑与曾国藩深厚的理学修养以及由此而来的对教化问题的敏锐感觉分不开。

顺着曾国藩的思路，晚清具有改革意识的儒门学者关于中西问题最具共识性的看法是中体西用论。在很多人的印象中，中体西用论是张之洞在《劝学篇》中提出来的。这个看法并不符合实情。造成这种印象的一个重要原因是梁启超在《清代学术概论》中区分张之洞与康有为的思想时明确以中体西用论来概括《劝学篇》中的主张。这个概括当然没有错，在该书中张之洞至少有两处明确表达了中体西用的思想。一处说："四书五经，中国史事、政书、地图为旧学，西政、西艺、西史为新学。旧学为体，新学为用，不使偏废。"① 另一处说："中学为内学，西学为外学。中学治身心，西学应世事。不必尽索之于经文，而必无悖于经义。如其心圣人之心，行圣人之行，以孝弟忠信为德，以尊主庇民为政，虽朝运汽机，夕驰铁路，无害为圣人之徒也。如其昏惰无志，空言无用，孤陋不通，傲很不改，坐使国家颠跻，圣教灭绝，则虽弟佗其冠，神襌其辞，手注疏而口性理，天下万世皆将怨之詈之，曰：此尧、舜、孔、孟之罪人而已矣。"② 但张之洞并非中体西用论的首创者。已有的研究早就表明，中体西用论的主张可以追溯到魏源、冯桂芬、王韬、郑观应等人，而这个说法的明确使用则是在甲午之后，如沈寿康、孙家鼐等人。③ 康有为也曾使用过这个说法。④

实际上，中体西用论是晚清持改革主张的大多数士大夫的共识。而且，如果仔细考察的话，中体西用论其实有各种不同的版本。过去学界流行的还有一个看法，就是将中体西用论与洋务运动直接挂钩，认为中体西用论对于西方的认可主要集中在技术层面，而不及政治制度。这个看法自然也是受到梁启超的叙述的影响，因为他的叙述的一个基本意图是要将张之洞与在戊戌变法中最为活跃的维新派区别开来。很多学者都已经指出，至少就张之洞在《劝学篇》里提出的中体西用论来看，这个看法是错误的。在《劝学篇》中张之洞非常重视西方的政治制度。在序言中谈到"知要"时，张之洞说："西艺非要，西政为要。"⑤ 在正文中也专列《变

---

① 张之洞：《劝学篇》，见《张之洞全集》第十二册，河北人民出版社1998年版，第9740页。
② 同上书，第9767页。
③ 陈旭麓：《论中体西用》，载《历史研究》，1982年第5期。
④ 在戊戌期间代宋伯鲁所作的《请将经济岁举归并正科并饬各省生童岁科试迅即遵旨改试策论折》中，康有为明确提到了中体西用的思想："臣窃维中国人才衰弱之由，皆缘中西两学不能会通之故。故由科举出身者，于西学辄无所闻知；由学堂出身者，于中学亦茫然不解。夫中学，体也；西学，用也。无体不立，无用不行，二者相需，缺一不可。"见《康有为全集》第四集，中国人民大学出版社2007年版，第306页。
⑤ 张之洞：《劝学篇》，见《张之洞全集》第十二册，河北人民出版社1998年版，第9705页。

法》一章，而且对宪法、议院等西方政治制度均有积极的评价。其实，张之洞与康有为在变法主张上的一个重大差别是落在这样一个问题上：如果在政治制度上应当有所变革的话，那么，是否需要相应的教化改革？虽然在变法的具体主张上有不少差异，但张之洞和康有为都认可行宪政、开议院以实现君民共治的主张。康有为因为洞察到西方社会政教关系的一些要点而意识到政治制度的变革必然带来相应的教化制度的变革，所以才有将孔教从政治中分离出来的思路。[①] 从认识到变革政治制度的重要性到进一步认识到教化制度必须随着政治制度的变革而变革，这正是康有为自己所经历过的思想转变，在1893年的《答朱蓉生书》中，康有为明确提到了这一点。这实际上是康有为与以张之洞为代表的中体西用论者最关键的一个思想分野。

体用这一对来自中国古代思想传统中的独特概念，实际上构成了现代儒门学者刻画中西问题的主导性范式。[②] 虽然在具体的理解上或有不同，但可以看到，从曾国藩到康有为、张之洞，就儒教文明的自觉程度而言可以说几乎一样强，而姿态已然发生了明显的变化。曾国藩是在讨伐乱匪的历史语境中展开论述的，而在康有为、张之洞那里，历史的语境已经变成了文明之间的竞争，而恰当的姿态则是通过向对方学习而与对方竞争。从冲突到竞争，从排斥到学习，其间的转变清晰地表达在康有为、张之洞的论述中。

---

① 和很多人想象的完全不一样，康有为提出立孔教为国教的主张，其中一个重要意图就是要在君主制的条件下实现政教分离，对这个问题的具体论述可参见唐文明：《敷教在宽：康有为孔教思想申论》，下篇，中国人民大学出版社2012年版。

② 严复在1902年的《与〈外交报〉主人书》一文中对中体西用论提出了有力的批评，所谓"中学有中学之体用，西学有西学之体用，分之则并立，合之则两亡"。有趣的是，这个批评既可能被后来立场比较激进的西化派所认可而成为全盘西化的一个说辞，也可能被后来具有改革意识的保守派所接受，而强调在体和用的层面都通过改革而加以重建，即从旧的中体中用到新的中体中用。从当时的语境看，严复此文主要针对张之洞的《劝学篇》而发，而康有为恰恰是持体用皆须革新的思路。

在以体用概念刻画的中西问题中，体的问题自然集中在教化的竞争上，具体来说就是儒教与基督教的竞争。对于儒教与基督教的差异的理解还扩展到对于中国和欧洲的政治制度的差异的理解上。在发表于1899年的《论中国和欧洲国体之异同》一文中，梁启超就将中国与欧洲国体的差异归结到儒教与基督教的差异上。用的问题则既包含技术的层面，也包含政治制度的层面。顺着这一思路，晚清持改革立场的大多数儒门学者或早或迟都接受了来自西方的宪政制度，也越来越重视科技的作用。这些看法与作为儒教核心教义的三纲说结合在一起，使得这些学者的政治主张基本上都趋向于君主立宪制。梁启超1901年发表的《立宪法议》是其中的一篇代表作，其中表达出来的主张是非常有代表性的。该文有如下四个要点：其一是说君主立宪为政体之最良；其二是说立宪可以限制君权，从而避免君主专制，这是人类政治制度的进步；其三是说立宪是成就民权的最好政治制度，如果对民权的过度膨胀应当保持合理的警惕的话；其四是说中国的立宪不可一蹴而就，应当有一个过程，比如以20年为期。

在晚清持改革立场的儒门学者的政治思考中，对立宪的推崇与对民权的警惕形成了鲜明的对比。以康有为为例，在写作于1905年的《物质救国论》中他特别强调，西方强大的根源主要在于物质的力量而非民权的力量。对民权的警惕并非意味着从根本上否定民权的价值，恰恰是基于对民权的根本肯定。康有为等人已经明确意识到，暴民政治是共和国家所面临的一大政治危险。这是其警惕民权的主要缘由。暴民政治的可能危险也促使康有为思考儒教对于共和政治的重要意义。可以说，儒教如何为共和保驾护航，这是康有为戊戌流亡以后一直思考的一个重要课题。在晚清形形色色围绕立宪展开的政治论述中，康有为的一个独特之处就在于，他充分意识到了儒教之于中国的意义，进而提出了立儒教为国教的主张，一直到民国时期从不曾放弃。从写作于1912年的《中华救国论》中，我们可以清楚地看到康有为围绕立宪共和所展开的复杂而深邃的论述。无论在君主制的去留问题上持何种看法，新的中国的构想都被认为属于全体国民，即中华民族。这显示出民族国家的理念已然成为新中国建设的主导性理念。从写作于1912年的《国性篇》与写作于1915年的《大中华发刊辞》等雄文中，我们可以了解梁启超所倡导的大中华主义的内容和意义。考虑到后来学界对于救亡问题的浅薄理解，其中特别值得留意的一点是，梁启超非常明确地将救亡问题与国性问题关联起来讨论。

## 二

在现代儒学史上，新文化运动是一个影响巨大的转折点，正如整个现代思想史也是以新文化运动为一个关键性的分水岭。大多数学者都同意，新文化运动导源于共和危机。对于此前为立宪共和保驾护航的儒门学者的努力，后来在人文科学规训下的学者很少有人认真对待，这一点恰恰意味着现代中国的人文科学与新文化运动的步调始终保持着历史性的一致。实际上，在很多人的思想眼界里，新文化运动是现代中国的一个真正的起点，无论其政治立场是否真的同意毛泽东的革命叙事。乍看起来难以理解的是，虽然在政治立场上有很大差别，但中国的自由主义者、马克思主义者和文化保守主义者大都对新文化运动持肯定态度。如何理解这个看似蹊跷的现象呢？难道说这恰恰意味着新文化运动是各派关于现代中国的最大共识吗？某种意义上的确如此。但现在我们最需要反思的，正是这个最大的共识。

我们都熟悉，新文化运动竖起来的是民主与科学这两面旗帜。这也代表着新文化运动的主导者们对于西方文明的核心理解。对西方文明的这个核心理解显然有重大缺陷，这一点暂且不表。可以看到的是，民主与科学的积极意义在晚清具有世界视野的改革派那里都已经认识到了。民主这面旗帜重视的是民权伸张的积极意义，晚清改革派的核心主张是君民共主（即君主立宪），可以说他们在思想上已经充分认识到了民权的积极意义。科学关联于船坚炮利的技术和物质力量，这是从洋务运动以来就已经被认识到的。于是，问题就在于，新文化运动是基于何种不一样的处境意识而将民主与科学的旗帜举起来的呢？质言之，民主与科学的旗帜与当时的共和危机是如何关联起来的呢？更进一步，如果我们不满于简单地将民主与科学看作两个平行的价值，那么，民主与科学在新的处境意识下又是如何关联起来的呢？

回答这些问题需要理解当时人们对于共和危机的诊断。康有为曾感叹过，中国走向共和之后政治方面的很多问题都被他"不幸而言中"了。而他的危机感如前所说主要来自对暴民政治的警惕。康有为对于共和危机的诊断自然关联于他的核心政治主张：君主立宪并立儒教为国教。这一主张的背后则是对于中国社会民智未开的客观判断。新文化运动的主导者们不会同意康有为的政治主张，但他们和康有为一样同意中国社会民智未开的判断。实际上，他们是——在很大程度上非常正确地——将民智未开理解为导致中国的共和陷入危机的根本原因。因此，他们应对共和危机的基本思路是启蒙，正如梁启超在《欧游心影录》所敏锐地注意到并明确主张的，是掀起一场"国民运动"。这也意味着，新文化运动的主导者们的知识分子意识和以前康有为等人的士大夫意识有着根本的不同。他们不是站在治理者的角度思考当下的应对策略，而是站在现代独立知识分子的角度寻求一个长远的、根本的解决之道。

因此，必须明确，被新文化运动竖立起来的民主的旗帜，主要并不是一个宏观政治概念——虽然两次恢复君主制的事件让我们也不能忽略这个层面的含义，而更是一个具有浓厚启蒙含义的微观政治概念。关于这一点，梁启超在《欧游心影录》中以"尽性主义"、"思想解放"、"彻底"等小标题刻画得最为清楚。梁启超也充分意识到，启蒙的事业不同于开一剂急救方，因此首先以"着急不得"为小标题申说此义，并屡屡言及中国不会亡，言下之意是不必担心亡国的问题，启蒙才是正途。① 实际上，新文化运动的根本精神，正可溯源于梁启超戊戌后民国前的启蒙思想，只是新文化运动的激进程度远远超出了梁启超的构想。

早在作于1902—1906年间的《新民说》中，梁启超就明确将启蒙作为长远解决中国问题的唯一正途。如果我们将《新民说》中较为温和的启蒙思想与新文化运动中过分激进的启蒙思想两相对比，会发现其间的差异是关键性的。就围绕民主这个重要主题所展开的论述而言，梁启超在为权利思想张目的同时没忘了强调权利与义务的对等，在鼓吹自由的同时没忘了指出自由的实现端赖于国民的自治力。在西方现代政治思想史上，对自由的理解从霍布斯、卢梭到康德、黑格尔逐渐拓展出了三个层次，因而有消极自由、道德自由和社会自由三个不同层次的概念，而我们可以清楚地看到，梁启超在《新民说》中论述自由问题时已经将这三个层次的思想都囊括殆尽了。② 关联于作为儒教之核心教义的人伦观念，梁启超的启蒙思路可以说是意在提倡一种民主化的人伦观念。③ 故而他仍会以孝为私德上第一大义，以忠为公德上第一大义，只是这里的孝与忠在他看来都须经过民主化的改造。新文化运动的干将们则不止于此，而是耸人听闻地喜谈"吃人的礼教"或"家是万恶之源"，俨然一副彻底摧毁人伦的架势。

新文化运动中启蒙的激进化还有一个相当强硬的表现，或许也是最强硬的一个表现，即对于科学权威的空前认可。简单刻画一下新文化运动解决共和危机的启蒙逻辑，可以让我们明白科学与民主在这种启蒙逻辑中以何种方式关联在一起：成就共和的根

---

① 这个主题梁启超在《大中华发刊辞》中已经阐述过。
② 关于自由概念从霍布斯到黑格尔的拓展，可参见阿克塞尔·霍耐特：《自由的权利》，王旭译，社会科学文献出版社2013年版。
③ 霍耐特使用"民主化的伦理"来指称黑格尔基于主观自由的伦理观念，梁启超的看法与此相仿，即基于个人自由而承认人伦的价值。

本在于养成民主的生活方式；要养成民主的生活方式，必须靠启蒙；既然启蒙往往针对的是与民主的生活方式相龃龉的一些传统习俗，那么，科学就应当且能够充当启蒙的武器，因为科学所隐含的方法论的个人主义和实证主义对于摧毁那些与民主相龃龉的传统习俗是再有力不过的。科学在洋务运动时主要被看作强国的力量，到了新文化运动时则主要被看作启蒙的武器，这种转变也意味着科学获得了空前的权威：科学不仅仅具有工具性价值，而且意味着真理；更进一步，科学不仅仅意味着真理，还是真理的全部。

如果认为科学就是真理的全部，那就意味着要让科学来主导人类生活的一切领域。这种可称为科学主义主张的出现预示着对科学进行必要反思的时机也要到了。科学主义有可能阻碍启蒙的事业，甚至使启蒙走向自身的反面，这正是梁启超在《欧游心影录》中表达出来的一个核心思想。用他在该文中的话来说，他的写作的一个重要意图是"揭穿科学万能之梦"。揭穿科学万能之梦是在对西方文明进行反思的意识下展开的，因而仍在文明比较的宏大语境中，也意味着对中西问题的一种刻画方式。《欧游心影录》以"新文明再造之前途"与"中国人对于世界文明之大责任"为小标题，就是对此最好的说明。其实质的含义是，如果说西方的民主与科学成就的主要是物质文明，而物质文明对于再造一种新的世界文明又是远远不够的，那么，中国的文化传统能够为新的世界文明的再造提供其所必需的精神文明。《欧游心影录》连同更早的《新民说》呈现出来的具有一定保守主义色彩的启蒙思想，实际上在很大程度上规定了此后儒门学者刻画中西问题的基本方向和主要议题。

此外，新文化运动以来被广泛接受的一个关于中西问题的看法是以中西之异为古今之别。这个看法较早是由严复提出的，在新文化运动中被一些倾心西化的学者所申说。饶有意味的是，这个看法在理论上既能够被用于主张全盘西化，也能够被用于主张文化保守主义。① 前者的脉络比较简单：既然中西之间的差异是时代上的差异，那么，对于身处现代的我们，选择西方就是不言而喻的。后者的脉络也不曲折：既然中西之间的差异是时代上的差异，那么，我们谋求中国自身文化传统的现代化即可。由此也可以看到，两种主张的关键性差异来自对中国自身文化传统的不同评价和态度。如果对中国自身文化传统在根本上是否定的，我们就得到了全盘西化的主张；如果对中国自身文化传统在根本上是肯定的并孜孜以求其现代化，我们就得到了文化保守主义主张。文化保守主义主张的复杂性表现在，既然现代性肇始于西方，就是说，民主与科学这些现代价值历史地看是起源于西方，那么，谋求中国自身文化传统的现代化还是不可避免地要遭遇中西文化的差异。于是，古今问题与中西问题就不可避免地交织在一起了。

古今问题与中西问题的交织实际上也是全盘西化派必须面对的。全盘西化主张所能提出的理由不外乎两个，一个是认为西化可以强国，一个是认为西化意味着现代化。前者往往被归于救亡的主题，在启蒙的思路中不可能成为一个充分理由。只有后者，才有可能在理论上充分证成全盘西化的合理性。因此，非常清楚的是，古今问题对于全盘西化派而言至关重要，他们的核心论点势必全部落在认可古今之变的合理性这一点上，否则无法为他们激进的反传统主义辩护。相比之下，对于文化保守主义者而言，中西问题则更为重要，其主张的成功端赖于他们能否在认可古今之变的合理性的前提下恰当地提出中西问题，不至于因古今问题的凸显而使中西问题被完全压抑。

由此可以看到，在中国现代思想史上实际上存在着两种启蒙思想，彼此有一些交集但旨归大为不同。如果说新文化运动以来的文

---

① 在《东西文化及其哲学》中，梁漱溟提到常乃德表达过这种观点，而他自己也赞同。另一个具有典型意义的例子是冯友兰，正是中西之异实为古今之别的看法使他摆脱了试图肯定中国自身文化传统时所遭受的巨大焦虑。

化保守主义者继承的是戊戌变法之后梁启超等人开创的保守主义的启蒙事业的话，那么，胡适、陈独秀等新文化运动的干将们掀起的则是另一种激进主义的启蒙事业。如果要谈论这两种启蒙事业的实际历史效应，那么，我们说，1949年中华人民共和国的建立正是后一种启蒙事业所结出的果实。至于保守主义的启蒙事业，如果不是很早就夭折了，顶多也就是发了一些执拗的低音。

《欧游心影录》之后探讨中西问题最有影响的第一个儒门学者是梁漱溟。梁漱溟在14岁还是一个中学生时就开始阅读梁启超主编的《新民丛报》等刊物，其思想深受梁启超的影响。1920年，梁漱溟在北京大学作"东西文化及其哲学"的系列演讲，1921年又到济南作同主题系列演讲，同年《东西文化及其哲学》正式出版，在中国思想界引起了强烈的反响。

梁漱溟试图思考民主与科学的文化根源，而又用生活的意欲倾向来解释文化。他围绕生活的意欲倾向提出文化的三路向说，颇具唯心论色彩，而这与《欧游心影录》中的思路完全一致。[①]当梁漱溟将三种不同路向的文化在起源上归诸天才的创作时，我们很难不想到维柯、赫尔德那样的西方浪漫主义者。最有意思的是梁漱溟对西方文化中希腊和希伯来因素的分析。按照他的区分和刻画，西方文化、中国文化和印度文化在文化路向上呈现出关键的不同，分别是意欲向前、意欲持中、意欲向后。在希腊传统被他恰当地归于第一种文化路向的典型代表的同时，他提出，起源于东方的希伯来传统，本来具有第三种文化路向的特点，因此，希伯来传统之于希腊传统（以及顺此走下来的罗马传统）能

---

① 在《欧游心影录》中，梁启超实际上是将唯心论作为科学的权威彻底确立起来以后一切文明传统在哲学上得到合理解释的唯一出路。在"新文明再造之前途"小节中他特别提到了柏格森的"直觉的创化论"和詹姆斯的"人格的唯心论"，而梁漱溟的东西文化论就深受柏格森的影响。不过，应当指出，虽然梁漱溟的东西文化论深受梁启超的影响，但在《东西文化及其哲学》中梁漱溟对《欧游心影录》中的核心观点——应当将西方的物质文明与中国的精神文明结合起来——提出了明确的批评。

够起到补偏救弊的作用，以至于在中世纪使得西方文化从原来的第一路向折向了第三路向。接着，他进一步指出，经过文艺复兴、宗教改革之后，西方文化又回归到原来的第一路向，其中主要的原因就在于，改革后的基督教"性质逐渐变化，简直全成了第一路向的好帮手，无复第三路向之意味"。① 在出版于1949年的《中国文化要义》中，梁漱溟将对中西文化的比较性分析扩展到了对中西社会的理解上，指出中国社会的特点是伦理本位、职业分途，不像西方社会，重视个人和集团，故而民权易张，阶级和国家都比较分明。在分析中西社会结构性差异的根源时，梁漱溟再一次非常明确而深刻地指出，"宗教问题实为中西文化的分水岭"，就是说，中西社会的结构性差异，根本上源自周孔之教与基督教的差异。②

紧跟着梁启超的思路阐发中西问题而又提出新见解的是1918—1920年与梁启超同游欧洲的张君劢。张君劢自然也同意民主与科学是西方现代性的两个要素，在当时的思想氛围中，他的见解的特别之处正好表现在对这两个要素的补充、分析和反思上。关联于民主的主题，张君劢强调，在西方的现代进程中，与民主政治的发展平行又相关的另一个重要方面是民族国家的建立。这个正确而重要的观察关联于他对"东西政治思想之异同"的看法，即认为"东方无国家团体观念而西方有国家团体观念"。虽然现在看来这个看法有粗糙之嫌，但考虑到中国正在从原来的天下体系转变到

---

① 梁漱溟：《东西文化及其哲学》，商务印书馆1922年版，第83—84页。关于希伯来传统在西方文化演变过程中的重要性，梁漱溟特别认同屠孝实的看法。在《东西文化及其哲学》出版时有一个题为"时论汇编"的附录，收集了当时一些学者讨论东西文明的重要文章，包括陈独秀、李大钊、金子马治、杜亚泉（署名伧父）、平佚、蒋梦麟、梁启超、冯友兰（与泰戈尔论东西文明的对话）、屠孝实等，其中屠孝实的《屠正叔先生答论希伯来思想书》被梁漱溟评价为诸说中之"最妥当"。

② 可以看出，虽然梁漱溟在该书中专门申说周孔之教非宗教，而是"以道德代宗教"，但他仍是将周孔之教与基督教放在一个比较宗教研究的视野中加以分析和刻画的，或者如他自己所使用的说法，周孔之教可以被看作"几乎宗教"。

民族国家这一客观的历史语境,这个看法还是非常切题的。① 这一点也使得张君劢在推崇自由观念和民主观念的同时也很重视民族观念和国家观念,因而有些研究者用自由民族主义来概括他的思想。② 对于西方现代的民主政治,张君劢则非常敏锐地将其来源上溯于宗教改革,特别指出了良心自由的重要性,这一点也显示出他的深邃眼光。关于科学这一主题,张君劢明确指出了西方现代科学与西方古代科学在功能上的巨大差异,即前者相比于后者目的在于实用而非为求知而求知。就是说,张君劢对于现代科学的技术主义倾向有清楚的洞察。正是这一点促使他注意到,科学的局限在于其不能够解决人生观的问题。

基于以上论述,张君劢提出,今后中国文化发展的方向,应当是"造成以精神自由为基础之民族文化"。③ 考虑到张君劢浓厚的德国哲学背景,我们可以断言,张君劢的这个方案是黑格尔主义的。若将精神以自由为归宿这个黑格尔的核心看法关联于儒教极为重视的人伦观念,那么,我们就会又一次遭遇将人伦观念民主化这一思路,用张君劢使用过的概念来说就是,基于精神自由的人伦观念是最值得预期的。

另一个对中西问题提出深刻看法的儒门学者是梁启超在清华大学教过、后来留学欧美的贺麟。贺麟明确断言"西洋近代文明的一切特点,基督教中均应有尽有",并由此将现代西方文明理解为基督教文明。④ 他的这个看法不仅与新文化运动时期那种极度推崇科学乃至有滑向科学主义嫌疑的主流思想氛围不相契合,而且在文化保守主义阵营内部也显得殊为不同。他将现代西方文明的要素概

---

① 可以清楚地看到,这个看法同样渊源于梁启超。此外,梁漱溟在《中国文化要义》中也探讨了这个问题,很明显是受了张君劢的影响。
② 翁贺凯:《现代中国的自由民族主义》,法律出版社2010年版。
③ 张君劢:《明日之中国文化》,商务印书馆1938年版,第121页。
④ 贺麟:《认识西洋文化的新努力》,见《文化与人生》,商务印书馆1988年版,第305页。此文初刊于1947年2月《读书通讯》第126期,后收入《文化与人生》新版。

括为四个——民主、科学、工业化与基督教,并说明了基督教与其他三个要素之间的积极关联。在他基于唯心论立场而对现代西方文明提出总括性理解时,他启用并重新解释了晚清思想家使用过的体用概念:在他看来,现代西方文明是以基督教精神为体,民主、科学、工业化为用。正是基于这样的理解,贺麟就中国文明的现代化提出了自己的看法:能够并值得预期的现代中国文明将是以儒家精神为体,民主、科学、工业化为用。至于如何成就中国文明的现代化事业,贺麟比照黑格尔论绝对精神的三个环节的思想,提出应当通过艺术化、宗教化、哲学化的道路去谋求儒家思想的新开展,具体来说就是,"须领略西洋的艺术以发挥儒家的诗教","须吸收基督教的精华以充实儒家的礼教","须以西洋的哲学发挥儒家的理学"。[①] 如果援引黑格尔精神哲学中绝对精神与主观精神、客观精神的辩证关联加以进一步发挥,我们大概能够领略到贺麟关于儒家思想新开展的这个黑格尔主义方案的全貌。可以看出,贺麟提出的这个方案在理论上克服了过去中体西用论所存在的体用两橛问题。通过体用两方面皆须革新的主张而倡导新体新用,贺麟在理论上维护了中国自身文化传统在现代化过程中体用之间应当保持的一致,用贺麟自己的话来说,既不是简单地守中,也不是全盘地西化,而是要通过化西来守中。虽然贺麟有些方面的具体观点还需要商榷,但他提出的这个方案无疑采取了正确的思路,因而也是非常重要的。

康有为曾将他的改教事业与马丁·路德的教化改革相提并论,而康有为之后的儒门学者在理解中西问题时也都注意到了基督教之于现代西方文明的重要性。可以看到,现代启蒙思潮中的儒门学者对中西问题的理解大都走向了黑格尔主义。这一点绝不是偶然的。黑格尔的思想课题正是如何实现古今和解,而且,他

---

① 贺麟:《儒家思想的新开展》,见《文化与人生》,商务印书馆1947年版,第5页。

正是基于教化差异来理解世界历史的。他的全部思想最后归结于著名的历史终结论，即，认为自由民主的实现意味着历史的终结。从比较教化学的视野中看，历史终结论的实质含义其实是说，历史终结于德国，终结于路德改教。如果我们能够充分理解黑格尔思想与路德改教的历史性事件之间的密切关联，大概也更容易理解新文化运动以来儒学的开展与晚清时期康有为的改教事业之间的密切关联。

从以上的简略叙述中可以看到，梁漱溟提出了一种与黑格尔的历史哲学非常不同的世界历史观念。[①] 但就梁漱溟在《东西文化及其哲学》中对中西问题的理解和刻画而言，很难说他超出了黑格尔的框架。梁漱溟在解释中国文化意欲持中的特点时，主要的思想资源是罗素的《社会改造原理》和克鲁泡特金的《互助论》，强调的是儒家思想中重视他人、重视团体、重视社会合作的一面。这些思想很容易被归到西方思想界所谓的共同体主义的名下。而作为自由主义集大成者的黑格尔提出的社会自由概念，恰恰也是现代共同体主义的一个重要思想来源。[②] 就此而言，梁漱溟在《中国文化要义》中对中国社会提出的看法和做出的分析可以被理解为是他对自己早年思想的一个重大修正。在其中，中国文化的特点表现于社会不再是简单的互助、合作，而是因伦理本位而缺乏团体生活。按照这种文化保守主义的启蒙谋划，能够得出的结论或许有两个：中国文明在西方文明处于强势和主导地位的时代里能否顺利实现自身的现代化，端赖于前述黑格尔主义的新儒学方案能否取得成功；而在全盘承受了西方现代文明的基础上中国文明能否将之根本改过，为世界文明的发展做出真正有分量的新贡献，从而成为真正具有世界历史意义的普世文明，关

---

① 关于梁漱溟的世界历史观念的详细刻画和分析，见唐文明《"根本智"与"后得智"：梁漱溟的世界历史观念》，载《近忧：文化政治与中国的未来》，华东师范大学出版社2010年版。

② 这方面最著名的例子当数查尔斯·泰勒。

键在于儒家传统非常重视的人伦观念能否被成功地用于构想一个伦理本位的新社会。对于前者，我并不能确信，但我认为，后者将是中西问题得以根本解决的唯一思路。

丑

# 中国革命的历程和现代儒家思想的开展

一部中国现代史，革命是重头戏。而现代儒家思想的开展，与中国革命的历程密切相关。当然这首先是因为，中国革命的历程，也正是儒教中国没落的历程。不过，如果就此推论说，现代儒家思想的开展本质上是反革命的，那就大错特错了。实际情况恰好相反：现代儒家思想的开展，更多地表现为调动乃至挪用儒家传统思想资源顺应革命之潮流，而很少能够做到坚守儒家立场以反思、回应革命所带来之问题。与此相关的另一个历史事实是，恰恰是儒家传统中的某些思想资源，为中国革命提供了真实的精神动力，尽管儒教中国，正是革命的对象。

现代儒家思想开展的基本方向，是被康有为所规定的。其中最重要的一点在于，康有为将古代公羊家的三世说与《礼记·礼运》中的大同小康说结合、改造成一个出于儒家话语的历史目的论。这个以大同理想为历史最后归宿的目的论思想，在中国现代史上产生了巨大的影响。康有为之后的儒家信奉者，无论其是否认同公羊家之学，也无论其如何理解大同、小康的意义与关系，都和康有为一样在历史目的论的框架中为儒学寻求新的定位。这就不得不提到历史哲学在中国现代思想史上的重要性。历史哲学着意于对历史进行哲学的考察，其主旨一言以蔽之曰鉴往知来，即，不仅在于提供一个规范性的思想框架以便能够合理地解释过去，更在于提出一种关于历史变化的哲学原理以便能够正确地指导未来。历史哲学之所以在中国现代思想史上居于至关重要的地位，其中一个很重要的原因在于，虽然中西问题与古今问题一直交织、纠缠在一起，但古今问题相对于中西问题显示了压倒性的优势，其最显著的表现是中西问题很快就被转化为古今问题。古今问题相对于中西问题的压倒性优势，使得历史哲学这个本来处于历史学与哲学之双重边缘的领域遂而成为一个受到持续关注的焦点领域。而康有为大同主义的历史目的论则在以历史哲学的方案解决中国问题的思路中具有奠基性的地位，之后的种种历史哲学构想，都在其笼罩之下。

不过，康有为的大同主义历史目的论虽然挪用了儒家经典中的话语，却与儒家经义相去甚远。其中最显而易见的，一是古代公羊家的"张三世"无论从其含义还是意旨上看都不同于康有为的大同主义历史目的论；一是《礼记·礼运》中对大同的描述与康有为对大同的构想有着本质的差别。就此而言，叶德辉批评康有为"其貌则孔也，其心则夷也"可谓一针见血。康有为思想中的另一个重要方面是对儒家传统中心学一脉之思想的重视和调动。我们知道，诉诸良知是心学一脉的核心主张，其背景仍是以天理为根本的古典思想语境，或者说是由天、地、人的三才之道所维系的古典思想世界。这意味着，诉诸良知在工夫论的意义上将重心放在人心的纯然善意上，即以正心诚意为修养之要，但在本体论的意义上仍表现为对天理的维护，即强调良知发用处就是天理流行处。此乃对"心即理"之命题之全面解释。然而，若仅就良知的纯然善意而言，则自然也可以脱离天理而成立，此在古代中国的思想语境中最接近佛教的立场，在现代思想语境中，则是我们熟悉的那种以同情他人之疾苦为要义的纯然善意的道德主义立场。于是，在调动儒家传统资源顺应古今之变之新局面的问题上，发挥其工夫论意义上的良知思想而祛除其本体论意义上的天理学说，就成为一种可能的选择。实际上，康有为就是这么做的，而现代以来的新儒家也大都是这么做的。如果说将儒家思想改造成一种大同主义的历史目的论意味着天理的历史主义化的话，那么，将儒家思想的核心概括为一种纯然善意的良知理论就意味着天理的道德主义化。而无论是天理的历史主义化，还是天理的道德主义化，站在纯正的儒家立场上看都意味着对天理的废黜，都意味着走向虚无主义。

康有为对心学传统的倚重往往不被学界重视，大概是因为他托古改制的公羊家形象对此有所遮蔽，但是，在这个方面我们仍然能够发现某些在思想史上具有重要意义的迹象。比如说，在将康有为称作"一佛出世"、"孔教之马丁·路德"的谭嗣同的思想中，心学的意义就被明确地强调，而这与康有为对他的思想影响密切相关。① 在谈到他的"仁学"时，谭嗣同说："凡为仁学者，于佛书当通《华严》及心宗相宗之书，于西书当通《新约》及算学格致社会学之书，于中国当通《易》、《春秋公羊传》、《论语》、《礼记》、《孟子》、《庄子》、《墨子》、《史记》，及陶渊明、周茂叔、张横渠、陆子、王阳明、王船山、黄梨洲之书。"② 这个书单虽然表面上看来似乎只是显示了谭嗣同思想来源的驳杂，但实际上，谭嗣同在这些思想来源之间建立了某种意义联系，才构成了自己的仁学。仅就儒家传统而言，这个书单实际上也预示了现代儒家思想的开展将主要表现为新公羊学与新阳明学的分进与互补。只不过，现代以来的新公羊学和新阳明学与古代的公羊学和阳明学实在是相去甚远：古代的公羊学是以《春秋》为大经大法的诠释学，现代的新公羊学则脱离了《春秋》经义的诠释学氛围而沦为一个只能"旧瓶装新酒"的、仅仅着意于维持儒家思想之话语权力的理论外壳；古代的阳明学是以天理为恒常之则的工夫论，现代的新阳明学则祛除天理而立论，良知学说实际上成了儒家传统为顺应古今之变而留下的一个思想剩余。

与此相关的，正是康有为的孔教论。康有为以"孔教之马

---

① 李泽厚明确地指出了这一点，见李泽厚《谭嗣同研究》，载《中国近代思想史论》，人民出版社1979年版，第193页。

② 谭嗣同：《谭嗣同全集》，中华书局1981年版，第293页。

丁·路德"自居，这一称呼也得到了其弟子如梁启超、谭嗣同等人的认可。信徒通过诉诸良知这个内在的声音而与上帝直接沟通，是马丁·路德的宗教改革中的一个极其重要的思想支撑点。由此我们可以窥测，象山、阳明一脉以诉诸良知为要义的心学传统对于康有为的孔教论所具有的类似的支撑性意义。马丁·路德在基督教世界里以良知的名义革新了传统的教会制度，康有为则企图在儒教世界里以良知的名义革新传统的政治制度。所以，一方面是政治制度上的种种变革主张，一方面是以宗教化的组织形式重新构想儒教的制度建设。以宗教形式重新构想儒教实际上意味着儒教的去政治化，这一思路也预示了后来一些儒家学者在解释历史时将儒家传统与古代中国的政治制度彻底剥离开来的过度做法。由于在康有为的思想里，三纲乃至五伦实际上已经没有任何实质性的地位，所以，将儒教去政治化就不会有任何问题，而且在他看来一定还是直面新的历史处境拯救儒教的唯一出路。行文至此，或许有人会正确地指出，无论是戊戌变法前后，还是辛亥革命前后，康有为留给世人的毕竟是一个企图挽救、维护君主制的保皇派形象。那么，如何解释这一点呢？实际上，康有为的保皇派形象并不意味着在康有为的思想中君主制具有必然的合理性，更不意味着他在儒教与君主制之间建立了某种必然的关联。他所做的，恰恰是要将儒教去政治化，在当时的处境下即是将儒教与君主制剥离开来而建立孔教会。康有为对君主制的维护，在前期或许更多地出于得君行道的政治策略上的考虑，在后期则更多地关切于如何为一个大一统的中华国确立政治上的正当性，并不涉及他对儒教核心经义的理解。

而推翻君主制，正是中国革命的第一个重要任务。辛亥革命的成功与中华民国的建立，意味着儒家思想在政治领域的退却，是儒教中国没落的标志性事件。站在传统的儒家立场上看，君臣之义不再，儒家传统从此退出了历史舞台。但是，如上所述，通过有选择地调动儒家传统中的某些思想资源，康有为早已开出了一个去政治化的儒家发展方案，并由此规定了儒家思想之现代开展的基本方向。

　　推翻了君主制、建立了民国的政治革命，并没有为中国人民带来一个革命者所预想的良好的政治秩序，而且很快还发生了复辟。于是，理论上的反思与批判继续朝着纵深的方向发展，从而引发了一场史无前例的文化革命，这就是后来以"五四"命名的新文化运动。政治革命的目的是在被迫开放的地缘政治环境中参照西方的民族国家理念建立一个强有力的现代共和国，其基本历史任务正如严复所言，是"外争独立，内争自由"。但辛亥革命并没有真正完成这个任务。就建立现代民族国家这一点而言，最大的问题在于，革命既然是以各省独立的形式实现的，那么，共和国即使被建立起来，也非常脆弱。① 新文化运动在一定程度上可以理解为对共和危机的一种思想反应，意在产生与国家建构相适应的新国民或新公民，于是，一方面是民族主义的强烈情绪，一方面是个性解放的激进主张，而将革命的矛头对准了传统的伦常观念和家族制度。就此而言，谭嗣同在《仁学》中大谈"纲伦之厄"、呼吁"冲决网罗"的思想，乃至康有为以"毁灭家族"为"最要关键"（梁启超语）的大同思想，都是新文化运动中伦理革命的先声。站在传统的儒家立场上看，新文化运动的思想后果是父子之义疏离，意味着以"彝伦攸叙"为核心教义的儒家传统在承受了政治上的退却之后不得不继续承受伦理上的退却。但是，如上所述，在康有为所开出的去政治化的儒家发展方案中，去伦理化也是题中之义。如果说与去政治

---

① 沟口雄三在《重新思考辛亥革命的历史定位》一文中通过追溯明末清初的"乡治"解释了辛亥革命何以采取各省独立的形式而成功，并由此立论，认为辛亥革命既然表现为地方力量对中央权力的摆脱和瓦解，那么，辛亥革命就与建立现代民族国家的想法背道而驰，就是说，辛亥革命并不是一场建国革命。沟口雄三的看法虽然在某一方面非常有见地，注意到了被以往的学术界忽略的某个重要方面，但他也忽略了近代中国民族主义思潮的兴起对于理解辛亥革命的重要性，这一点可参见贺照田的评论文章：《勉励献疑：回应沟口先生》。两篇文章皆载于《台湾社会研究季刊》第67期，2007年9月。

化相对应的是宗教化,那么,与去伦理化相对应的正是道德化。① 因此,如果说辛亥革命的思想史后果是现代儒家思想只能以去政治化的宗教形态考虑其制度安置和实践方略的话,那么,新文化运动的思想史后果则是现代儒家思想只能在去伦理化的道德主义中寻求其精神安置和理论归宿。

"五四"之后的现代儒家思想,基本上是在去政治化、去伦理化的思路上展开的,而又由于现代性观念对宗教的批判以及可看作现世宗教(this-worldly religion)的儒教自身相对于基督教、佛教等来世宗教(other-worldly religion)的一些独特性,以宗教的形式为儒教寻求制度安置的思路也影响甚微。于是,在君臣之义不再、父子之义疏离的情况下,儒家传统就日渐萎缩为余英时所说的"游魂",一个一直游荡在现代中国上空的落魄之魂。"五四"之后的现代儒家思想与五四新文化运动在思想层面的密切关系使我们有理由将之称为后"五四"的儒家思想。后"五四"的儒家思想根据其政治立场上的差异可分为以下几个不同的派别。

首先让我们来看看国、共两党的革命思想以及他们各自对于儒家思想的现代开展所持的立场。以孙中山的三民主义为思想基础的国民党人是中国现代史上的一个重要的儒学倡导者,他们所倡导的儒学根据其思想特质可称之为民族主义儒学(nationalist Confucianism)。民族主义的兴起是中国现代史上的一个重要事件,其直接的政治后果就是在"反帝"和"排满"的思想动员下通过革命建立起一个现代民族国家。尽管儒学传统中的某些资源在以革命的方式建立民族国家的过程中也提供了精神动力,但是,作为一个整体的儒学,也就是对于宇宙、人生具有一套整全性看法的儒学,则不可避免地衰落了。不过,民族概念的兴起在

---

① 此处"伦理"与"道德"对举,乃是类似于黑格尔意义上的,前者指客观上的人伦之理,后者指主观上的纯然善意。

一定程度上也为儒学的重新开展提供了可能的空间。如果说将民族与文化分别论之而将儒学合理地归于文化的话,那么,现在的民族虽然不能被单纯地理解为一个文化概念,甚至企图从文化的笼罩下挣脱出来,但文化却可以合理地被理解为民族的文化。就是说,以民族概念为出发点,文化则可附属于民族之下而成为民族历史的一个组成部分。而如果再加上对文化不是持全盘否定的极端态度,而是在一些根本的方面有所肯定,那么,在民族主义的旗帜之下就有文化复兴和发展的空间。孙中山《三民主义》中的民族主义思想就是将文化置于民族的概念之下而在民族主义的意义上给儒学的发展提供了可能的空间。尤其在辛亥革命之后,孙中山越来越强调儒学传统的意义。他以儒家道统传人自居,并声称儒家道统正是他所领导的革命的思想基础。而作为对孙中山思想最重要的解释者之一的戴季陶,在后来则将《礼记·礼运》中的大同学说称为"民国国宪之大本",并认为孙中山的思想是"二千年以来中绝的中国道德文化的复活"。[1] 至于民族主义儒学的具体主张,仍然集中在经过抽离性解释的大同主义和道德主义两方面。就前一方面而言,经过历史主义化的大同理想成为革命的终极目标;就后一方面而言,儒家传统中属于家、国、天下等多重伦理空间的道德观念大都被改造成现代世界中属于民族国家或者说国族这个单一伦理空间的道德观念。[2]

从建立一个现代民族国家这一点来看,辛亥革命最大的弱点,一方面是破得不够,另一方面是立得不够。前者主要表现在,单纯的政治革命并不能够改变旧制度的社会基础,并不能够

---

[1] 分别见戴季陶:《〈礼运·大同篇〉书后》,见《戴季陶先生文存》,陈天锡编,中央文物供应社1959年版,第四册,第1429页;《孙文主义之哲学的基础》,民智书局1925年版,第43页。

[2] 在《夷夏之辨与现代中国国家建构的正当性问题》一文中,我对孙中山思想与儒家传统之交涉做了较为详细的分析,见唐文明《近忧:文化政治与中国的未来》,华东师范大学出版社2010年版。

造就一种可为革命保驾护航的、与新制度相配合的社会基础——我们知道,"五四"新文化运动正着意于此;后者主要表现在,以各省独立的形式而成功的政治革命在客观上无法造就一个强有力的中央政府,于是地方势力的割据成为革命以后必须面对的一个现实。而且,从一种更为激进、更为彻底的革命立场来看,立的不够,正是因为破的不够。毛泽东对中国革命史的叙述就持这种立场。就此而言,三民主义作为中国革命的指导思想,其最大的理论缺陷在于没能真正提供一个为历史所需要的恰当的国家理念。特别是,在这个古老的郡县制帝国的现代转型过程中,传统意义上以地方割据为主要内容的封建主义仍是由治及乱的重要因素。而三民主义在理论上未能充分考虑这一历史悠久的政治难题:民权主义即使与大一统的集权国家理念不是背道而驰,至少也有助长分权主义的倾向;民族主义能够发挥巨大的作用,往往只在推翻旧制度的时候,或者是在区分内外的问题上,虽然在民国以后孙中山及时地将民族主义解释为国族主义,但在他的论说中并没有提供一个具有实质内涵的整合性的国家理念;看起来民生主义最有可能承担这一理论任务,但孙中山言之甚少——于是我们看到,在孙中山去世以后,戴季陶对三民主义的解释主要表现在进一步阐发民生主义,他不仅认为民生主义与共产主义就其作为社会理想而言在实质上是一致的,而且指出这一实质上一致的社会理想就是可溯源于《礼记·礼运》的大同主义。由此我们或可理解共产党所领导的阶级革命的历史正当性:以历史唯物主义为思想基础的阶级斗争理论和共产主义理想能够通过将平等的理念贯彻到底从而提供一个适合当时形势、为历史所需要的大一统的、具有很强的整合性的集权国家理念。

作为"五四"的真正产儿,共产党在文化问题上一贯持激烈的反传统主义立场,因此,从根本上来说并不存在什么共产党儒学,或者说马克思主义儒学。但这么说既不意味着马克思主义在中国的传播与儒家思想的现代开展没有任何积极的联系，也不意味着马克思主义儒学（Marxist Confucianism）作为一个可能的理论方案没有被提出。类似于戴季陶——在中国共产党的创始过程中起过重要作用——将共产主义等同于大同主义，毛泽东认为，共产主义的实现就意味着世界大同的到来，而康有为虽然写了《大同书》，但他"没有也不可能找到一条到达大同的路"。① 而类似于孙中山将儒家传统中的美德从多样性的客观伦理领域中抽离出来而改造为一种民族主义的或者说爱国主义的意识，刘少奇则将儒家传统的修养理论，也就是宋明儒家所说的工夫论，改造为一种以共产主义理想为鹄的的"共产党员的修养"。这些都能显示出马克思主义在中国的传播过程中与儒家思想在一定程度上的积极联系。明确提出马克思主义儒学之理论方案的，是作为中国共产党之创始元老，曾为周恩来、朱德之入党介绍人的张申府。张申府主张将孔子、罗素和马克思主义的思想结合起来，因为他认为马克思主义代表了西方现代最先进的思想，罗素代表了西方历来最好的传统，孔子代表了中国古来最好的传统。② 从这一理由方面的申言可以看出，在张申府的思想里，三者的结合尽

---

① 毛泽东：《论人民民主专政》，载《毛泽东选集》第四卷，人民出版社1991年版。

② 张申府对这一理论方案的一个具体表述是："我始终相信，孔子、列宁、罗素是可以合而一之的。我也始终希望，合孔子、列宁、罗素而一之。如此不但可得新中国哲学，如此而且可得新世界学统。孔子代表中国古来最好的传统。罗素代表西洋历来最好的传统。列宁代表世界新的方在开始的传统。孔子表示最高的人生理想，由仁、忠、恕、义、礼、智、信、敬、廉、耻、勇、温、让、俭、中以达的理想。罗素表示最进步的逻辑与科学，尤其是数理逻辑，逻辑解析，科学法与科学哲学。列宁表示集过去世界传统最优良成分的一般方法，即唯物辩证法与辩证唯物论，以及从一个实际角落来实践最高的人生理想的社会科学。三者之间，不但并无敌对冲突，三者之间，而且正待相补相充。三者之间，解析且扬弃之后，又有什么不可综核，发展而为一的？'没有解析，无综核'。辩证的否定乃在飞跃的发展。随解析综核，由否定而发展，永远合造成一个空前的进境。合孔子、罗素、列宁而一之的新体系是新世界中的新中国的新指标，新象征。"见张申府《思与文》，河北教育出版社1996年版，第128页。

管仍有较明显的"中体西用"的影子——以儒家的人生理想为体，而以罗素的解析法和马克思的辩证法为用，但实质上的重心却在马克思主义，因为他的思路实际上是摄体于用，就是说，在他的思想中实际上只有马克思主义这一被他认为是西方最先进的思想体系才能够将孔子与罗素所代表的中西两大优良传统综合起来。①张申府的这一理论方案虽然更多地停留在提出的阶段而缺乏实质性的建构，但其影响之大，决不亚于国民党背景的民族主义儒学，当然这里面最重要的历史原因是共产党在中国的政治生活中逐渐扮演了越来越重要的角色，并最终革命成功，建立了一个大一统的、相对稳定的、有着明确意识形态导向的现代国家。②

与张申府的立场比较接近的，或受其理论方案影响的，是与张

---

① 张申府对待儒家传统的立场被他自己概括为："打倒儒教，拯救孔子"，这基本上可以代表五四新文化运动的主流立场，而后来的一些马克思主义学者，特别是思想史研究领域的一些学者，在贯彻"社会存在决定社会意识"的理论教条的名义下对这一立场提出了强烈的反对，认为孔子的思想不可能脱离其所处时代的经济基础和阶级状况，因而不可能将孔子的思想从其历史境况中剥离出来，比如蔡尚思。与此直接相关的是"五四"以来关于孔子的思想是以"礼"为核心还是以"仁"为核心的争论。这一争论在1980年代的中国大陆学术界被重新提起，而且影响巨大，一直延续到当下，比如近来持马克思主义立场的刘泽华等人与持儒家立场的一些学者之间的争论。从思想史的视野看，这一争论在1980年代的重提实际上构成了新的历史环境下儒学复兴的一个理论起点，但站在更为纯正的儒家立场上看，这只不过意味着1980年代以来的儒学复兴在其思想倾向上仍在五四新文化运动的笼罩之下。

② 比如说，在近30年来——这一时期在政治上的变化，是从毛泽东时代转向邓小平时代，官方的主导理论则是具有人本主义倾向和实用主义倾向的马克思主义——的思想史上具有重要地位的李泽厚，也将儒学纳入考虑并自称为新儒家。实际上，李泽厚可以看作是张申府的理论方案的继承者，其理论宗旨恰当地表达在时下仍被一些学者所鼓吹的"打通中、西、马"的说法里。在张申府那里是罗素、孔子和马克思，在李泽厚那里则是康德、孔子和马克思；在张申府那里是道德理想加解析法和辩证法，在李泽厚那里则是历史本体论加主体性和实用理性。这样一个对比也表明，马克思主义在李泽厚与张申府各自的理论方案中的权重有所不同。如果说张申府的理论方案至少表面上还有"中体西用"的影子的话，那么，李泽厚的理论方案则是明确以马克思主义为主干的。实际上，张申府那种摄体于用的中体西用论与李泽厚式的西体中用论只有一步之差：当"中体"被彻底虚化，"西用"则必然上升而成为"西体"，于是，作为"体"的"中"在沦为一个话语外壳的处境下也就只能被重新安置在"用"中了，也就是说，"中体"只能变成"中用"了。

申府关系密切的冯友兰和张岱年。冯友兰早年被五四新文化运动中的极端反传统主义所困扰，但是，将中西之异理解为古今之别的思路使他从这种困扰的重负中解脱出来。而随着他逐渐意识到历史哲学空前的重要性，历史唯物主义进入了他的思想视野，并被他所认同。一个标志性事件是1934年冯友兰从欧洲、苏联出访回来后分别在清华大学和北京大学所做的两次演讲：《在苏联所得之印象》（10月23日）和《新三统五德论》（11月25日）。① 第二次演讲之后第三天，也就是1934年11月28日，冯友兰被传唤至北平公安局，旋即加手铐押解至保定行营，29日在清华校方的营救下被释放。冯友兰被国民党政府逮捕的原因，当然主要在于他在那次演讲中宣扬了历史唯物主义。② 不过，饶有趣味的是，冯友兰在这篇为自己招致一夜牢狱之灾的演讲中，主要是将他所理解的秦汉历史哲学——被分为三派：五德说、三统说和三世说——与历史唯物主义进行会通，认为这三派思想中有"六点意思""到现在还可用"，即是说，与历史唯物主义相一致。③ 从演讲原来的标题我们甚至还可以说，冯友兰大有将历史唯物主义理解为"新三统五德论"的意思。至于张岱年，更是在其兄的深刻影响之下力图挖掘儒家传统中的唯物主义因素，以继承王船山、颜习斋、戴东原"未竟之余绪"而自任。

不过，冯友兰以一位哲学家而著称，首先还是因为他的新理学。新理学将儒家传统中的理、气概念作了新实在论的解释，其基本方法是逻辑分析法。而在张申府的理论方案中，罗素所代表的，正是逻辑分析的传统。新理学的理论成就不是很高，一个很重要的

---

① 两次演讲稿皆在演讲之后发表于北平《晨报》，后文后改名为《秦汉历史哲学》，并收入《三松堂学术文集》，北京大学出版社1984年版。
② 有关史料见蔡仲德：《冯友兰先生年谱初编》，河南人民出版社1994年版，第144—148页。
③ 冯友兰：《秦汉历史哲学》，载《三松堂学术文集》，北京大学出版社1984年版，第351页。

原因在于冯友兰企图用共相、殊相等形式逻辑和认识论中一些比较浅显的概念去诠释儒家传统中形而上层面的一些观念。其中最大的混乱莫过于一方面认为理是客观实在的，另一方面却认为气只是一个逻辑观念，就是说，气不是客观实在的。试想，在这样一种情况下，如何在存有论的层面上谈理气关系？陈来指出，如果认为理也是逻辑观念，而非独立的实在，那么冯友兰的思想体系将更为自治。① 的确如此，但问题是，若理、气皆为逻辑观念，则理气问题与存有论何干？陈来的这一检讨其实表明，冯友兰所说的理，其真正来源就是逻辑观念。就此而言，冯友兰的实在论其实是非常虚的，因为他实际上是将存有论意义上的理气问题处理为一个简单的概念分析和形式逻辑层次上的问题。

后"五四"的儒家思想中更为纯粹、更为系统、更具典型性的派别，产生于在国民党之外而又不接受历史唯物主义的学者中。一派是以梁漱溟为代表，后来因其社会政治主张和实际事功而被称为"乡村建设派"，实际上根据其思想特质，梁漱溟所倡导的可以称之为社会主义儒学（socialist Confucianism）。梁漱溟的儒学思想，也是在历史哲学的视野中展开的。梁漱溟以意欲的方向来刻画文化的特质和差异，并在此基础之上建构了一个以文化形态的变迁为主要内容的世界历史理念，具体一点说，以意欲向前为精神特质的西方文化是世界历史发展的第一阶段，以意欲持中为精神特质的中国文化是世界历史发展的第二阶段，以意欲向后为精神特质的印度文化是世界历史发展的最后阶段。② 对于以儒学为主干的中国文化，梁漱溟提出了一个独特的"理性"概念，以解释其何以是一种以意欲持中为精神特质的文化。梁漱溟的"理性"概念，主要指向

---

① 参见陈来《现代中国哲学的追寻：新理学与新心学》第 8 章"冯友兰《新理学》形上学之检讨"，人民出版社 2001 年版。

② 更为详细的论述参见唐文明：《"根本智"与"后得智"：梁漱溟思想中的世界历史观念》，见唐文明《近忧：文化政治与中国的未来》，华东师范大学出版社 2010 年版。

一种"无私的情感",亦即那种能够亲身体认到万物本来浑然一体,从而能够破除个体化界限、与宇宙大生命达于大通的情感,可以说,他所说的"理性",是以这种贯彻天地的道德情感为基础的一种道德理性。在他看来,真正的人类社会就应当建立在这种理性的基础之上,而这种理性也正是儒家文化的精神特质所在。[①] 因此,梁漱溟实际上是将他所理解的儒家精神作为构想一个合理社会的思想基础。正是基于这一点,我们能够将梁漱溟的儒学思想概括为社会主义儒学。"社会主义儒学"这一名称可能使我们联想到共产党的社会主义理想。实际上,在《人心与人生》这部写于"文化大革命"期间的著作中,梁漱溟曾明确将他的这一思想与以马克思主义为理论基础的社会主义、共产主义相联系。但是,必须指出,梁漱溟的社会主义儒学就其理论基础而言,与马克思主义龃龉不合之处甚多,其中他对马克思主义最主要的两点批评在于:其一,虽然他承认生产力在历史发展中的作用,但他不认为生产力是历史发展的最高动因,换言之,他在历史观上持以精神为本的文化史观,而反对唯物史观;其二,与前一点相联系,梁漱溟反对以阶级斗争为主线理解中国传统的社会历史,而是非常有洞察力地指出了中国传统社会的特点是"伦理本位、职业分途"。梁漱溟立足他所理解的儒家思想而提出的社会主义主张与马克思主义者的社会主义主张之间的这种貌合神离的关系,实际上在一定程度上既可以说明他在抗日战争后何以对中国共产党日益产生好感,又可以解释他后来何以会与毛泽东发生剧烈的争论与冲突。

与梁漱溟注重精神之意义的立场相近,而在思想上更为超迈的是熊十力及其门弟子一派。这一派的特点是立足现代发挥儒家传统中心学一脉的思想,因而堪称典型的新阳明学,其中第一代亦多借

---

[①] 梁漱溟是在《人心与人生》一书中具体阐发这一观点的,根据他的自述,这一阐发是对他早期在《东西方文化及其哲学》一书中的观点的重要修正。而《人心与人生》虽然写作很晚,但其思想的产生和酝酿很早。

助佛学传统中的唯识思想，第二代更引入德国唯心主义（German idealism）作为重要的思想外援。仅就注重精神之意义这一点而言，这一派也就是贺麟曾经概括过的"新心学"，其代表人物还可以扩展至马一浮、张君劢、贺麟等人。这一派的核心思想是以心为本体而又强调体用不二，如熊十力和马一浮都对此有过明确的阐述。张君劢在德国留学时师从倭伊铿研究唯心主义哲学，这对于他对儒家思想的理解产生了很大影响，回国后他不仅挑起了"科学与人生观"的争论，更立足儒学立场宣扬民主社会主义，并依凭精神自由的理念推动中国的宪政建设。贺麟对于儒家思想的现代开展提出了一个非常清晰、非常全面的黑格尔式方案，尽管他自己在经过了1949年后主要转向西方哲学的研究而未能真正完成这一方案。

真正将新阳明学发扬光大的是在1949年离开大陆去了香港、台湾等地的熊门弟子牟宗三、唐君毅、徐复观等人。[①] 以其中理论成就最高的牟宗三为例，他秉承乃师熊十力的体用不二说，并结合康德的学说，建立了一个以道德的形上学（moral metaphysics）命名的庞大、完整的新儒学体系。在这个新儒学体系中，以纯然善意的良知为根本的道德主义被发挥到了极致，道德主义的良知不仅被认为是人性、人心之本体，而且也被抬高到了天道、天理之地位。这一新儒学体系也在道德主义的基础上建构了一种以道德进步为指向、在一定程度上与黑格尔之历史终结论有着同样理论旨趣的历史哲学，因而也鼓吹一种以自由民主为核心理念的政治儒学。1949年以后活跃于香港、台湾等地的新儒家在政治立场上大都倾向于自由主义，这一点既明确地表现在他们对于共产党建国的态度和立场上——出走本身就是对其态度和立场的一个说明，也或多或少地表现在他们与退居台湾的国民党政府之间若即若离甚至龃龉不合的关系上。因此，熊牟一派的新儒学，如果就其思想核心而言可被称为唯心主义儒学（idealist Confucianism）的话，那么，就其政治立场

---

① 这里还应当提到钱穆，其立场与熊门诸弟子相近而又有不同。

而言则可被称为自由主义儒学（liberalist Confucianism）。

熊牟一派的新儒学代表后"五四"的儒家思想所取得的最高成就。上文曾提到，在辛亥革命之后，现代儒家思想只能以去政治化的宗教形态考虑其制度安置，而在新文化运动之后，现代儒家思想只能在去伦理化的道德主义中寻求其精神安置。就此而言，毫不奇怪的是，在熊牟一派的思想中，宗教化的思路和道德化的思路在思想层面被结合在一起且被发展到极致：牟宗三正是将儒家刻画为一种道德宗教，而他的道德宗教概念与康德用来刻画基督教的道德宗教概念相比是有过之而无不及，即直接以道德为宗教。由此我们可以回想，在这个三千年未有之大变局的历史遭遇中，儒家传统如何历经政治退却和伦理退却而被一步步逼向理论上的道德主义和实践上的宗教形态。由此我们更能明白，康有为在中国现代思想史上的确堪称一个先知式的人物，现代儒家思想的开展，基本上在他的思想的笼罩之下，即使后来者对这一点缺乏自觉或不予承认。①

---

① 康有为的真正反对者而在中国现代学术史上有很大贡献的，或许只有被称为前清遗老遗少的王国维和陈寅恪等人。

寅

# 人伦理念的普世意义及其现代调适
## ——略论现代儒门学者对五伦观念的捍卫与重构

历代儒者都非常重视人伦，因为人伦实关乎儒教的核心价值。我们可以从三个层次来理解人伦理念在儒教教义中的重要地位。首先，儒教经典是在人与禽兽之辨的层次上来刻画人伦理念的重要性的。《仪礼·丧服传》云："禽兽知母而不知父。野人曰：'父母何算焉！'都邑之士，则知尊祢矣。大夫及学士，则知尊祖矣。"这是说，人与禽兽的区别首先表现在是否知父知母上。孟子曰："人之所以异于禽兽者几希！庶民去之，君子存之。舜明于庶物，察于人伦，由仁义行，非行仁义也。"（《孟子·离娄下》）现代的解释者在理解这里的"几希"时往往侧重"由仁义行"这一点，而忽略"察于人伦"这一点，其实应当将这两点结合起来才能得到一个比较全面的理解，或者更进一步说，仁义之美德皆基于对人伦之理的洞察，所谓"仁之实，事亲是也；义之实，从兄是也"。荀子曰："人之所以为人者，非特以其二足而无毛也，以其有辨也。夫禽兽有父子，而无父子之亲，有牝牡而无男女之别。故人道莫不有辨。"（《荀子·非相》）又曰："水火有气而无生，草木有生而无知，禽兽有知而无义，人有气、有生、有知，亦且有义，故最为天下贵也。力不若牛，走不若马，而牛马为用，何也？曰：人能群，彼不能群也。人何以能群？曰分。分何以能行？曰义。"（《荀子·

王制》）这里以"能群"或"有义"来区别人与禽兽，隐含的意思是，不仅父子、夫妇之伦，而且君臣之伦，皆为人道之大要。其次，从人伦意味着人与禽兽之辨可以顺理推出，人伦也意味着文明与野蛮之辨。上引《仪礼·丧服传》中的话就表达出了这一点。换言之，儒教经典中呈现出来的共同看法是，人类从野蛮时代走向文明时代的一个根本标志就在于认识到人伦之理的重要性。由于文明与野蛮之辨也是夷夏之辨的核心关切，所以，人伦理念也是理解夷夏之辨的核心要点。最后，儒教经典认为人伦之理的基础是自然之理，就是说，人伦之理有其宇宙论基础。《序卦》云："有天地然后有万物，有万物然后有男女，有男女然后有夫妇，有夫妇然后有父子，有父子然后有君臣，有君臣然后有上下，有上下然后礼义有所错。"我们知道，宋代张载的《西铭》就将这个思想发挥到了极致，明确地阐发出"天下一家"的义理："乾称父，坤称母；予兹藐焉，乃混然中处。故天地之塞，吾其体；天地之帅，吾其性。民吾同胞；物吾与也。"

  儒教经典概括了五种重要的人伦，所谓五伦。按照孟子的看法，五伦之教来自于尧舜："人之有道也，饱食暖衣，逸居而无教，则近于禽兽，圣人有忧之，使契为司徒，教以人伦：父子有亲，君臣有义，夫妇有别，长幼有叙，朋友有信。"（《孟子·滕文公上》）在这五者之中，父子、君臣、夫妇三伦最为重要，因此被称之为大伦。关于这三大伦，儒教传统中又有三纲之说。何晏《论语集解》引马融注"殷因于夏礼，所损益可知也"（《论语·为政》）一句曰："所因，谓三纲五常也。"这是"三纲"这个说法见诸传世文献较早的地方。《白虎通义》引《礼纬·含文嘉》以"夫为妻纲、父为子纲、君为臣纲"进一步说三纲。现代人多基于这些文献加以推论，认为三纲说出自汉代而非先秦。实际上，这个结论有意无意地忽略了另一个在古代儒教传统中得到广泛认可的看法，即三纲说乃孔子所作《春秋》之大义之一。

  晚清以来，儒教中国遭遇"三千年未有之大变局"。在这个中西角力、古今嬗变的历史处境中，有一些具有强烈卫道意识的儒教学者非常自觉地捍卫作为儒教之核心价值的人伦理念，还有一些服膺了现代性的基本价值的儒教学者则结合时代变迁等历史因素对传统儒教人伦理念中可能存在的问题进行了力所能及的检讨。将这两种思想努力放在一起合观，可以呈现出现代儒学的一个可能的思想倾向：通过重构儒教的人伦理念来涵纳、消化现代性的基本价值。

既然儒教经典认为人伦理念关乎人与动物的区别，是人类进入文明的重要标志，那么，当儒教学者直面西方的挑战而又不再视西方为夷狄时，他们就非常自然且正确地基于普世价值的立场来为人伦理念进行辩护。康有为、张之洞都表达过这个思路，虽然在变法的具体主张上他们多有差异。在《劝学篇·明纲》中，张之洞以"三纲五常"断"圣人所以为圣人，中国所以为中国"，又"考西国之制"，用客观的事实来说明"西国故有君臣之伦"、"西国故有父子之伦"、"西国故有夫妇之伦"。在这个论述框架中，至少有以下几点需要留意。首先，人类文明社会的普世价值是整个论述的旨归。毋庸赘言，人类文明社会的普世价值，在此正落实于前面提到的那个信念：对人伦理念的重视程度是人类走向文明的重要标志。其次，以这里关于人类普世文明的信念来衡量，张之洞显然认为，中国乃是人类文明的典范，而这当然端赖于圣人的制作。这种看法在当时自然一点儿都不突兀，实际上是在发挥传统儒教中国夷夏之辨观念中的已有之义。再次，张之洞看到西国与中国固然有很多差异，但认为西国也是文明社会，因为西国也有人伦，只是不如中国那么重视人伦罢了，所谓"西人礼制虽略，而礼意未尝尽废"。

可以看出，直面中西之间的差异，《劝学篇》是以寻求人类文明社会的普世价值为论述的基本思路，而人伦理念正是作为普世价值的核心内容出场的，所谓"诚以天秩民彝，中外大同。人君非此不能立国，人师非此不能立教"。因此，如前面所引用，这里既涉及对"中国所以为中国"的确切理解，也涉及对"圣人所谓为圣人"的确切理解。《明纲》中也引用了《礼记·大传》中对礼乐制度之精义的概括:"亲亲也,尊尊也,长长也,男女有别,此其不可得与民变革者也。"后来的王国维在他的名作《殷周制度论》中也正是以此来刻画殷周制度变革的要点的。

不过,张之洞在《明纲》中的论述目的尚不止于阐明人伦为人类文明社会的普世价值,其更进一步的目的是通过阐明三纲的政治意义来对抗来自西国的民权主张:"故知君臣之纲,则民权之说不可行也;知父子之纲,则父子同罪免丧废祀之说不可行也;知夫妇之纲,则男女平权之说不可行也。"张之洞在此表达出来的这个看法在当时正统的士大夫中颇具代表性。而三纲与民权的对立,从《劝学篇》发表的1898年,亦即戊戌变法的那一年,一直到民国后的新文化运动,都是中国思想界的一个非常重要的理论议题,其中与当时的政治现实紧密相关的焦点问题当然是君主制的存废,更深层次的理论问题则在如何看待人伦中的支配性因素。

先来看君主制的存废问题以及与之直接相关的君臣之伦的问题。忠于清朝的士大夫捍卫君臣之伦自然有着鲜明的现实政治意图,正如同张之洞在《劝学篇》中呈现的那样。[①] 但对于接受了现代民权观念的维新派人士以及后来为民权张目的儒教学者而言,如何看待儒教经典中对君臣之伦的高度重视是关乎时代变迁的重大问题。在此对比一下康有为与梁启超的看法极为有趣。康有为很早就接受了民权观念,但无论是戊戌流亡以后提出君主立宪制,还是辛亥以后提出虚君共和制,他一直是君主制的捍卫者。实际行动也是如此,无论是在海外成立保皇党而与革命党分庭抗礼,还是在张勋复辟的政治事件中积极参与而遭受当时新派人士非议。仅仅从基于实际处境的策略考量和康有为对于光绪皇帝的感情因素来理解这一点显然是非常肤浅的。在此我们只能合理地断言,康有为对于君臣之伦中所包含的普遍性价值具有深刻的洞察,充分地认识到了君臣之伦的重要性。

---

① 亦可参看苏舆主编的《翼教丛编》。

1902年,梁启超在写作《新民说》中的《论公德》部分时,提出了一个非常惊人的观点,即将传统儒教的五伦观念全部归于私德范围。他的核心理由是说五伦所指涉的全部都是私人性的关系,以君臣之伦为例,君臣之间构成的伦理只是君与臣两个私人之间的关系,并不是一种公共性的关系。这种看法看似有一定道理,其实完全忽视了包含在儒教人伦理念中的客观、普遍的生活因素。后来陈寅恪提出"抽象之理境"说,正是对梁启超这一看法的拨正,尽管"抽象之理境"说又难免于走向另外一个方向上的偏失。① 至于梁启超自己在三年以后写作《论私德》时所作自我修正中隐含的思想倾向,即打破原来对于公德、私德的划分,在此不及细说。实际行动方面,在袁世凯自己黄袍加身而复辟帝制之时,梁启超在面临死亡威胁的情况下顶着巨大压力发表《异哉所谓国体问题者》,得到了新旧人士的一致赞赏。但在张勋扶持清室而复辟帝制之时,梁启超则因积极参与反对复辟的政治行为而颇受守旧人士訾议,包括后来陈寅恪讥讽梁启超"旧时龙髯六品臣,后跻马厂元勋列"。②

辛亥以后,对君臣之伦的重要意义做出充分肯定的,以那些以遗民心态处事的人士为多,王国维、陈寅恪可为其代表;而对君臣之伦所包含的普遍性价值有清晰论述的,以刘咸炘最为典型。

在1920年写成的《君位》、《臣道》两篇文章中,刘咸炘首先将批评的矛头指向邓牧和黄宗羲,认为二人对于"君位之本义""有所见而不全",故"空言激论以启邪说"。③ 邓牧认为"天生民而立之君,非为君也",黄宗羲发挥此义,指出在人类社会之初设

---

① 在《从陈寅恪悼念王国维的诗文谈儒教人伦思想中的自由观念》一文中,我对这一点略有分析。该文发表在《读书》2015年第5期,发表时的题目是《从陈寅恪悼念王国维的诗文说起》。
② 陈寅恪:《王观堂先生挽词并序》,见《陈寅恪集 诗集 附唐篔诗存》,生活·读书·新知三联书店2009年版,第16—17页。
③ 刘咸炘:《君位》,见《推十书》(增补全本),上海科学技术文献出版社2009年版,甲辑,第一册,第269页。

立君位的必要性在于兴天下之公利、除天下之公害："有生之初，人各自私也，人各自利也；天下有公利而莫或兴之，有公害而莫或除之。有人者出，不以一己之利为利，而使天下受其利；不以一己之害为害，而使天下释其害。"邓牧认为君道的变坏在秦："不幸而天下为秦，坏古封建，六合为一。头会箕敛，竭天下之财以自奉，而君益贵；焚诗书，任法律，筑长城万里，凡所以固位而养尊者，无所不至，而君益孤。"黄宗羲发挥此义，指出"后之为人君者"以天下为"一人之产业"，以至于"屠毒天下之肝脑，离散天下之子女"也在所不惜。很明显，邓、黄二人对后世君主的指控并非是在理论上否定君主的意义，而是为了正君道，"明乎为君之职分"，但现代人则往往为了在理论上彻底否定君主制而援引邓、黄二人的看法，这就是刘咸炘这里所谓的"空言激论以启邪说"。很显然，这里所谓的"邪说"即指现代以来甚嚣尘上的"毁弃纲常"之说。

与邓、黄二人一样，刘咸炘也是从人类社会中政治统治的必要性这一点来捍卫君臣之伦的重要意义的。他引用章学诚的话来说明之："三人居室而道行。三人居室，则必朝暮启闭其门户，饔飧取给于樵汲，既非一身，必有分任者矣。或各司其事，或番易其班，而均平秩序之义出矣。又恐交委而互争，则必推年之长者持其平，而长幼尊卑之别形矣。至于什伍千百，部别班分，亦必各长其什伍，而积至于千百，则人众而赖于干济，必推才之杰者理其繁，势纷而须于率俾，必推德之懋者司其化，而作君作师、画野分州之意著矣。"那么，是不是说，君位的设立在古代有其客观、普遍的意义，到了现代，就不需要了呢？刘咸炘反对的正是这种看法。既然对人类社会而言，无论是在古代还是在现代，政治统治总有其必要性，那么，作为一个政教理念的君位就是依据客观、普遍的价值而合理地设立的。时代的变迁所带来的政治统治形式的变化不会动摇政治统治所包含的客观、普遍的价值，因而也不会动摇君位作为政教理念的合理地位。刘咸炘最后将他的批评落实在现代人汲汲于去除君臣之名这一点上："惟去其名而不可改其实,君臣之名可去,而主佐之实不可去,父子之名可去,而传系之实不可去,亦徒为眩乱而已。"① 就是说,既然君臣之实、父子之实是去除不掉的,那么,又何必要去除君臣之名、父子之名呢。

在1924年发表在《学衡》杂志上的《明伦》一文中,柳诒徵也表达了类似的看法,只是他又将君臣之伦回溯到更原始的语境中,即一切社会组织都需要君臣之伦:"其实君臣即首领与从属之谓。无论社会何种组织,皆有君臣。学校有校长,公司有经理,商店有管事,船舶有船主,寺庙有住持,皆君也。凡其相助为理,聘任为佐,共同而治者,皆臣也。瑞士无总统,然亦必有参议院长为全国之代表;苏维埃政府无总统,然亦必有委员长为全国之代表。故君臣其名,而首领与从属其实。君臣之名可废,首领与从属之实不可废。不可废便不可逃,故曰无所逃于天地之间。甚至土匪必有头目,优伶必有领班,无无君者也。苟欲无君,必须孑身孤立,尽废社会组织。"②

刘咸炘、柳诒徵等人的这一洞见亦可证之于现代人民主权理论的创立者卢梭。在《社会契约论》中,卢梭认为,人民作为一个集合概念就是主权者,而对于这个集合中的单个人而言,则有双重身份:作为主权权威的参与者他是公民,作为国家法律的服从者他也

---

① 刘咸炘:《臣道》,见《推十书》,甲辑,第一册,第281页。
② 《明伦》一文也是集中论述君臣、父子、夫妇三大伦,虽写作于新文化运动后期,又以西人互助之说论人伦,而其理趣实则与张之洞《劝学篇·明纲》相类,并提出"天职"概念说伦理职分,最后归之于中西差异,以中国为文明社会之典范:"欧人惟知个人,不知伦理,故独身不嫁,节孕不举子者甚多。今其效果何如?且即不问人口减少,国家虚弱之害。专以个人道德而言,为女子者,惧嫁夫生子之为累,为男子者亦惧娶妻生子之为累。其人之思想单简,性情凉薄,为何如?吾国人无此思想者,以为妇之助夫,天职也,夫之助妇,亦天职也,父母之助子女,更天职也。天职所在,不顾一身,虽苦不恤,虽劳不怨。于是此等仁厚之精神充满于社会,流传至数千年,而国家亦日益扩大而悠久。此皆古昔圣哲立教垂训所赐,非欧美所可及也。"另外,李源澄在写作于1940年的《与陈独秀论孔子与中国》一文也肯定"三纲"说"还有供现代参考的价值":"就是三纲这个东西,现在的人尽管骂得他分文不值,以为是儒家罪恶的渊薮。我们如果用心去考究,何尝如一般人之所谈,不仅在古代是极好的制度,也还有供现代参考的价值。"

是臣民，也就是说，公民也是臣民。由此可见，在卢梭的人民主权理论中，君臣之伦仍然存在且非常重要。① 在1932年所写的两篇续文（《续君位上》与《续臣道》）中，刘咸炘继续扩展他的批评，将矛头指向那些援引孟子而批评君主制的人。孟子有"民为贵，社稷次之，君为轻"的言论，现代人多据此认为"孟子有反君主为民主之意"，刘咸炘明确指出，这其实是"妄附之说"，因为在孟子的语境中，这里的君对应的是国，是社稷，而与民相对应的则是天子。

与邓、黄二人一样，刘咸炘也谈到历史上君道的变坏，他将之关联于法家："伪儒阴用法家以混正道，兆于荀卿，成于叔孙通。后儒相率盲从，以致此也。……若不明辨，岂惟先圣之诬不白而已哉。司马谈论法家曰：'尊主卑臣。'刘向论申之曰：'尊君卑臣，崇上抑下，合于六经。'观谈、向之言，专主抑下，乃法家之主旨。六经虽明尊卑，不如是也。使儒家以此为主旨，则谈不系之法家矣。"② 这就涉及如何看待人伦中的支配性因素这个问题了。而关于儒教与法家看待君臣之伦的另一个根本差异，李源澄在《与陈独秀论孔子与中国》一文（写作于1940年）中陈述得最为清楚。儒教经典认为君臣以义合，而法家则认为君臣以利合："在韩非看来，君臣的关系，完全不是以义合的，而是上下相市。人君以尊官厚禄给与臣下，臣下为人君效忠，就是在取得尊官厚禄。"③

将三纲理解为臣、子、妇对于君、父、夫具有单方面的或绝对性的服从义务，是现代以来颇为流行的看法。但这种看法在经典解释的历史文献传统中并没有确实的根据。刘咸炘抓住这一点，指出三纲有责君、父、夫之义，不应理解为是在一味地尊上抑下，一味地主张臣、子、妇的单方面或绝对性服从："近世多排三纲之说，辩护者则谓出《白虎通》引《礼纬·含文嘉》，非孔子之言。此卤莽

---

① 西方现代政治哲学的另一位重要人物霍布斯思想中也建构了君主与臣民之伦。
② 刘咸炘：《臣道》，见《推十书》甲辑，第一册，第279页。
③ 李源澄：《与陈独秀论孔子与中国》，见《李源澄儒学论集》，四川大学出版社2010年版，第153页。

不甚解之误也。《纬》文曰：'君为臣纲，父为子纲，夫为妇纲。'纲者，张也，若罗网之有纪纲而万目张也。此固明明责君、父、夫之词，岂务尊上而抑下哉。凡圣贤言伦谊皆主交责，吾祖书已详论之，后儒乃昧之耳。今之人毁弃纲常，而仍责魁首以表率，则所属以服从，言不顺，则事不成，此之谓也。"[1] 后来陈寅恪在《王观堂先生挽词序》中提出以"抽象之理境"来理解三纲，可以与刘咸炘这里的观点互相发明。而贺麟在《五伦观念的新检讨》一文中，又从精神哲学的进路将陈寅恪的观点大加发挥，可谓新见迭出，特别是点出"为理念尽忠"而为三纲正名，但亦不免于另一种偏失。[2]

撇开三纲之"纲"究竟何义这个语用学层面的问题，直面人伦理念中的支配性因素，我们至少可以得出如下五点比较平实的结论。首先，儒教人伦理念中、特别是三纲的观念中的确包含着对人伦中的主导性因素的重视和强调，因而包含着一种支配性因素，此即刘咸炘所谓的"主佐之实不可去"。以君臣之伦为例，君臣为共事之称，君为主事者，而臣为佐事者，佐事者当然有服从主事者的义务，只要这种主佐关系存在。其次，人伦中的支配与服从是基于客观的位分或共事关系，也就是说，基于人伦中所包含的客观、普遍的生活因素。人伦中的支配理性和服从理性首先必须在这个层面上来理解。再次，无论是作为支配者还是服从者，人伦中任何一方都有属于自己位分的义务和责任，各方都被要求尽量发展自己的美德以便能够更好地履行属于自己位分的义务和责任，因此，支配的正当性就不仅与客观的位分有关，而且也与客观的位分所要求的美德有关。更具体地说，如果君、父、夫没能表现出作为君、父、夫应有的美德，那么，他们有可能失去为君、为父、为夫的正当性。就是说，支配的理性与服从的理性除了与位分有关外，也与美德有

---

[1] 刘咸炘：《臣道》，见《推十书》甲辑，第一册，第281页。
[2] 可参见我在《五伦观念的再检讨》一文中对贺麟的批评，载唐文明《近忧：文化政治与中国的未来》，华东师范大学出版社2010年版。

关。第四，如果支配者没有表现出客观位分所要求的美德，那么，在不同的人伦中，相关服从者的理性回应就是不同的。比如，对于君臣之伦与父子之伦，儒教经典就明确主张要区别对待。《史记·微子世家》记载了微子的一段话，最为直观地说明了这一点："父子有骨肉，而臣主以义属。故父有过，子三谏不听，则随而号之；人臣三谏不听，则其义可以去矣。"最后，既然人伦中存在主导的一方，那么，主导的一方对于人伦的维护就更为重要，客观上这就要求人伦中主导的一方首先应当起到表率的作用，以合乎自己位分的美德来保障另一方的权益，来成全与另一方的共同生活。只有这样，彝伦攸叙的生活理想才更有可能实现。

在澄清了儒教人伦理念中所包含的普遍意义的同时，我们也不应忽视，儒教人伦理念的提出不可避免地包含着时代的因素。从现代的角度看，或许还应指出以下两点。首先，既然五伦观念的提出都是基于对人类社会生活的客观、普遍的生活因素的洞察，那么，五伦观念就不会随着时代的变迁而失效，但需要根据时代的变迁而重构。君臣之伦的现代重构思路已见于上述卢梭的思路。公民有服从国家法律的义务，从而也是臣民，这是毫无疑问的。至于父子之伦与夫妇之伦，社会制度上的古今之变客观上也要求儒教在充分承认人伦理念的普遍意义的同时对其做出适当的调整。具体到人伦中的支配性因素这一点，如果作为一个共同体的家庭时时都可能需要在一些具体事务上作出决定乃至决断，那么，一个综合所有家庭成员的权益和意见的决定者或决断者就是客观上需要的。通过这个思路，我们其实可以重构父亲或丈夫的名分。① 其次，正如上面已经分析过的，儒教人伦理念的要点是通过对人伦义务和责任的重视和强调来保障另一方的权益。这里显然存在一个将现代以来的权利观念纳入人伦理念的思路。既然人伦中各方的义务和责任是通过各方的伦理美德来刻画的，那么，这个思路也是一个以美德涵纳权利的思路。相应地，儒教人伦理念

---

① 至于女性能否获得家长的权威这个问题，需要更详细的分析，在此暂不讨论。

也可以将现代人的自由观念涵纳其中,如陈寅恪在悼念王国维的诗文中就明确以自由来解释王国维殉君臣之伦的行为。①

关于王国维自杀殉清的行为,以陈寅恪的理解最为深刻,解释最为精当。另一个比王国维更早的自杀殉清者则是梁漱溟的父亲梁济。在他的遗书中,梁济对自己为何殉清作了清楚的说明:"吾因身值清朝之末,故云殉清,其实非以清朝为本位,而以幼年所学为本位。吾国数千年先圣之诗礼纲常,吾家先祖先父先母之遗传与教训,幼年所闻以对于世道有责任为主义,此主义深印于吾脑中,即以此主义为本位,故不容不殉。"② 我们知道,陈寅恪对王国维殉清的解释中最核心的一点是指出其实质是殉文化:"凡一种文化值衰落之时,为此文化所化之人,必感苦痛,其表现此文化之程量愈宏,则其所受之苦痛亦愈甚;迨既达极深之度,殆非出于自杀无以求一己之心安而义尽也。"③ 梁济在遗书中的这个自述其实也是把自己的殉清行为归之于殉文化,此即其所谓"非以清朝为本位,而以幼年所学为本位"。这种解释之所以成立,是因为在万国林立的世界格局中,君作为国家的代表,不仅是政治领袖,而且也代表作为该国立国之本的主导性教化。于是乎,殉君臣之伦也就有了殉教、殉文化的涵义。或者使用顾炎武的著名说法,梁济、王国维所感受到的,不仅是亡国之痛,更是亡天下之痛。

刘咸炘还写了一系列的文章论述人伦问题。在《群治》一文(上篇写作于1923年,下篇写作于1929年)中,针对现代以来自由平等之说的倡导者欲废家庭、废阶级的看法,他援引经典,明确指出"人之异于禽兽"在于"有家庭"、"有阶级",又发挥孟子辟杨墨的义理与精神,指出现代以来的自由平等之说有"矫枉过

---

① 更具体的分析见唐文明:《从陈寅恪悼念王国维的诗文谈儒教人伦思想中的自由观念》,载《读书》2015年第5期。
② 梁济:《梁巨川遗书》,华东师范大学出版社2008年版,第51页。
③ 陈寅恪:《王观堂先生挽词并序》,见《陈寅恪集 诗集 附唐篔诗存》,第12页。

正、因噎废食"之弊,所谓"自由之极裂其合,平等之极混其序",实际上是"舍人从兽,昌言不耻":"标野鸭之放逸,慕蜂蚁之均齐,如其所见,人之自由平等,乃不如禽兽远甚矣。"①

在写作于1923年的《家伦》一文中,刘咸炘分五节论述家庭伦理。"首节显正",引圣谟先训阐伦常之道,以"自责"、"交通"说人伦中的"真自由"与"真平等",并对五伦中恩义置重之不同加以辨析:"五伦皆须恩义兼至,而中亦微有不同。父子、兄弟虽非义不正,而主于恩。君臣、朋友虽非恩不交,而主于义。夫妇则恩义兼之,恩如兄弟,义如朋友。父子、兄弟恩固不可以绝,故曰伦常讲情不讲理,以重义以伤恩也。君臣朋友道合则合,不合则离。然古之贤人于君臣朋友合离之际,往往托夫妇之词以致其缠绵。所以必仍重恩者,以群本主合,合本用恩,无恩则无群也。夫君臣朋友犹必重恩,而况家人三伦之本以恩治者乎?"②"中三节分论家人三伦",于父子之伦,申父母一体之说,批"薄视母道"之缪,析丧爱、不孝之因,"一曰私智胜之,二曰外缘夺之";于兄弟之伦,叹悌道之绝于名利,所谓"名不同得则怨,以为彼荣则我辱也;利不均得则争,以为彼多则我少也",揭世俗尊兄卑弟之恶习"切宜戒之";于夫妇之伦,论"敬且和,夫妇之伦乃尽",辨"圣人未尝崇男抑女",舍女权而言女职。③"末节

---

① 刘咸炘:《群治》,见《推十书》甲辑,第一册,第650页。
② 刘咸炘:《家伦》,见《推十书》甲辑,第一册,第817页。
③ 刘咸炘:《家伦》,见《推十书》甲辑,第一册,第818—828页。刘咸炘另有《衍昏义》一篇(写作于1924年),依据圣哲谟训对夫妇之道"略为衍说,并陈俗弊",指出夫不能爱、敬其妇,其病根在视妇为玩物、为器用。柳诒徵《明伦》、李源澄《与陈独秀论孔子与中国》也都对儒教的婚姻观念有充分肯定。如柳诒徵说:"故论互助之义,以中国夫妇之道为最善。"李源澄说:"我并不是说有好的理论一定就有好的事实,反过来说,莫有好的事实,也无伤于好的理论。一般人的思想言论,决不如此,暴君的罪恶与旧式婚姻的流弊,一概归之于儒家,许多蠢如鹿豕的东西,也在开口闭口喊'打倒吃人的礼教',真是可悲可怜,可恨可恶!……尽管是历史的叙述,有两个观念确实非常明了:一个是君臣之义虽是莫有了,人们出来为国家服务,总要以救民为前提,要以伊尹之志为志,并不作任何人之私党。二个是我们婚姻结合的形式不管是怎样的,必不要为色相而生的爱情所诱惑,而要把爱情建筑在义务上,使他庄严起来。我认为这是中国人民的至宝,我们不要丧失了。"

破邪",论过去欧洲之个人主义"惟主于分,颇坏家庭",而"社会主义反之而言合,故多谋保天伦之法",斥如今提倡大公无私、破家废伦之社会主义者悖德悖理:"《孝经》曰:'不爱其亲而爱他人者,谓之悖德。'夫悖德者,谓其非真爱也。不爱其亲,而能真爱他人者,直未之有。或以为有,则误认同意气、同利害,与乍见孺子之一瞥焉耳。今之言社会主义者,反谓家庭乃私心之泉源,惟知家庭,遂忘社会,由家而国,而世界,乃进化之大合群。夫公而忘私,谓以己与人耳。己既无有,何以与人? 废天伦而责人以爱公,是盗劫富家而责其施与也。"①

按照儒教经典,五伦中君臣、父子、夫妇为大伦,而三大伦中又以父子一伦最为重要。《孝经》特别指出,父子之道出于天性,而孝实为至德要道。以此衡之,夫妇之伦与君臣之伦亦附丽于父子之伦而显其重要,前者所谓"夫妇正则父子亲",后者所谓"有父子然后有君臣"。既然"孝始于事亲,中于事君,终于立身",那么,儒教所谓孝行就并不仅限于善事父母,而是可以合理地扩展到整个生活领域。在宋儒发展出来的心性之学中,孝亦具有相当重要的地位,特别是孝作为察识之最活泼生动处。在《明道先生行状》中,程颐说:"知尽性至命,必本于孝悌;穷神知化,由通于礼乐。"关联于宋代儒学整个的思想倾向与修养工夫,可以说,这句话高度凝练地概括出了宋代儒学对于孝的重视。既然孝在儒教经典中如此重要,在传统儒教中国的不同时代都被高度看重,即使不同时代对经典的理解呈现出明显的差异,那么,我们实有充分的理由将儒教文明称为"孝的文明"。现代以来,对这一点的自觉正如同《劝学篇·明纲》中呈现的思路一样,一方面关联于对"圣人所以为圣人"的理解,另一方面关联于对"中国所以为中国"的理解。

在发表于1898年的《述孝》一文中,曹元弼结合汉宋儒学的诠释传统,通过阐发《孝经》的义理,提出了孝统五伦的新看法,

---

① 刘咸炘:《家伦》,见《推十书》甲辑,第一册,第829页。

其要点在以爱亲敬亲推至爱人敬人："上古圣人有生人之大仁，知性之大知。知人之相生，必由于相爱相敬，而相爱相敬之端出于爱亲敬亲。爱亲敬亲之道，必极于无所不爱，无所不敬，使天下之人无不爱吾亲，敬吾亲，确然见因性立教之可以化民也。推其至孝之德，卓然先行博爱敬让之道，而天下之人翕然戴之，以为君师。于是则天明，因地义，顺人性，正夫妇，笃父子，而孝本立矣。序同父者为昆弟，而弟道行矣。因而上治祖祢，下治子孙，旁治宗族，而亲亲之义备矣。博求仁圣贤人，建诸侯，立大夫，以治水火金木土谷之事，富以厚民生，教以正民德。司牧师保，勿使失性，勿使过度，上下相安，君臣不乱，而尊尊之道著矣。圣法立，王事修，民功兴，则有同讲圣法、同力王事、同即民功者谓之朋友，而民相任信矣。三纲既立，五伦既备，天下贵者治贱，尊者畜卑，长者字幼，而民始得以相生。"[①]

在该文中，曹元弼也特别指出了君臣之伦对于成就父子之伦的重要意义，正确地将君臣之伦作为圣人制作的重要内容："盖圣人者，为天地生人者也。人非父母不生，亦非君不生，何也？爪牙不足以供嗜欲，趋走不足以避利害，无毛羽以御寒暑，苟无君，焉为之兴利除患、养欲给求？人之类必灭。欲既得矣，饮食则有讼，讼则有众起，人人有贼人自利之心，横行无忌之势，苟无君，焉为之区处条理、劳来镇抚？人之类亦必灭。故君者，生人之大者也。天下一日无君，则猛虎长蛇人立而搏噬，上下不交而天下无邦。非无邦也，原野厌人之肉，川谷流人之血，邦无人也。圣人取类以正名，而谓君为父母，谓民为赤子。赤子离父母而能生者，未之有也。故曰：'父者，子之天也。君者，臣之天也。'圣人作为父子、君臣，以为纪纲，所以生人也。故孝子事君必忠，君臣之义与父子终始相维持天下。君君臣臣，而后人人得保其父子，上下各思永保

---

[①] 曹元弼：《述孝》，见《复礼堂文集》（六），（台北）文史哲出版社1973年版，第670—672页。

其父子，而后为君尽君道，为臣尽臣道。君臣、父子各尽其道，则天下相爱相敬，以相生养保全，永无奔亡篡夺、生民涂炭之祸，是之谓孝治。"①

从"圣人所以为圣人"的思路理解孝与五伦的重要性，蕴涵在其中的普遍主义诉求是不言而喻的；从"中国所以为中国"的思路理解孝与五伦的重要性，在现代以来，特别是新文化运动以来的历史脉络中，则往往由于文化比较的客观语境而更容易在立论上落入文化多元主义的窠臼，从而将孝理解为中国文化的一种特殊价值。在发表于1946年的《孝与中国文化》一文中，谢幼伟非常难能可贵地就孝在中国文化中的重要意义进行了全面、宏观的概括与分析，并在一种价值指向明确的普遍主义关怀中提出"今后中国文化，甚而世界文化，有无提倡孝之必要与价值"的问题，最后通过对这一问题的肯定回答，以现代人都能接受的说理方式，捍卫了孝的普遍价值。

文章一开始就在一种文化比较的语境中指出，是否重视孝是"中西道德观点之差异"所在："我们儒者之谈道德，言必及孝。孝为一切品德之中心。不孝即无道德之可言。此与西洋学者之谈道德，迥异其趣。西洋学者，言罕及孝。孝在西洋道德上，绝无地位。"应该说，注意到孝在中国文化中具有重要地位而在西方文化中不具有同等重要地位，这一点既不困难，也不稀奇。谢幼伟的难得之见在于，他意识到这种差异不能仅从当时学术界流行的家族本位与社会本位的区别方面加以说明："孝虽与家族本位有关，然先儒之提倡孝，所见实有超出家族本位之上者。"②

从比较中西道德观点之差异方面提出的这个难得之见，实际上是整篇文章的文眼。文章前三节从道德、宗教与政治三个方面阐述

---

① 曹元弼：《述孝》，见《复礼堂文集》（六），第680—682页。
② 谢幼伟：《孝与中国文化》，见《孝与中国文化》，青年军出版社1946年版，第2页。

孝在中国文化中的重要意义，第四节则提出并回答"孝在未来世界文化中是否还有重要价值"的问题，而两部分的核心论点都与"孝实有超出家族本位之上者"这个难得之见有关。

对于中国文化之中孝在道德方面的重要性，谢幼伟概括了三点：第一，"孝为道德本源"；第二，"孝为道德起点"；第三，"孝为道德之训练"。这三点自然都有经典的依据，而谢幼伟的分析也中规中矩，且增加了新的视角。关于第一点，谢幼伟引用《孝经》来说明"孝本天性，无可否认"，并在肯定孝为道德本源的同时批评不谋孝之培养而空言博爱者之失："孝乃道德之本源。必使此本源保持勿失，必使此天生一点敬爱父母之心得滋长发展，然后有道德发展之余地。不谋孝之培养，坐令天生一点敬爱父母之心，自行萎缩，但空言救世，此为墨家之失，亦西洋道德之失。孔子言仁必言孝者，其主要之理由在此。"关于第二点，谢幼伟着重指出，"儒家非不谈博爱，如《西铭》'民吾同胞，物吾与也'、'凡天下疲癃残疾，惸独鳏寡，皆吾兄弟之颠连无告者也'等语，与耶、墨精神，直无二致。第儒家认博爱必以孝为起点，亦即必以敬爱一己之至亲为起点。教人敬爱一己之至亲，此事之至易者。由此易事做起，则不难扩而充之，以达博爱之途。"关于第三点，谢幼伟通过援引孟子和亚里士多德论述了道德训练的必要性，指出"儒家认此种训练必以孝为主，亦即必始于孩提，必始于家庭。"①

对于中国文化之中孝在宗教方面的重要性，谢幼伟提出，孝虽然并不直接意味着宗教，但在功能上可作为宗教的代替品。谢幼伟通过他所理解的"宗教的三要素"来论证这个观点。在他看来，超自然之崇拜、得救之希望与情志之慰勉为任何宗教都不可缺少的三要素，而孝皆能作为代替品而满足之。这里涉及如何理解儒门教化的宗教性的问题，不及详细展开。谢幼伟的分析亦有偏颇，未能把握经典要义之弊，但并不影响他在这里的核心观点的证立。

---

① 谢幼伟：《孝与中国文化》，第2—4页。

对于中国文化之中孝在政治方面的重要性，谢幼伟从"用孝以感化君"、"用孝以破除阶级之分"、"用孝以成立乡治"三方面展开论述。如果衡之以儒教经典，或与曹元弼《述孝》一文相对比，我们会发现，谢幼伟对儒教传统中孝治的理解抓住了要点而又有不够精当之处。但他也发挥出了非常深刻的看法，特别是关于"孝以破除阶级之分"的论述。他批评"孝为维护封建制度之产物"这个流俗之见，指出"孝不惟非志在维护封建制度，且有打破封建制度，有扫除阶级区别之作用"："试就'求忠臣于孝子之门'一语而言，其不以阶级限制人民进身，已极明显。夫不求忠臣于贵族之门，于富人之门，而求之于孝子之门，而孝子则不必贵族也，不必富人也，此非有破除阶级之分之用意者，当不言此。……因之，贵族不永为贵族，平民不永为平民，平民与贵族间，互有升降。"最终，他又以这个特点说中西社会之差异："中国社会上，阶级之分，不如西洋之严，或竟无阶级可言者，最低限度，其一部分原因，实得力于孝之提倡。"① 我们知道，梁漱溟在出版于1949年的《中国文化要义》中提出中国文化有"以道德代宗教"的特点而中国社会则有"伦理本位、职业分途"的特点等著名观点，很显然，谢幼伟在此文中提出的观点是梁漱溟观点的先声，且有些方面的论述比梁漱溟更为到位，与儒教之经典义理更为契合。②

在得出"中国文化乃以孝为本之文化"、"家庭之结合，社会之团结，民族之统一，悉有恃乎此"等结论之后，谢幼伟进一步推论说，"孝在我国社会，或任何社会，实有应该存在之理。以孝本乎内发之爱，此内发之爱如消灭，此社会必成为冷酷无情之社会，而日在欺凌、侵夺、压迫、残杀中也"③。在说明这个观点时，他首先指出，西洋文化中无论希腊传统还是希伯来传统，都对父母

---

① 谢幼伟：《孝与中国文化》，第10页。
② 梁漱溟在《中国文化要义》中引用了谢幼伟此文，但他并没有像谢幼伟那样紧扣孝的理念展开论述，而是有自己更复杂、更详细的分析和发挥。
③ 谢幼伟：《孝与中国文化》，第11页。

与子女之间的那种"内发之爱"有所忽视,因而只能构造一种以利为本的社会:"家庭之团结以利,社会之团结以利,民族之团结以利,国家与国家间之团结亦以利,利尽则彼此相弃如敝屣。"顺此,他还继续发挥到:"西洋社会之冷酷无情,资本主义与帝国主义之绝无人道,安知非内发之爱,先行丧失所致耶!即第一次与第二次之世界大战,又安知非坐此失耶!"① 最后,他总结孝在今后仍有提倡之价值与必要,明确指出"此非家族本位或社会本位之问题,而是社会之团结,应以爱为基,抑以利为基之问题。若应以爱为基,则父子间最亲切、最真纯、发乎本心之爱,不加保存,不加培养,是虽日言博爱,终必趋于利己之私,而无法避免者。若吾人不以功利主义之社会为然,则孝之提倡,必不可忽。"② 此结论在受到全球化影响更大、更深的当下中国,仍是发人深省的。

---

① 谢幼伟:《孝与中国文化》,第13页。
② 同上书,第13—14页。

卯

# 从陈寅恪悼念王国维的诗文谈儒教
# 人伦思想中的自由观念

1927年王国维自沉昆明湖后，陈寅恪先撰七律一首《挽王静安先生》及一联悼念，后觉"意犹未尽，故复赋长篇"《王观堂先生挽词并序》。[①] 越二年，清华大学国学研究院为纪念王国维在校园内立碑，陈寅恪撰《清华大学王观堂先生纪念碑铭》。在这些悼念诗文中，流传最广、影响最大的自然是《纪念碑铭》中"独立之精神，自由之思想"一语。[②] 用李慎之1999年的话来说，此语"今天已成为中国知识分子共同追求的学术精神与价值取向"。[③] 将此语简单地解读为知识分子学术上的操守或追求，可谓持之有故，也言之成理，然而，将陈寅恪的悼念诗文放在一起对读，就不能不对这种解读产生疑惑。

一个很容易看到但几乎无人留意的事实是，在评价王国维之死这件事时，《纪念碑铭》与《挽词并序》使用了明显不同的表达。

---

[①] 陈寅恪：《王观堂先生挽词并序》，载《陈寅恪集 诗集 附唐篔诗存》，生活·读书·新知三联书店2009年版，第12—17页。其中除了正文还包括唐篔所录作者语和蒋天枢的补记与笺注。以下简称《挽词并序》，再引此文不另作脚注。

[②] 陈寅恪：《清华大学王观堂先生纪念碑铭》，载《陈寅恪集 金明馆丛稿二编》，生活·读书·新知三联书店2009年版，第246页。从此以下简称《纪念碑铭》，再引此文不另作脚注。

[③] 李慎之：《独立之精神，自由之思想——论作为思想家的陈寅恪》，载《炎黄春秋》1999年第12期。

而且，如果对之不加进一步的解释，我们也很难直观地看到两种表达之间的一致性。尤其是当我们想当然地将"独立之精神，自由之思想"解读为知识分子的一种学术操守或追求时，两种表达之间就更加明显地呈现出不一致。或许有人会说，在不同时候或不同情境对同一件事有不同的理解和评价，这无可厚非。这个说法自然有其道理所在，但具体到陈寅恪对王国维之死的评价这件事，若停留于这个思想地带来理解陈寅恪前后相隔两年的文字之间的关系，则难免有过于松垮、不严谨之嫌。

在此或许首先需要强调一点，在《纪念碑铭》的语脉中，"独立之精神，自由之思想"一语，并不仅仅呈现为陈寅恪对王国维学术追求的一般性概括，而是紧扣王国维之死这一事件被编织在文中，所谓"先生以一死见其独立自由之意志，非所论于一人之恩怨，一姓之兴旺"。由此，必须正面回答的问题是，如果将"独立之精神，自由之思想"直接、单纯地理解为知识分子的一种学术操守或追求，就需要解释，王国维受到了什么样的学术和思想的压制，从而导致了他的自杀？对此问题，从以下这个当时流传的说法中，似乎可以得出一个可能的答案：王国维是因为听到叶德辉、王葆心在湖南被革命党人枪毙从而受了刺激才自杀的。然而，就我们所设定的论域严格来说，无论以何种方式表述，这个可能的答案都不得要领，其中的关键点主要还不在于，"因叶德辉、王葆心被革命党人枪毙而受刺激"这个因素不足以充分解释王国维的自杀原因，而更在于，在陈寅恪对王国维之死的理解和评价中，这个因素根本就没有什么重要性。

基于以上这一番合理的质疑，我们自然可以想到，虽然《挽词并序》中使用的表达并不是单一的，但其中的看法相对而言还是比较清晰，而《纪念碑铭》中使用的表达虽然看起来并不复杂，但其中的看法其实还是一个谜：如果说王国维的自杀体现了一种自由，那么，这究竟是一种什么样的自由？前面的分析大概也表明，必须将《纪念碑铭》与《挽词并序》关联起来，去思考这两个文本的一致性，才有可能正确地揭出谜底。

两个文本最明显的共同点是都使用了一个"殉"字。那么，王国维所殉的到底是什么呢？我们知道，这个问题在当时颇有争议，陈寅恪的悼念文字也有明确针对这个问题的意思，而他在悼念文字中针对这个问题所提出的看法在后来广为流传，得到了很多人的认可。不过，就20世纪90年代以来中文学术界刻意塑造的陈寅恪形象而言，陈寅恪在悼念文字中提出来的看法即使不是被根本扭曲，至少也是被片面地理解了。

《挽词并序》中被引用最多的一段话可能是："凡一种文化值衰落之时，为此文化所化之人，必感苦痛，其表现此文化之程量愈宏，则其所受之苦痛亦愈甚；迨既达极深之度，殆非出于自杀无以求一己之心安而义尽也。"大多数人也是从这一段话中直接概括出陈寅恪对王国维之死的评价：王国维所殉的是中国文化。殉文化说的提出，在一定程度上与当时流传的殉清说具有明显的针对性。不过，我们也无需过分夸大这种针对性，其中的一个证据就是，陈寅恪在王国维自杀当天所写的《挽王国维先生》中就有"文化神州丧一身"之句。就是说，陈寅恪一直是将王国维作为"中国文化的托命人"来看待的。更为微妙而重要的是，如果我们就此得出陈寅恪反对殉清说的看法，那就大错特错了。

在上引《挽词并序》中的那段话之后，陈寅恪紧接着说："吾中国文化之定义，具于《白虎通》三纲六纪之说，其意义为抽象理想最高之境，犹希腊柏拉图所谓Eidos者。若以君臣之纲言之，君为李煜亦期之以刘秀；以朋友之纪言之，友为郦寄亦待之以鲍叔。其所殉之道，与所成之仁，均为抽象理想之通性，而非具体之一人一事。"这段话也常常被引用，往往被用来说明"中国文化之定义"。在《挽词并序》的语脉中，这段话无疑意味着陈寅恪以殉君臣之伦来理解王国维之死。"殉伦"的说法也明确出现在《挽词并序》的正文中，所谓"一死从容殉大伦"。

作为中国文化主干的儒教素来重视人伦,其中以父子、夫妇、君臣为"人之大伦",此即三纲之所涉。而由于在古代社会,相对于夫妇关系与父子关系,君臣关系更为不稳定,所以文献中的"大伦"常指向君臣,较早的如《论语》中记载的子路批评隐者废君臣之伦的话:"长幼之节,不可废也。君臣之节,如之何其废之?欲洁其身,而乱大伦。"① 如果说殉文化的说法虽然显得很高尚但毕竟有嫌笼统,那么,殉大伦的说法则更为具体,从而也更为清晰。② 不过,由于君臣之伦在现代以来往往是被彻底批判的,所以后来敬重王国维人品与学问的人大多不愿意说他是殉君臣之伦而死,而更愿意表彰他是殉文化而死。

从《挽词并序》中"殉大伦"的说法可以清楚地看出,陈寅恪虽然也强调王国维是殉文化而死,但他并不反对殉清说。毋宁说,陈寅恪的解释是对殉清说的进一步挖掘,是从王国维殉清这个经验事件中寻绎出其精神实质。这一点也要求我们,应当正确看待《挽词并序》和《纪念碑铭》中都提到的"抽象理想之境"等相关修辞。君臣之伦可以说构成一种抽象理想,但是,一个人以自杀的方式殉君臣之伦,或用后来贺麟所概括的,"为理念而尽忠",就一定与这个人实际处身其中的君臣关系状况以及一些相关的具体事物有关。③ 陈寅恪之所以强调"抽象理想之境",自然是有激于殉清说在当时语境中对王国维气节的可能掩盖,或对王国维名声的可能损害。但实际上在当时,殉清说不仅被像罗振玉这样名声不佳的遗老所主张,而且也被王国维的很多清华

---

① 关于隐者与儒者在伦常问题上所持立场的差异及君臣之伦之于儒教之重要性的详细分析,可参见唐文明:《隐者的生活志向与儒者的政治关怀》,载杨国荣主编:《思想与文化》第十一辑《生活世界与思想世界》,华东师范大学出版社 2011 年版。
② 《国语·越语下》载范蠡言:"臣闻之,为人臣者,君忧臣劳,君辱臣死。"
③ 非常明显,后来贺麟写作《五伦观念的新检讨》,与新文化运动以来的主调颇为不同,就是因为受了陈寅恪的极大影响,或者更直接地说,贺麟该文实际上就是对陈寅恪在《挽词并序》中提出的看法的哲学阐发。

同事所认可，比如同在清华国学研究院的梁启超、吴宓，以及当时的清华大学校长曹云祥等。① 总而言之，陈寅恪提出的殉文化说，并非殉清说的反动，而是进一步阐发。至于殉文化说的其他表达，除了前面分析过的"殉大伦"最能清晰地呈现出其实质涵义外，还有"殉道"（《挽词并序》）、"殉真理"（《纪念碑铭》）等提法，这些也是需要留意的。

澄清了"古今仁圣所同殉之精义"，让我们回到前面提出的那个问题。如果说王国维殉君臣之伦的行为体现了一种自由，那么，如何理解君臣之伦（乃至儒教所看重的夫妇、父子等当事双方并不对等的人之大伦）与这种自由的关系？更直接地说，如何理解儒教人伦思想中所包含的自由观念？

提出这个问题的困难首先不在于如何回答，而在于很多人根本就想不到在儒教人伦思想中会包含某种自由观念，尤其是三纲所对应的那三种当事双方并不对等的人伦，很多人只能想到宰制，哪里还会想到什么自由！对这些人而言，陈寅恪以自由来刻画王国维殉君臣之伦的做法只要被稍加探究，就一定会带来巨大的惊诧。

首先，殉君臣之伦既然是王国维的一个主动行为，那就必然有一种内在的、出于他自己意愿的心理力量在起作用。换言之，只要我们像陈寅恪那样把王国维之死视为他自己理性的选择，就是说，不把王国维之死看作精神或心理失常的结果，那么，我们就能够从王国维的自杀行为中分析出一种自我决定的自由。② 在此我们当然

---

① 在此还有三点说明。其一，《挽词并序》开篇云"汉家之厄今十世"，以"汉家"来说"清朝"，隐含着陈寅恪所认为的王国维关于夷夏之辨的看法：尽管是满族政权，但清朝仍是华夏正统，理由自然是因为其尊崇儒教。毋庸赘言，这种看法的根据在《春秋》，所谓"夷狄进于中国，则中国之"。其二，在点出了"一死从容殉大伦"的主旨后，陈寅恪特意刻画了王国维的学者形象，这里并没有前后不一致之处。其三，"养兵成贼嗟翻覆，孝定临朝空痛哭。再起妖腰乱领臣，遂倾寡妇孤儿族"四句，陈寅恪自注为"全诗纲领"，可见，《挽词并序》是紧紧围绕清室之亡来描写王国维的事迹的。

② 《挽词并序》中有"但就贤愚判死生，未应修短论优劣"之句，吴宓、蒋天枢都指出是针对陆懋德《谓王先生不应自杀》而反驳之，足见陈寅恪对以各种理由批评王国维自杀的看法持批评态度。

还不能太快地得出结论说,《纪念碑铭》中的"自由"只能作如是解。在殉君臣之伦的行为中还有一种因素可能与自由有关,这就是王国维对君臣之伦的主动认同。在 1927 年那个年代里,没有任何外在的力量强迫王国维必须遵照传统儒教关于君臣之伦的规范要求行事。就是说,王国维对君臣之伦的认同以及由此认同而来的实践,完全出于自己的意愿。站在一个可能的解释立场,我们说,这样一种以主动认同的方式将自我与某种实际的社会内容紧密地连接起来并付诸实践的做法,显然体现了某种自由。至于说王国维可能是以自杀的行为表达自己对外部压力的抗争,这其中包含的对自由的追求则是最容易被想到的。

从知识社会学的角度看,我们精神生活世界中的自由观念来自更早步入现代的西方。根据阿克塞尔·霍耐特的总结,迄今为止,在西方现代社会的道德话语中,关于以个人自主为核心意涵的自由形成了三种相互之间非常不同的观念。[①] 第一种自由观念是由霍布斯提出的,即消极自由,后来被伯林称为"现代人的自由"而与"古代人的自由"相对。在历史上消极自由的出现与西方 16—17 世纪特有的宗教冲突和宗教战争有密切关系,其涵义着重的是一个人在确立自我的行为目标时能够不受外在的阻挠。比如霍布斯说,"一个自由的人"就是那个"不受阻挠按自己的意志,去做那些他的能力和理智允许他做的事情"的人。霍耐特认为这种自由观念卑之无甚高论,之所以在后来的西方思想界能够幸存下来,是因为这种自由观念一直保留着一个重要的想法,即"保障主体有一个自由的空间,在这个空间里他可以从事一些以自我为中心的、卸去了责任压力的活动"。换言之,"如果不是因为个人无穷尽的特殊性,而消极自由的思想恰恰经常提醒这种个人的特殊性,那么,霍

---

① 阿克塞尔·霍耐特:《自由的权利》,王旭译,社会科学文献出版社 2013 年版,第一篇。迄今为止,关于自由主义的历史,无论是其观念史,还是实践史,就兼顾规范理论和批判理论两方面而言,最好的著作就是霍耐特这本书,惜乎这一点目前尚未被中文学术界所认识到。本文关于自由观念的理解主要参考了霍耐特在该书中的看法。霍

布斯的学说就肯定没有未来的前景"①。

与消极自由观念相应的正义理论（或关于国家秩序的思想）是社会契约论。而基于消极自由观念的社会契约论有着根本的缺陷或包含着一个特别的秘密。霍耐特指出，纯粹基于消极自由观念，其实根本不可能得出一种关于共同生活的正义理论。社会契约论的秘密在于将消极自由观念与自然法的思想加以连接，以后者为前者的"外在的界限"，并通过二者的和解去达成其理论目的。对这个秘密的揭穿，自然意味着对消极自由观念以及相应的正义理论的一种批评：消极自由的观念"完全着重于行动的外在解放"，从而使得个人自由"没有延伸为一种能力"，即个人"为自己设立在这个世界上想要实现的目标"的能力；而在基于消极自由观念的契约正义理论中，"社会给予个人的自由权利，被单纯限制在个人可以不受限制追求自己的目标（虽然有时是肆意的和奇异的）这样一种特定的领域里，既没有延伸为对国家法规的参与，也没有与其他人的互动"。②

从消极自由的缺陷可以很大程度地理解第二种自由——霍耐特称之为"反思自由"——提出的意义。③ 第一个明确以理论的方式将反思自由分辨出来的是卢梭。卢梭认为，只有当主体实施某一行动的意图确实是出于其真实的意志时，这个行动才能被看作是自由的。反思自由的提出，针对的首先是个人内心中发生在意志与欲望之间的可能冲突或斗争。就是说，如果一个人的行为不是出于自己真实的意志，而是完全被欲望所左右，即使并未受到外部的阻挠，我们仍不能说这个人的这种行为体现了他的自由。以理性的反思来规范行为的动力因，这是反思自由的要点，此义也表明了这个自由观念何以被概括为"反思自由"。卢梭提出的这种内在的自由观念被

---

① 阿克塞尔·霍耐特：《自由的权利》，第37页。
② 同上书，第47、46页。
③ 然而这么说并不意味反思自由是消极自由的发展。实际上，正如霍耐特明确指出的，如果说消极自由是一个不折不扣的现代现象，那么，反思自由的思想根源则可以追溯到古代社会。

后来者从两个方向上发展了。一个方向是从理性反思的形式上着手，代表人物是康德，关联于其先验哲学而发展出了一套关于道德自律的思想；另一个方向是从理性反思的内容上着手，代表人物是赫尔德，重视的是自我带着对自己特有的诚意在反思中发现内在、真实的自我，即自我的本真性（authenticity），从而能够真正走上自我实现之途。

与反思自由观念相关联的正义理论也因不同的发展方向而呈现出不同。由康德式的道德自律思想引出的是一种程序主义的正义理论："通过将个人自由理解成是一种共同意志形成的程序，从而将个人自律的过程转换到较高的社会秩序层次上。"① 而以自我实现为解释模型的反思自由则发展出两种正义理论：一种是较为个人化的形式，代表人物是约翰·密尔，强调应当使个人有可能在其人生历程中始终能够不受制约地发现、表现真实的自我，要点在于提出伤害原则（harm-principle）作为保障个人自我实现之自由空间的一条底线；另一种是较为集体化的形式，代表人物是汉娜·阿伦特，主张一种以协商民主作为自我实现之集体形式的自由共和主义。

霍耐特指出，与消极自由及其正义理论模式相比，反思自由及其正义理论模式虽在重视主体互动的程度和强调社会体系的合作精神方面都显得更为积极，但也没有将使自由的真正实现成为可能的社会条件作为自由的组成部分充分纳入关于自由的思想。正是从这一批评中，我们能够理解第三种自由的提出。

第三种自由在思想史上首先是黑格尔提出的，霍耐特遵循弗雷德里克·诺豪泽尔的用语，将之概括为"社会自由"。在黑格尔看来，自由不应当只意味着没有外在的阻挠，也不应当只停留于内在的自决，而是应当真正实现在客观的社会生活制度中。换言之，消极自由不能深入内在，反思自由不能涵摄客观，只有社会自由的观念，将社会生活制度作为自由得以落实的客观归宿，从而才能克服

---

① 阿克塞尔·霍耐特：《自由的权利》，第62页。

这些缺陷。用黑格尔惯用的三分法或相关的范畴来说，如果说消极自由对应的是自由的可能性，反思自由对应的是自由的必然性，那么，社会自由对应的是自由的现实性。只有通过现实性这第三个环节，才能将可能性与必然性这前两个环节真正统一起来。

在此，如果我们想当然地认为，黑格尔的社会自由意味着拥有自由意志的个人最终必须单方面地以服从客观的社会生活制度作为其自由的真正落实，那么，就不能不说，这里存在着一个根本的误解。黑格尔提出的社会自由虽然在逻辑上的确是以反思自由为前提的，但它首先并不表现为对那种反思性的、自我决定的自由的进一步要求，而是表现为对外在的客观现实亦即客观的社会生活制度的一种要求，就是说，要求客观的社会生活制度能够满足自由的标准、符合自由的规范。只有在这个基础上，才能将客观的社会生活制度合理地作为个人自由得以落实的真正归宿。霍耐特使用的一个概念是社会生活制度的"规范性重构"，可以用来表达这个意思，尽管他提出这个概念有一个另外的动机，即直面西方社会在黑格尔之后的这一段历史而在当下的语境中卸脱黑格尔的精神哲学所特有的理论负担。

规范性重构作为一种社会分析，已然是一种正义理论的建构方法。在此首先需要的是辨识出那些具有普遍价值、对人的自由的实现至关重要的社会生活方式。黑格尔称之为"伦理"以区别于停留于个人内在性领域的"道德"，具体来说，包括家庭、市民社会和国家三个环节。如在《法哲学原理》中，我们看到，很大一部分内容就是基于自由的理念对家庭、市民社会和国家进行规范性重构，而友谊和爱情成了展开这种重构最贴近日常经验的重要例证，核心的范畴则是基于个人自由的平等的相互承认。①

---

① 在上引《挽词并序》论及"三纲六纪"的那段话里，在"君臣之纲"之后说到"朋友之纪"，看起来是顺文举例，其中或许也有不明言的用意。在古代就有一种理解认为，君臣之伦实际上是来自朋友之伦，虽然二者的规范性要求并不相同。但恐怕陈寅恪更想说的，是以朋友之伦来改造一切当事双方都不对等的人伦。

质言之，家庭、市民社会和国家都能够基于个人之间平等的相互承认而得以重构。或者说，虽然家庭、市民社会和国家中的承认方式并不相同，但这些承认方式都必须以自由个人之间的平等关系为基础。这些经过了自由的规范性重构的社会生活制度反过来也就能够顺理成章地对自由的个人提出正当的规范性要求，换言之，"个人只有参与到那些打下相互承认的实践印记的社会制度中去，才能真正经历和实现自由。"① 正是靠自由个人之间平等的相互承认这个理念，黑格尔"统一了自由的基础和它的实现"，② 从而既成就了自由主义的一个新版本，也成为后来共同体主义的一个重要思想来源。需要补充说明的是，考虑到黑格尔自己所使用的"伦理"概念以及重视人伦之理的儒教传统对中国思想语境的巨大影响，我更愿意将黑格尔意义上的自由概括为"伦理自由"。至于规范性重构的理路中所蕴含的可能的批判性维度和资源，这也是不难想到的，在这个方向上进一步思考，我们就有可能在不远处遇到马克思，特别是青年时期的马克思。

在对西方思想史上的自由观念及其正义构想进行简短的梳理之后，我们再回头来看前面提出的问题。毫无疑问，当时确有一些客观存在的外部因素在一定程度上促发了王国维的自杀，就此而言，我们可以从他的行为中分析出某种面对外部压力毫不妥协、以死抗争的自由追求。也就是说，消极自由的观念在此并非完全不相干。不过，如果紧扣《纪念碑铭》中陈寅恪用"先生以一死见其独立自由之意志"一语来刻画王国维自杀的语脉来分析的话，那么，我们可能会说，在陈寅恪的理解中，王国维之死所体现的主要是一种内在的、意志的自由，或自我决定意义上的自由。这就是把反思自由作为核心的解释概念了。但是，如果再把《挽词并序》中"一死从容殉大伦"的核心评价关联起来，我们可能会发现，仅仅

---

① 阿克塞尔·霍耐特：《自由的权利》，第81页。
② 同上。

在意志自由的层次上理解陈寅恪对王国维之死的评价，就有明显的缺陷：意志自由的观念可以说很好地解释了王国维的自杀是完全出于自己真实的意愿，但没有解释他为什么会为君臣之伦而死。对王国维来说，他要实现自己的自由，当然少不了要抵抗可能的外部压力，当然也少不了内在的、理性的反思和基于这种反思的意志决定，但这些都还不够。最合理、最到位的解释只能是，对他而言，只有将君臣之伦付诸实践，他的自由才能真正实现。这就意味着，只有以黑格尔意义上的伦理自由观念来理解陈寅恪为何以"独立之精神，自由之思想"刻画王国维之死，才是最恰当的。[①] 在此或许还需要补充说明一点，这个理解的恰当之处，不仅在于伦理自由的观念能够充分解释"在客观的人伦中实现主观的自由"这一要点（黑格尔使用过"在别人中保留自我"的说法），也在于伦理自由对消极自由和反思自由并非采取简单的反对态度，而是通过在更高的层次上将之扬弃来克服其缺陷。

正是通过伦理自由的观念，我们解决了《挽词并序》与《纪念碑铭》两个文本之间的一致性问题，只是其结果可能出乎很多人的意料。[②] 回到儒教的人伦思想，我们知道，父子、夫妇、君臣这些"人之大伦"，在传统儒教的义理中被认为是"无所逃于天地之间"，就是说，这些人伦不仅是人实际生活的处境，而且是人在

---

[①] 在儒教义理中，直接指向自由观念的是有关心性的思想。本文侧重讨论人伦思想中的自由，而没有就此对心性思想展开进一步分析。既然在宋明儒学的思想框架里，人伦之理是天理最核心、最重要的内容，那么，天理与心性的关系问题实际上在最核心、最重要的意义上就对应于人伦之理与自由的关系问题。由此我们也可以理解宋明儒者提出"性即理"、"心即理"的命题的意义所在（在此不去细说两个命题的差异）。换言之，伦理自由的问题实际上是宋明儒学的核心问题。从另外一个角度上说，只有将心性与天理的本真关联呈现出来，才能将自由消化、实现在人伦之理中。

[②] 至于为何我还认为将"独立之精神，自由之思想"解释为知识分子的学术操守或追求是"持之有故，言之成理"的，除了可以从伦理自由的观念合理地引申出学术自由这一点之外，在我看来，更直接的一个因素来自陈寅恪1953年的《对科学院的答复》。在由其弟子汪篯所记录的那个答复里，陈寅恪通过对《纪念碑铭》中的文字的发挥申说学术自由的理念。他能够这么做的一个客观原因也在于，《纪念碑铭》首先是写给清华师生这个知识分子群体的。

实际生活中形成自己身份认同的最重要的纽带。用亚里士多德式的术语来说,儒教的人伦思想无疑是在以自己的方式表明这样一种观点:人天生就是伦理的动物。这里的"伦理"所对应的自然包括家庭、社会和国家等重要生活领域。① 如果要问这些人伦在现代社会是否已经彻底过时,是否与现代社会的基本理念完全相悖,如前所述,黑格尔已经给出了一个答案,而在我看来,在陈寅恪对王国维之死的评价中,我们也能够看到一个类似的答案。②

黑格尔正是把古代社会特别看重的那些"人之大伦"理解为具有普遍价值的、涉及人最重要的生活方式的客观领域,并基于现代以来的个人自由观念对这些人伦加以重构,也由此对现代以来的个人自由观念——无论是停留于外在阻挠层面的消极自由还是用力于内在反思层面的反思自由——提出了理性的限制,最终综合为伦理自由的观念。黑格尔的这一工作深受亚里士多德的影响,而其出发点当然还是现代以来的个人自由观念。其中或许有必要提及的是,直面现代社会的实际生活方式,在国民经济学的影响下,黑格尔将市场也看作一种自由个人之间相互平等承认的客观制度,通过将之刻画为一个"需要的体系"而加以规范性重构。

这种将古代城邦生活与现代自由思想综合起来的做法,意味着黑格尔直面现代性问题提出了一个古今和解的全面方案。我相信,

---

① 以五伦言,父子、夫妇、兄弟对应于家庭,朋友对应于社会,君臣对应于国家。另外,既然亚里士多德说"人天生就是政治的动物"时主要指向人的政治生活,那么,相比之下,儒教"人天生就是伦理的动物"的思想则表达出对人的家庭生活和政治生活的双重重视。

② 那些把君臣之伦错误地理解为一种纯粹奴役关系的人可能会说,顺着陈寅恪的这种理解,可以得出结论说,王国维殉君臣之伦的行为表明他"自愿为奴"。这种看法实际上是基于对君臣之伦的误解:"君君、臣臣"的表述中不仅包含着对臣的规范,同时也包含着对君的规范,换言之,君有君道,臣有臣道,君臣皆有道。陈寅恪自然明白这一点,自然也不会同意这种看法。另外,基督教文化背景中的黑格尔否认人有自杀的权利,尽管他捍卫"为理念服务"而死的正当性,且承认某些自杀行为可能是"对其人格的英勇行为"。参见黑格尔《法哲学原理》,第70节,范扬、张企泰译,商务印书馆1961年版,第79—80页。

黑格尔的这种通古今之变的做法，也正是陈寅恪面对中国语境中的现代性问题时所赞同的思路，《纪念碑铭》中提出的"独立之精神、自由之思想"就是一个明显的线索。比如，很多人已经注意到，陈寅恪晚年写作《论再生缘》与《柳如是别传》，包含着对"独立之精神，自由之思想"的继续阐发。很明显地，在对陈端生、柳如是的刻画中，陈寅恪也毫不吝啬地使用了"独立、自由"等语词，也明确提到对三纲的批评以及"社会制度与个人情感之冲突"。在此虽然无法展开详细分析，但我想应当概括性地指出的一点是，陈寅恪晚年的"著书唯剩颂红妆"，仍然包含着明显的人伦关切。"颂红妆"，其实是直面现代重新思考男女问题。对于儒教这个特别看重家庭的教化传统来说，男女问题当然至关重要，当然关系到"人之大伦"。而且，如前面所提到的，黑格尔正是把爱情作为现代社会自由个人之间平等承认的一个重要例证来看待的。至于像在柳如是身上所体现出的爱国情怀，当然也是使陈寅恪将她视为"四百年来现实生活中的理想人物"的重要因素。其实吴宓在1961年9月1日与陈寅恪会面后所写的日记中已经指出，"寅恪之研究'红妆'之身世与著作，盖藉此以察出当时政治（夷夏）、道德（气节）之真实情况，盖有深意存焉，绝非消闲、风流之行事。"① 按照儒教的传统观念，所谓夷夏之辨，其根本在于是否将人伦作为人类生活的普遍价值，而道德气节，也当然只能在人伦的实践中表现出来。

从目前来看，隐含在陈寅恪的历史研究中的这种通古今之变的方案仍未完成，且对于我们的未来仍然有着极其重要的意义。特别是在哲学层面，这种方案并未真正得到深入的展开。20世纪30—40年代的贺麟自然是在这个思路上工作，但他做的也很有限，且在1949年以后，他的这类努力基本上也中断了。总之，基于现代

---

① 吴学昭：《吴宓与陈寅恪》，生活·读书·新知三联书店2014年修订版，第431页。

以来出现的个人自由观念对五伦进行规范性重构，仍是我们应当面对的重要时代课题。[1] 这一方案要能够真正深入地展开，必须避免两种可能的误区：一种是根本无视现代以来出现的个人自由的观念而去维护传统儒教的人伦思想，即，拒绝基于个人之间平等的相互承认对这些人伦加以规范性重构；另一种则是过分张扬现代以来出现的个人自由观念，仅仅在消极自由或反思自由的层次上理解自由而无法理解伦理自由的奥义。如果说前一种误区已被大多数人认识到了，从而基本上不可能成为真正的问题，那么，后一种误区却可能是需要我们不断提醒才能引起足够注意的。[2] 对人伦的规范性重构也能够成为一种批判理论的资源，从而与某种社会理论结合，就此而言，这个黑格尔式的方案也能扩展到社会科学领域。

---

[1] 君臣之伦的规范性重构仍然可能且有意义，简单来说，就是将之重构为国家与公民的关系。

[2] 如果仅仅止于消极自由和反思自由来重新理解人伦，看起来似乎也是一种规范性重构，但实际上的后果可能恰恰带来对这些人伦的解构。就是说，虽然我们倡导要基于现代以来的个人自由观念对传统的人伦思想加以规范性重构，但是，人伦中所包含的个人之间的联系，一定有比自由个人之间的平等承认更多的东西，伦理自由的意义正在于此，因为如果不是这样的话，也就不需要谈什么伦理自由了。与此相关，尽管这个思路明显具有黑格尔主义的特征，但恰恰是在黑格尔的规范性重构方案中，存在着一些至关重要的方面是从儒教立场看来根本不能接受的。除了规范性重构不可能植基于黑格尔式的精神哲学这一点之外，黑格尔对家庭的规范性重构存在着严重的问题。简而言之，黑格尔意识到传统家庭的解体，但没有基于传统家庭概念对家庭进行规范性重构，而是基于一种新的家庭构想——在其中婚姻成了家庭的轴心或几乎成为家庭的全部——对家庭进行规范性重构。这个思想的分叉点当然是我们接下来应当着力的方向，而没有迹象表明陈寅恪、贺麟等人的思考到达了这里。

辰

# 陈焕章论儒教社会主义

## 一

在中国近现代思想史上，第一个使用"儒教社会主义"（Confucian socialism）这个概念的人是陈焕章（1880—1933）。陈焕章为广东肇庆人，1892 岁中秀才，次年到康有为创办的万木草堂读书学习；1898 年任澳门《知新报》主笔，1904 年参加了清末最后一次科举考试并考中进士，次年奉派为留美学员；1907 年入哥伦比亚大学学习政治学和经济学，1911 年获哥伦比亚大学博士学位，博士论文为《孔门理财学》（The Economic Principles of Confucius and His School）。① 《孔门理财学》参照西方经济学的论题与框架，对儒教经典中包含的经济思想和中国古代的经

---

① 按照我们现在的翻译习惯，该书书名的直译为"孔子及其学派的经济原理"；"孔门理财学"则是陈焕章自己拟定的译名，现有中译本采纳了这一译法，且主要用"理财"一词来翻译"economy"。我们现在通用"经济"作为"economy"一词的学术翻译，而以"理财"来指谓个人打理自己财务的活动；陈焕章不取来自日译的"经济"，而是援引《系辞》中"何以聚人曰财；理财正辞、禁民为非曰义"的话，并强调"经济"一词更广的含义，认为"理财"是对"economy"更恰当的翻译："通常而论，'经济'一词包括政界之全，涵盖政府行为的整个领域，因此，'经济'一词当属于政治学，而非理财学。正因为如此，继续沿用古老的'理财学'一词以代替'经济学'，则更为恰当。"见陈焕章《孔门理财学》，韩华译，商务印书馆 2015 年版，第 42—43 页。本文引文使用"经济"的译法，但保留"孔门理财学"的书名译法。

济思想以及相关制度进行了深入探讨，出版后获得了西方学术界的充分肯定与高度赞扬。① 正是在该书中，陈焕章提出了儒教社会主义这一既涉及儒教经典解释又涉及中国历史理解的重要主题。②

关于儒教经典与中国历史的关系，需要做一简要说明。我们知道，古代中国是一个儒教国家，是儒教文明的承载者，儒教经典对于古代中国社会的影响是笼罩性的、主导性的。于是，在讨论儒教经典与中国历史的关系时，特别是进入到非常具体的经学史探究时，人们有时会忽略乃至混淆二者之间的差异。陈焕章自述《孔门理财学》是"关于中国古代思想与制度的研究"，而他对于儒教经典与中国历史的关系有非常清晰的把握。具体来说，在《孔门理财学》中，关联于儒教经典与中国历史的关系，陈焕章在论述中区分了三种层次不同的看法：首先是直接呈现于儒教经典中的一些思想与制度；其次是在中国历史上依照儒教经典而产生出来的思想与制度；再次是在中国历史上没有依照或有悖于儒教经典而产生出来的思想与制度。

关于儒教经典的范围与内容，在该书的"通论"部分有一个说明。可以看到，陈焕章基本上概述了康有为的看法：除了五经之外，还包括作为五经之记与传的《论语》、《孝经》、大小戴《礼记》、《易传》、《公羊传》、《谷梁传》、《七纬》，以及在汉代被列入子学类儒家著作的《孟子》与《荀子》。值得指出的是，对于《周礼》与《左传》，陈焕章也和康有为一样，一方面不认可其具有经的地位，另一方面又承认其作为历史著作的重要性："尽管《周礼》与《左传》为刘歆所编，但因《周礼》、《左传》提供了大量关于古老风俗、制度、事实的资料，因此，纯粹为了事实，我

---

① 最引人注意者，凯恩斯曾为该书撰写书评，塞利格曼、熊彼特、韦伯都强调了该书的重要性，可参考韩华《陈焕章与〈孔门理财学〉》，见《孔门理财学》附录部分，第603页。

② 按照陈焕章习惯使用的概念，"Confucian socialism"当译为"孔教社会主义"，中译本亦是如此翻译。这个短语当然亦可译为"儒家社会主义"；出于我自己的理解和考虑，在此我使用"儒教社会主义"的译法。

们不得不使用这两本书。"① 事实上,《周礼》是《孔门理财学》引用率比较高的一部著作,陈焕章非常明确地将之作为周代思想与制度的历史记录。

将社会经济生活分为生产、分配、交易与消费四大部门,这在一般经济学著作中是比较常见的。陈焕章则将之收摄于两大部门,即生产与消费,其理由一方面是考虑到"交易仅为生产之一部",而"分配与生产紧密相连",于是可以将交易与分配收摄于生产部门,另一方面则诉诸儒教经典。《大学》中说:"生财有大道。生之者众,食之者寡,为之者疾,用之者舒,则财恒足矣。"陈焕章援引此文并做出自己的解释,认为这是将社会经济生活分为生产与消费两大部门的重要理由:"虽然'众'与'寡'指的是人口数量,但'疾'与'舒'则指生产与消费的过程。此即是涵盖全部经济学领域的最综合的原则。"② 更进一步讲,"为之者疾"一语不仅意指生产,而且也包含交易与分配:"'疾'一词则具有非同寻常之含义,他涵盖了在经济活动中的全部进步。简言之,它包括了所以使生产'为之者疾'的全部因素,高效率的机器、运输、通讯、货币与银行体系、商业组织等,这些皆包括在所以使'为之者疾'之中。因此,'为之者疾'一句不仅包括了生产,也包括了交易与分配。"③ 陈焕章论及儒教社会主义,涵盖社会经济生活的全部领域,而重点则在分配与社会政策方面。④ 以下略加论列。

---

① 陈焕章:《孔门理财学》,第32页,注释②。刘歆伪造《周礼》与《左传》,这是康有为《新学伪经考》中的核心观点,现在已很少有人相信,但是,刘歆之前,《周官》不列于礼经,《左传》非《春秋》之传,则为经学史上不争之事实。

② 陈焕章:《孔门理财学》,第147页。中译本的"理财"我将一律改为"经济",下不注明。

③ 陈焕章:《孔门理财学》,第148页。

④ 在西方政治思想史上,社会主义兴起于19世纪。在空想社会主义之后,马克思主义在社会主义思潮中影响最大,也分化出多个派别。陈焕章并未对西方的社会主义思潮进行主题性刻画,但从他的论述可以看出,他对马克思主义并未有过专门的或深入的研究,且他在写作《孔门理财学》时列宁主义的社会主义形态尚未诞生,因此,他所理解的社会主义,主要指向从社会经济问题和国家经济政策方面提出的一系列主张。

## 二

儒教社会主义的理论基础，是儒教的社会理念。儒教经典中的人伦观念最能呈现儒教的社会理念。《仪礼·丧服传》云："禽兽知母而不知父。野人曰：'父母何算焉！'都邑之士，则知尊祢矣。大夫及学士，则知尊祖矣。"孟子曰："人之所以异于禽兽者几希！庶民去之，君子存之。舜明于庶物，察于人伦，由仁义行，非行仁义也。"（《孟子·离娄下》）荀子曰："人之所以为人者，非特以其二足而无毛也，以其有辨也。夫禽兽有父子，而无父子之亲，有牝牡而无男女之别。故人道莫不有辨。"（《荀子·非相》）又曰："水火有气而无生，草木有生而无知，禽兽有知而无义，人有气、有生、有知，亦且有义，故最为天下贵也。力不若牛，走不若马，而牛马为用，何也？曰：人能群，彼不能群也。人何以能群？曰分。分何以能行？曰义。"（《荀子·王制》）按照以上经文，人伦并非仅仅附着于单个人身上的某种外在关系或可有可无的偶然角色，而是意味着人之为人之所在，或者说意味着人与动物的根本区别，从而历史地来看也意味着文明与野蛮的根本区别。人是"能群"的，是自始至终处在人伦之网中的一种社会性的存在，并非原子式的、孤独个体式的存在，这是儒教的一个核心看法，是我们理解儒教社会主义主张必须首先注意到的一个要点。

对于这个要点，陈焕章在《孔门理财学》中并没有进行主题性的刻画，虽在多处有所涉及但只是强调其经济学意义。在论及经济学与社会学的关系时，陈焕章分别引用荀子、班固和柳宗元，就"人类社会如何形成"的问题陈述了三种回答。荀子以"能群"来说明人类社会的形成，最终归之于"义"；班固亦以"能群"说明人类社会的形成，而以仁爱为"能群"之基础；柳宗元则沿用荀子的思想对人类社会的形成进行了历史的刻画。对于这三种看法，陈焕章皆予以肯定，认为三者只是角度不同，其共同点在于三者都表明了经济活动对于人类社会形成的重要性。① 其结论竟然是："总而言之，社会群体是人类以集体形式为生存而进行斗争的组织，而道德规范与法律、宗教与政治、爱与恨、和平与战争、正义与非正义，凡此种种，均为经济引起的结果。"② 这种将经济活动作为社会形成之原因的看法颇有历史唯物主义的倾向，可以看作是对儒教社会理念的一种经济学解释，而对于儒教社会理念本来具有的伦理含义多有忽视。

在论及礼教之于消费的意义时，陈焕章从人的欲望说起，引用荀子"礼者，养也"的说法，指出礼的功用有两个方面，一是满足人的欲望，一是克制人的欲望。对于礼在克制人的欲望上的功用，陈焕章在此着重于限制消费这一点，这大概是因为这个主题是在讨论消费问题时引出的。对于礼何以能克制人的欲望，陈焕章只强调了其动力因素，而没有明确指出人伦之理作为克制人的欲望的目的因素这一点。即使是在引用了《礼记·礼运》中孔子以礼为"达天道、顺人情之大窦"的著名说法和《礼记·乐记》中的天理人欲之辩后，陈焕章也没有明确指出人伦之理之于天理或天道的重要意义，而是强调"天道包含在人的欲望之中"，其目的仍是为了证明"孔子把人的经济需要作为其伦理教义的基础，为了满足经济需要而规定了社会制度"③。尽管陈焕章这里为了强调礼教的经济功能而完全忽视了礼教本于人伦之理而成这一儒教经典中的重要思想，但是，他还是正确地指出了礼教所包含的经济意义与经济功能。站在儒教经典的立场上，我们毋宁说，经济生活是伦理生活的一部分，伦理生活是目的，经济生活应当服务于伦理生活，亦因其重要性而构成伦理生活的重要内容。

在论及社会不同阶层之于生产的意义时，陈焕章指出劳动分工

---

① 陈焕章：《孔门理财学》，第46—49页。荀子与班固将社会的形成分别归之于义与仁，虽侧重不同，但其实都是归之于人伦，所谓"仁者事亲，义者敬长"。

② 同上书，第49页。

③ 同上书，第155页。

为儒教经典所认可的一个重要社会原则，这一原则因被应用于中国古代社会而呈现出特别重要的意义。从劳动分工的角度理解社会的构成，这自然是陈焕章在学习西方经济学后获得的新视野，而他基于这一新视野对儒教经典与中国社会的解释也的确颇有新意。

在儒教经典中，社会阶层被划分为天子、诸侯、卿大夫、士、庶民。以有土与无土为划分标准，则天子、诸侯、卿大夫为一类，士、庶民为一类；以统治与被统治为划分标准，则士当归于统治阶层。陈焕章注意到儒教经典对于官与民在经济活动方面的不同要求："孔子为官员与士人阶层、广大的庶民阶层规定了两条原则，分别为：位居社会上层的官员与士人，伦理活动先于经济活动；而处于社会底层的庶民阶层，则是经济活动先于伦理活动。"[①] 这一点也关联于儒教经典中的"义利之辨"。在解释孔子所说的"君子喻于义，小人喻于利"这句话时，陈焕章认为这里的"君子"与"小人"是指社会地位，即指在位者与庶民，因此，他总结说，孔子的义利之辨意味着，"在孔子看来，存在两个社会阶层，孔子分别为不同的社会阶层提出了不同的准则。一方面，孔子禁止社会上层'君子'——从皇帝到士人追逐私利，他们在经济活动上必须受到伦理活动的限制；而另一方面，孔子准许社会下层——广大民众谋取利益，并认为民众应该谋利。"[②]

《论语》中的"君子"与"小人"既表达德行上的差异，也表达地位上的差异，其原因在于"以德配位"是儒教的一个重要思想。因此，陈焕章这里的解释是有道理的。孟子说："或劳心，或劳力。劳心者治人，劳力者治于人。治于人者食人，治人者食于人，天下之通义也。"（《孟子·滕文公上》）官与民的不同在于劳心者与劳力者之别，这在孟子的这段话里呈现得非常清楚。但陈焕

---

① 陈焕章：《孔门理财学》，第80页。
② 同上书，第81页。这个划分涉及"食禄者不与民争利"的重要政策，将在后面讨论。

章在此基础上注意到孔子对于官与民在经济活动方面的不同要求，则是非常难能可贵的。这对于我们理解中国古代的社会构成规范与政治运行逻辑极有帮助。

对于儒教经典中关于"士、农、工、商"的"四民"说，陈焕章予以特别的重视和阐发。《谷梁传》云："古者有四民：有士民，有商民，有农民，有工民。"何休解释说："古者有四民：一曰德能居位，曰士；二曰辟土殖谷，曰农；三曰巧心劳手以成器物，曰工；四曰通财鬻货，曰商。四民不相兼，然后财用足。"陈焕章在引用这些文献后对"四民"说做出了独到的分析，认为应当注意到其中"具有特殊意义的三点"："第一，社会平等，士、农、工、商均一视同仁谓之民，即四民平等"；"第二，商与士、农、工一样，他们均具有生产性"；"第三，是劳动分工的原则。划分四民的目的是使生产力量更加充分，而且，民众并未被限制在任何被指定的职业类别之中，而只是通过职业分类被划分为某一类民。"[①] 这三点综合起来，即是以劳动分工来理解四民说的实质，因为只有四民之间的社会平等才能保证四民的划分是出于劳动分工，而认为四民都具有生产性则恰恰是四民平等的表现。陈焕章这里强调了商人的生产性，有为商人洗脱不劳而获之污名的考虑，而在专门论及士人阶层时，他也特别强调了士人的生产性。

以劳动分工原则来理解四民说，其目的是想说明中国古代的社会阶层并非西方式的阶级制度或印度式的种姓制度，而是职业上的划分，如后来梁漱溟在《中国文化要义》中所特别着意的"职业分途"，且这种职业上的划分构成了黑格尔在《法哲学原理》中所谓的"需要的体系"。于是我们看到，陈焕章一开始就如此概括他的论点："中国人很早就以劳动分工原则为基础，将人们划分为四类。这样的分类并非种姓制度，而是在职业上的区分，包括了所有

---

① 陈焕章：《孔门理财学》，第289页。

人。"① 这里似乎未论及士以上的阶层。既然士人作为官的一部分也像民一样具有生产性，那么，进一步推论，我们自然也可以说士人以上的阶层，包括天子、诸侯和卿大夫，也具有生产性。事实上，在论及分配问题时，陈焕章又一次谈到各个社会阶层的生产性："根据孔门弟子的原则，对社会而言，劳动分工乃极为重要之事，而且，所有的劳动均具有生产性。不仅农民具有生产性，工匠、商人也都具有生产性；不仅农、工、商三类人群具有生产性，行政官员、士人也无一例外具有生产性。"② 接着他以孟子与许行之徒陈相的对话为依据，说明包括国君在内的政府官员"如何具有生产性"，又以孟子与其弟子彭更的对话为依据，说明"士人如何具有生产性"。

这样一来，我们就能得出一个结论，古代中国的社会阶层，包括官与民，都被理解为劳动分工的结果。以孟子对劳心者与劳力者的区分以及相关的"通功易事"的看法而言，孟子的学说"以劳动分工为基础，统治阶层虽由其他社会阶层供养，但并未压迫人民，因为这个阶层的人士在为政府工作的同时，不能同时兼顾耕地，而且，他们从事被统治阶层不能胜任的脑力工作；统治阶层与被统治阶层之间仅仅是一种服务交换，双方彼此依赖。"③ 事实上，陈焕章也正确地指出，天子、诸侯、卿大夫、士、庶民等社会等级，在儒教以德配位的理念下促进了人们对美德的追求从而体现了一种独特的、以维护差等为其方案的平等理念，因为按照孔子的教义，"在社会等级上，并不存在不变的社会秩序，人人均能通过自己对社会的贡献而找到自己的社会等级位置，高社会等级对任何人开放。"④

以劳动分工来看待社会阶层的划分，这是儒教经典特别是在孔子的思想中呈现出来的，将这一点进一步落实到中国古代社会，陈

---

① 陈焕章：《孔门理财学》，第 288 页。
② 同上书，第 378 页。
③ 同上书，第 379 页。
④ 同上书，第 163 页。

焕章得出了一个非常引人注目的结论："在中国历史上，有一极荣耀之事，那就是奴隶制度从未作为一项普遍制度在中国存在过。"① 为了进一步证成这一观点，陈焕章做了一些说明。

首先，一般来说奴隶制度常见于农耕时期，但在中国则不是如此。陈焕章也分析了其中的原因，认为井田制是一个主要因素："在井田制下，每夫受田一百亩，以至于人人均成了地主，那么，谁可能是奴隶呢？奴隶制度如何能成为现实呢？且因土地肥沃，易于耕作，拥有耕地限制在一百亩，因而并无奴隶存在的需要；此外，如此精耕细作的耕种并不适合奴隶劳动，又因人口众多，在这样的竞争下，自由劳工也不容许奴隶制度存在。"② 因此，奴隶制度或许曾经存在于中国的史前时期，但即便如此，我们也无法知道了。

其次，"尽管中国不存在普遍的奴隶制度，但依然有少量的奴隶存在。"③ 陈焕章援引《周礼》的记载，说明古代中国奴隶"只是对犯罪行为的一种惩罚"，"并不是一项社会制度或经济制度"，因此在许慎的《说文解字》中以"古之罪人"解释"奴"字。

再次，陈焕章也明确指出，要理解中国古代社会为何没有奴隶制度这一历史事实，还是要"回到孔子的教义上来"："根据孔子及其学派，不应当有奴隶制度存在，社会阶层被划分为五：天子、诸侯国君、大臣、士人和庶民；人们被划分为四类：士、农、工、商，但却没有这样的阶层与职业类别存在，即奴隶阶层与奴隶。"④ 也就是说，中国古代不存在普遍的奴隶制度，这一点在理论上要归功于孔子的思想。⑤

---

① 陈焕章：《孔门理财学》，第293—294 页。
② 同上书，第294 页。
③ 同上书，第294 页。
④ 同上书，第294 页。
⑤ 这个看法可能来自康有为，而为康门弟子所熟悉。梁启超在写作于1897 年的《论君政民政相嬗之理》一文中，就说："孔子之制，则自天子以外，士农工商，编为四民，各授百亩，咸得自主。六经不言有奴隶。"见《饮冰室合集》第一册，文集之二，中华书局1989 年版，第9 页。

陈焕章也指出，随着环境的变化，特别是井田制的被破坏，奴隶制度在秦朝曾经出现过，但在汉代又被废除："第一位公开宣告反对奴隶制的是西汉董仲舒"，"第一位废除奴隶制的是王莽"，"对废除奴隶制产生最大影响的儒者皇帝是光武帝"，而"自光武帝统治以后，中国在事实上就根本不存在奴隶"。他因此将光武帝称作"中国的亚伯拉罕·林肯"。① 虽然在五胡时期奴隶制被再一次引入中国，但奴隶制并未作为一项社会制度真正确立下来，因此，陈焕章最后得出的结论是："我们不能说中国完全没有奴隶，但我们否认中国有像古希腊、古罗马以及美国内战以前的奴隶制度存在。"②

## 三

任何政治与经济主张的提出，最终都是为了维护和促进某种生活方式。呈现于儒教经典的独特的社会理念意味着儒教所倡导的独特的生活方式，也是我们理解传统中国人生活方式的最重要的思想资源。呈现于儒教经典并对中国历史产生巨大影响的政治与经济主张，自然是为了维护并促进儒教所倡导的生活方式。陈焕章并没有对"社会主义"这个概念作详细的说明，而是直接用来解释儒教经典和中国历史上出现过的一些政治与经济主张。他认为这些政治与经济主张类似于西方学界所说的"社会主义"，从而提出儒教社会主义的概念，其重点则是落在一些具体的社会制度和社会政策上。

除了强调按照儒教经典士、农、工、商每一个都不可或缺从而必须认识到每个行业的重要性外，陈焕章特别指出了呈现于儒教经典中的两项重要制度，都与"儒教社会主义"这一整体断言有密

---

① 陈焕章：《孔门理财学》，第 296、297 页。
② 同上书，第 298 页。

切关系。这两项重要制度正是在儒教传统中颇受重视的井田制与学校制。①

陈焕章引经据典，说明井田制在历史上可追溯到黄帝的时代，在周代获得完善，而被孔子及其弟子所提倡。关于何谓井田制，一般会引用孟子的话："方里而井，井九百亩，其中为公田，八家皆私百亩，同养公田。"陈焕章进一步解释说："在公田的中央，二十亩共为八家的庐舍，每一家各得两亩半，余下的八十亩公田由八家共同料理，每户实际耕种十亩。而每户人家受田一百亩，并为政府耕种十亩公田，此即是十分税一制度。"② 在详细说明了井田制的具体操作过程后，陈焕章从经济学的角度概括了井田制的特点："我们注意到井田制是与具有社会主义倾向的个人主义等同。在井田制里，人人都有自己的耕地、自己的庐舍、自己的住宅、自己的桑树、蔬菜、瓜果与家禽动物，以及其余全部属于个人自己的财产。他收获在田间的生产所得，其收获所得数量的变化，从供养九人所需到仅能供养五人所需不等。此外，从60岁到69岁，在他已经还田于政府之后，他或者由孩子赡养，或者依靠其积累养活，因此，从11岁到70岁，他完全依赖自己生活，这也是个人主义。"③

这么看起来井田制主要是一种土地分配制度，对此，陈焕章做出了进一步的申论："根据孔子的理论，井田制乃万事之根本，而并非仅仅是分配土地的基础。"④ 具体来说，井田制不仅仅是经济

---

① 井田制与学校制，历来被认为是儒教关于王道思想的两大核心制度，如罗泽南《读孟札记》云："孟子当日欲行王道，其施为甚有次第。夫王政不外教养，教养不外井田、学校。"陈焕章显然熟悉这一解释传统。

② 陈焕章：《孔门理财学》，第391—392页。

③ 陈焕章：《孔门理财学》，第394页。这里值得注意的是"具有社会主义倾向的个人主义"这个表述，说明陈焕章也注意到在井田制里也有经济自由的因素，后文还会涉及。不过，在后面关于井田制的总结部分（第415页），陈焕章又说："在井田制下，民众甚至不拥有他们的住宅，他们的全部理财活动均在国家的控制之下，这是极端的社会主义，或者国家社会主义。"与这里以"具有社会主义倾向的个人主义"概括井田制的特点的观点似乎有所不同。

④ 陈焕章：《孔门理财学》，第415页。

制度，也是政治、教化和军事制度，它是呈现于儒教经典中的一种全面的社会组织原理，或者用陈焕章自己的概括来说，井田制其实是一"经济的、道德的、合群的、政治的与军事的社会体制"。① 孟子在论及井田制时说："乡里同井，出入相友，守望相助，疾病相扶持，则百姓亲睦。"陈焕章解释说："里有序，乡有庠，每乡设有学校，学校也作为道德教堂，以及社会、政治活动的集会场所，因此，井田制也是合群的、政治的社会。"② 另外，"农夫同时也是士兵，十井供一乘为军赋；在和平时期，他们是在家共同务农的合作者，而在战争时期，他们则为战场上的战友。因此，井田制也是军事社会。"③

陈焕章最后概括井田制的基本思想是："人人均应获得均等的份额、均等地享受经济活动，以及社会生活、政治生活、智力生活与道德生活的机会"。④ 一言以蔽之，井田制的精髓其实是机会平等。陈焕章由此将井田制与现代的社会主义相提并论："在许多基本思想上，井田制均类似于现代社会主义，二者均有平均全社会财富的相同目标。"即使考虑到现代与古代的差别，二者的相同之处仍然很明显："在现代，经过从农业时期到工业时期，土地不如从前重要，即使能够平均分配土地，或者能够实现土地国有化，民众的财富依然不均等，因为除了土地而外，还有许多其他的资本货物。因此，现代社会主义较古人的社会主义有着更多的困难需要战胜。但尽管如此，现代社会主义与井田制的基本思想却并不相异。根据井田制规定，人人收获他所生产的全部，因为在井田制下没有地主。苏洵之所以谴责地主，那是因为地主从耕种者那儿取走一半的产品，这与社会主义者反对资本家攫取工人一半的劳动产品理由相同。总而言之，井田制与社会主义，二者的目标均旨在均等财

---

① 陈焕章：《孔门理财学》，第394页。
② 同上书，第395页。
③ 同上书，第395页。
④ 同上书，第415页。

富，以及旨在让生产者获得他们生产的全部产品。"①

陈焕章也简要地论述了古代中国社会废除井田制的历史，以及试图恢复井田制的历史，并对后来关于井田制的一些主张进行了必要的分析。他指出，尽管古代圣王制作井田的意图在后来几乎一直被肯定，但中国历史上恢复井田制的努力大都失败了，其原因在于，井田制的实施需要一定的条件，而这是秦汉以来的中国社会所不再具备的。因此，陈焕章特别指出，我们可以看到，无论是东汉的荀悦，还是北宋的苏洵，虽然都谴责豪强地主的无道，"令人想起拥护社会主义者对资本家的谴责"，但是，他们都不主张恢复井田制。荀悦认为，只有在土地充足、人口稀少的情况下才可能建立井田制；苏洵则认为井田制根本就不可能实现，只能通过限田政策以期"不用井田，而获井田之制"的效果。南宋的朱熹、叶适和马端临也反对恢复井田制，其理由也是归之于势之不可得，如朱熹认为，"恢复井田的惟一机会是在大规模的战争之后"，因为一方面人口因战争而减少，一方面战争后土地归属政府；而叶适和马端临则都强调"封建制度与井田制二者间的关系"，也就是说，在封建制废除之后，井田制的恢复就不再可能了。②

顺此，陈焕章提出了一个问题：既然封建制与井田制有密切的关系，而孔子并不赞成封建制，为什么孔子会赞成井田制呢？他对这一问题的回答是："这是因为封建制导致政治上的不平等，故而孔子痛恨封建制度，而井田制带来经济上的平等，因此孔子热爱井田制。孔子的思想完全建立在平等原则的基础之上。"③ 说孔子反对封建制，这种观点可能得不到多数人的认可，其来源仍是康有为的三世说，或只能归于孔子的微义，所诉诸的经典依据是《春秋》的"讥世卿"。抛开这些可能存在的问题不管，我们还是可以看

---

① 陈焕章：《孔门理财学》，第415—416页。
② 同上书，第408—412页。
③ 同上书，第413页。

到，陈焕章抓住了孔子思想的一个要点，因为孔子对周礼的损益就是倾向于更加平等，无论是在经济上还是在政治上。简而言之，孔子所构想的是一个认可等差的平等社会，而能够保证这个认可等差的平等社会的基本运作的，在当时的情况下除了井田制之外，还有就是与社会阶层的合理流动密切相关的学校制度以及相应的选举制度，陈焕章称之为教化制度："根据孔子构想的政治制度，井田制与教化制度是其中两个最重要的组成部分。"① 可以说，这是儒教社会主义的又一项核心制度。

陈焕章分析出教化制度的"三大分支"："教育、宗教与选举"，试图说明儒教经典中的教化制度是一项涵盖性很广的、颇为复杂的政治制度。具体而言，儒教经典中的教化制度表现出以下四个方面的重要特点。

首先是普遍的免费教育，这是教育平等的基本保证。陈焕章依据《礼记·学记》中的相关说法，如是说明这一点："国家存在不同等级的学校，最低为闾塾，然后依次为党庠、州序、国学，最高级别是大学。闾塾设置在每一村中，党庠设在党，州序设在州，国学设在诸侯国的都城，大学在首都。上述各级教育机构均是公立学校，遍布于全国各地，并由各级政府管理、维持，而正因为如此，这些学校均为免费教育。"②

其次是纳宗教教育于学校教育："因为'教'既意味着教化，也意味着宗教，故而教育机构既是教堂，同时也是学校。"③ 儒教教化的内容主要是人伦道德，如孟子所谓"学则三代共之，皆所以明人伦也"，或"申之以孝悌之义"，宗教教育的目的其实也在道德教育，由此可以理解二者的交集：以人伦教化进行道德教育，从而代替宗教教育。就是说，在陈焕章看来，儒教的教化制度意味

---

① 陈焕章：《孔门理财学》，第 70 页。
② 同上书，第 71 页。
③ 同上书，第 72 页。

着通过功能性替代的方式将宗教教育涵盖于学校教育中,从而不需要专门的宗教教育:"中国人以神庙、文庙、学宫的名义称呼孔庙,这就是在井田制里没有教堂的原因,因为宗教的功能被教育涵盖了,父老尽管也是学校的教师,但也如牧师或神父一样。"① 这样的类比自然有其不恰当之处,特别是当我们注意到,学校教育基本上以青、少年为对象,而牧师或神父的教育对象则是成人。不过,陈焕章仍然抓住了儒教过去制度安排上的一个特点,即,儒教虽然具有明显的宗教性,但在过去并没有发展出纯粹、独立的宗教组织。

再次,是这种教化制度呈现出来的独特的政教关系。由于没有独立的宗教组织,所以,类似于基督教世界中所存在的教会与国家的冲突就不存在。同样,也不会形成一个类似于西方社会中的教士的享有特殊利益的阶层,士人是"通过接受教育而被赋予的资格,并非通过宗教特权",从而也"无需将儒教从政治中分离出来",既然孔子的教化本来就"与政治有着密切的关系"。陈焕章如是概括儒教在中国历史上的政教关系:"自有儒教以来,中国从未有将儒教与国家政治分开的时期,除非中国要毁灭她的全部文明。"② 在这部书写出一百多年后的当下读到这些话,我相信很多关心儒教复兴的人都会有很深的感慨。现代中国的诞生,首先表现为儒教中国的解体,而新的国家建构与儒教已经没有什么紧密关联。如果中国试图恢复她在历史上承载的文明,在教化制度的重建上似乎会不可避免地陷入两难:一方面,传统的教化制度似乎已经不再可能,也就是说,企图通过政治制度来重建儒教的思路已经不再可能了;另一方面,企图通过宗教制度来重建儒教的思路似乎也困难重重。

最后,是与学校制度密切关联的选举制度,陈焕章称之为"作为民众代表制的教育性选举"。他如是刻画这种教育性选举制

---

① 陈焕章:《孔门理财学》,第72页。
② 同上书,第74页。

度的经典依据及其历史落实:"根据孔子所论,学校不仅是教育制度,也是选举体系;就此而论,学校将政治与教育结合起来。……《礼记》说:'天子之元子,士也。天下无生而贵者也'。在《春秋》中,孔子否认贵族的世袭权利,而以教育选举制替换贵族世袭制。在那时的社会生活里,这是革命性的思想,并在董仲舒的建议下得以实现。"① 孔子的这种革命性思想也就是前面已经论述过的认可差等的平等理念:"简而言之,在孔子的思想体系里,没有阶级差别,而在社会地位上,教育是惟一起决定作用的力量。我们可以说存在受教育的贵族,但这样的贵族统治是不可避免的,除非人的特质生而平等。为了让每个人享有同等的机会,人类力量惟一能做的是使教育普遍并免费,这就是孔子的途径。"②

在陈焕章看来,这种教育性选举制度也是一种代表制度:"因为从民众中选拔的士人变成了高级官员,所以,各级学校是真正选举人民代表的地方。"陈焕章进一步指出,这种教育选举制度实际上意味着以教育考试来替代普选权,他也对此做出了相当正面的评价:"接受教育是惟一被当选的资格,这样,教育考试替代了普选权。但选择接受教育作为获得选举的资格,这比选择其他任何作为标准都更好,尤其是当教育处于普遍免费的情况时。这样的选举方式,尽管没有民众的投票,但也不会远离民众的感情,因为所选之人均是最优秀的士人。"③

陈焕章也简要刻画了这种教育性选举制度在中国历史上引起的后果,一言以蔽之,是"摧毁了贵族统治",特别是在隋朝发展出科举制以后,中国社会随之一变。"孔子的选举制度是破坏阶级利益的主要武器",这种"教育性选举制度对中国而言是特有的制度",这是陈焕章参照美国、英国的政治制度而得出的主要结论。

---

① 陈焕章:《孔门理财学》,第74—75页。
② 同上书,第75页。
③ 同上书,第76页。

陈焕章也展望未来，认为在中国走向立宪的过程中，"应当继续保持自己最好的方面，并吸取邻国制度的精华，抛弃其弊端。如果延伸、扩大民众选举权原则到一个适当的度，那么，中国将会出现一种超越美国行政机构改革者最热切希望的政府体制"①。如果现在我们仍然对这一点有所感触，那么，可以断言，由孔子所开创、在中国历史上发挥了极重要影响的教育性选举制度对于中国今后完善自己的社会主义道路仍可能具有不可低估的启发意义。

## 四

如果说呈现于儒教经典中的独特社会理念与井田、学校这两种独特制度构成儒教社会主义的一个基本理念和两项核心制度，那么，在陈焕章笔下，儒教社会主义的证成，还包括若干重要政策。对于这些重要政策的理解，可以从儒教经典中关于政府职责的规范性论述展开分析。

既然社会是一个由劳动分工形成的合作体系，其目的是为了维系、促进美好的生活，那么，政府作为民众的代理，或者说，作为全民利益的代表，就应当以促进社会发展、维系美好生活为其目的。陈焕章依据经典指出，儒教认为，政府的最终目的是使民众享受"五福"，其途径一言以蔽之则是达到"至平"。②"五福"的说法来自《尚书·洪范》："一曰寿，二曰富，三曰康宁，四曰攸好德，五曰考终命"。与"五福"相对的是六种灾祸，即"六极"："一曰凶、短、折，二曰疾，三曰忧，四曰贫，五曰恶，六曰弱。"其中值得注意的是，"康宁"——相对的是"忧"——涉及对美好生活的理解，"攸好德"——相对的是"恶"——涉及德行的诉求，也就是说，促进民众的德行乃是政府职责的一个重要内容。

---

① 陈焕章：《孔门理财学》，第79页。
② 同上书，第140、360页。

"至平"的说法来自《荀子·荣辱》:"夫贵为天子,富有天下,是人情之所同欲也。然则从人之欲,则势不能容,物不能赡也。故先王案为之制礼义以分之,使有贵贱之等,长幼之差,知愚、能不能之分,皆使人载其事而各得其宜,然后使谷禄多少厚薄之称,是夫群居和一之道也。故仁人在上,则农以力尽田,贾以察尽财,百工以巧尽械器,士大夫以上至于公侯,莫不以仁厚知能尽官职,夫是之谓至平。故或禄天下而不自以为多,或监门、御旅、抱关、击柝而不自以为寡,故曰:'斩而齐,枉而顺,不同而一。'夫是之谓人伦。"其中值得注意的是,荀子明确将"农以力尽田,贾以察尽财,百工以巧尽械器,士大夫以上至于公侯,莫不以仁厚知能尽官职"作为政府治理的直接目标,而将伦理生活的维系与促进作为政府治理的最终目标。总而言之,"以至平求五福"可以理解为儒教经典中关于政府职责的总纲。

在这个总纲之下,陈焕章论述了政府应当履行的具体职责,可分为两个方面,一个方面涉及对政府或政府官员的限制,另一个方面涉及政府出于公共利益的考量应当进行的宏观调控。

前面已经提到,孔子对于官与民两个不同阶层的行为提出了不同的规范性要求,表现在经济方面,对政府官员的要求可表达为"食禄者不与民争利"。陈焕章从历史的角度解释了孔子提出这一规范的理由:"在孔子的时代,封建制度盛行全国,封建诸侯与贵族家族占有所有的土地,他们因此是地主。他们也拥有许多牲畜,以及若干其他的生产资料,因此,他们也是资本家。……把握全部政治权力与享有全部社会高位的诸侯与贵族,如果他们在经济领域与普通民众竞争,那么,他们将会赚取全部利润。……因此,一方面,为了摧毁封建制度,使贵族政治改变为民主政治,孔子在君主专制政体上集中政治力量,不承认官员任职的世袭权利,另一方面,为了向民众提供全部的机会,孔子禁止食禄者言利。"[①] 陈焕

---

① 陈焕章:《孔门理财学》,第 425 页。

章认为这体现了孔子的经济平等与经济自由的思想。经济平等能够从历史的角度得到解释,即相对于周代的等级制而言,孔子的这一思想呈现出平等的趋势:"提升统治阶层的品质到更高的道德标准,剥夺他们在经济领域里的有利条件与强有力的竞争,并向所有普通民众提供相当的经济机会。这是社会改革的伟大计划,经济平等是其呈现的趋势。"[①] 经济自由则是着意于官与民的区别:"食禄者只应该拿取俸禄,并为庶民保持整个经济领域的自由。"[②]

陈焕章也谈到了这一原则在中国历史上的应用情况与实际效果。就应用情况而言,"禁止食禄者言利被历朝历代载入现行的法规之中"[③]。就实际效果而言,"禁止官吏言利的原则对中国的经济活动产生了不可忽视的影响。在中国历史上,极少有官吏以他们可能的任何手段积累大量的财富,谦虚和纯洁是官吏普遍的精神。而正因为他们没有与民争利,因此,民众在没有特权官吏参与竞争的前提下,充分享有经济活动的自由,并有更多机会相互竞争"[④]。这对我们历史地理解儒教社会主义的实际运行极有助益。

陈焕章也就此将儒教社会主义与现代社会主义相比较,得出的结论则是认为儒教社会主义在这一点上比现代社会主义走得更远:"在现代,社会主义者为劳动者提倡近世社会主义,反对资本主义。在古代,孔门弟子为农民倡导儒教社会主义,反对封建主义。而这两种学说在原则上并无抵触,因为古代的封建领主,同时也是资本家,而农民自身就是劳动者。然而,当我们将两种学说进行比较时,儒教社会主义似乎比现代社会主义走得更远、更彻底。……现代社会主义者并不阻止领取俸禄的官员从事有利可图的职业,但是,孔门弟子则完全禁止食禄者言利。"[⑤]

---

[①] 陈焕章:《孔门理财学》,第425页。
[②] 同上书,第427页。
[③] 同上书,第428页。
[④] 同上书,第430页。
[⑤] 同上书,第424页。

关于政府应当具有的调控作用，可以从三个方面来概括。第一个方面是关于分配。前面的讨论已经在很多具体主题上涉及分配问题了。这里再做一些相关梳理。陈焕章首先指出，儒教的经济理论"重视分配问题胜过生产问题，其原因在于儒教所具有的社会主义倾向胜于个人主义倾向"。关于分配的原则，陈焕章谈到三种类型。其一是按照需要分配。这涉及儒教关于财产所有权的看法。陈焕章依据《春秋》，指出儒教承认财富的私人占有权，但社会所有权则是其更为根本的观念："孔子承认财富的私人拥有权，但是，孔子否认私人对财富享有绝对的权利。因此，他使社会为万物的最高拥有者，并使暂时的财富所有者只是财富的托管者。大自然是生产的合作者，任何人均不能依据占有理论或劳动理论要求对任何事物的绝对所有权。所以，财富的分配应该根据社会成员的需要。简言之，那些拥有太多财富的人们应该有赠物的义务，而那些一无所有者，则享有受赠的权利。"① 这种看法与西方中世纪如阿奎那提出的需要权（the right of necessity）理论接近，也与晚近中国政治话语中的生存权理念有相似之处。其二是平等的分配。这在前面讨论井田制的时候已经谈到了，主要是为了保障每个人获得发展自己的同等机会。这种机会平等显然并未停留于抽象的平等承认，而是类似于阿马蒂亚·森提出的能力自由或实质的发展机会，可以称之为"实质平等"（substantive equality）。② 其三是按照功绩分配，也就是我们一般所说的按劳分配。

与按劳分配原则相关的一个主题是工资制度，陈焕章专门进行了论述。他比较说，西方的工资制度起源于奴隶制度，而中国的工资制度则起源于自由农民，工资标准根据农民的收益来确定，符合生产率论，即"劳工的工资总量应该以他所贡献的产品数量为依

---

① 陈焕章：《孔门理财学》，第364页。
② 森使用"实质自由"（substantive freedom）的概念，侧重的是个人发展能力的获得，但这个自由概念亦有平等的含义，或者说就是一个以实质自由为内涵的平等理念，可参见森：《再论不平等》，王利文、于占杰译，中国人民大学出版社2016年版。

据"。具体来说，全社会理想的工作等级应当这么来定，"普通劳动者的工资等级以最低能力农夫耕种一百亩土地所得为基数，也就是足以供养五个人的数额为基础"，而"上等农夫耕种一百亩土地所得构成全体公职人员俸禄的基础"。① 他也特别提到儒教经典中关于最低工资的规定，即"能力最差的劳动者，其工资的最低比率必须足够供养五人。"② 至于工资水平与教育挂钩这一点，我们在前面讨论学校制度以及相关的教育性选举制度时已经有所触及了。既然教育是个人在社会中上升的重要权衡，那么，工资的高低也就与教育密切关联起来了。陈焕章如是评论这一点："正像政治民主建立在教育基础之上一样，工业民主也一样建立在教育基础之上。"③

政府应当具有的调控作用的第二个方面，是关于供求调节与反垄断。陈焕章指出经典中记载的以政府银行来调节供求的方法："根据《周礼》，政府银行'泉府'的功能之一是调剂商品的供需。当商品卖不出去、供大于需时，泉府以商品的市场价格收购货物；而当市场对货物的需求上升、需大于供时，泉府以货物的原价——审慎地一件一件加上标签，标明价格出售。前一种情况，生产者获益；而后一种情况，消费者获益，但政府自身并未从交易中挣钱。"④ 至于政府调节供求的目的，当然是为了平稳价格，保护消费者和生产者——特别是中、小生产者的利益，因此其实际的指向，是消灭私人垄断。从这个角度看，食禄者不得与民争利与政府调节供求就是儒教所提出的两项反垄断措施。关于公共垄断，儒教的基本立场是，"旨在为社会的公正而进行的公共垄断是有益的，但旨在为政府财政的公共垄断则是无益的"。这也意味着，对于平常的商业交易，国家不应当垄断市场，而是应当作为价格调整者起

---

① 陈焕章：《孔门理财学》，第375—384页。
② 同上书，第382页。
③ 同上书，第387页。
④ 同上书，第433页。

到"促进自由竞争与消灭私人垄断"的保护作用。① 陈焕章还比较详细地叙述了中国历史上政府为调节供求而发明出的种种制度和措施,重要的如汉代桑弘羊的均输与平准制度、王莽的五均制度,唐代刘晏的常平法,宋代王安石的均输法、市易法,还有专门为平均粮价而发明的李悝的平籴政策、耿寿昌的常平仓制度等。陈焕章分析了这些制度和措施成功或失败的原因,并认为可以用"国家社会主义"来描述这些制度和措施。

政府应当具有的调控作用的第三个方面,是关于政府借贷与政府救济。陈焕章将政府借贷追溯到《周礼》,认为周公建立了政府银行,发明了政府有息贷款的法规,其目的是满足民众生产和消费方面的急需。在分析了中国历史上关于政府借贷的种种成功与失败的经验之后,陈焕章指出,尽管此类政府借贷政策在历史上往往在接济穷人和政府岁入的两难中难以持久从而起不到良好的效果,但是,在现代民主社会中这些政策反而更有可能发挥积极的作用:"对我们而言,《周礼》中的某些法规似乎可以应用于现代民主社会。以政府借贷为例,如果政府权力真正为民众所掌握,那么,政府的利益与民众的利益将为一体,在这样的情形下,政府,尤其是政府官员,奸弊无由生,不会对民众犯错作恶;如果在各方面都具备优良的管理制度,那么,政府最薄息的借贷不仅帮助了处于困难中的民众,而且,也增加了国家的收入。王安石确实是一个伟大的政治家,但他却生不逢时。如果王安石的全部计划得以贯彻施行,那么,中国早在一千年前就应该是一个现代国家了。"②

至于政府救济的理念,而明确见于儒教经典。如《礼记·王制》中说:"少而无父者谓之孤,老而无子者谓之独,老而无妻者谓之矜,老而无夫者谓之寡。此四者,天民之穷而无告者也,皆有常饩。"类似的说法亦见于《孟子·梁惠王下》和《礼记·礼运》。

---

① 陈焕章:《孔门理财学》,第418页。
② 同上书,第467页。

儒教政治理论的一个核心观念是，要行仁政，必须首先照顾到这四类人，即如孟子所说："文王发政施仁，必先斯四者。"这是儒教政府救济原则的经典依据。值得指出的是，这里的救济对象孤、独、矜、寡，并不是指一般所说的老、弱、病、残，而是指那些因家庭生活的残缺从而不能由自己的家庭成员照顾好的弱势群体。从中可以看出，儒教的政府救济原则实际上充分认可家庭承担照顾其弱势成员的责任，所以重点放在了不能得到家庭照顾的孤、独、矜、寡这些因家庭原因导致的弱势群体上。

以上简要地叙述了陈焕章提出的儒教社会主义的主要内容，包括一个基本理念、两项核心制度和若干重要政策。我们也可以用几个短语来概括儒教社会主义的核心主张：伦理社会，福利国家，实质平等，教育优先。尽管时代已经发生了巨大的变化，但我们相信，呈现于儒教经典并对古代中国社会产生了巨大影响的儒教社会主义对于我们当下和今后完善我们的社会主义道路仍有相当重要的启发意义。

# 辛亥革命以前王国维论哲学及人文学的分科

现代意义上的中国哲学研究滥觞于西学东渐以后。以西方哲学传统中的概念、命题、思想以及体系框架为基础，整理、分析、阐述、评断中国传统思想，是现代意义上的中国哲学研究的一个基本特征。我们常常只在方法论的意义上理解这一点，其实这是不够的。伽达默尔指出，对于应被恰当地理解为诠释学的人文学而言，重要的并不在于科学方法的问题，而在于精神真理的问题，因为人文学的宗旨乃是教化。这提示我们在反思现代以来的中国哲学时除了要留意于方法的问题之外，还要留意于真理和教化的问题。就此而言，方法论上的改变自然是现代中国哲学的一个重要特征，但更为重要的是，现代中国哲学就其合理的目的而言乃是企图以哲学的进路接引古典教化传统，是对古典教化思想的现代诠释。在前几年关于中国哲学的合法性问题的讨论中，真理与方法的问题并没有得到恰当的澄清，从而产生了一些混乱。这种反思性的讨论也促使我们将目光转向近代以来经学解体而代之以文学、史学、哲学的历史事件。在这一历史事件中，王国维显然是一个具有典范意义的例子。王国维对于哲学、文学和史学的研究都有所尝试，而他的这些尝试对于后来的中国哲学、中国文学和中国史学的研究方法和学科建构都具有典范意义。本文论及辛亥革命以前王国维对哲学及人文学分科的看法，并理出王国维从哲学转向史学的思想线索，进而反思中国现代人文学接引中国古典教化传统的努力和不足。

王国维学习西方哲学大约是从 1898 年他入东文学社开始。在藤田丰八、田冈佐代治等日籍教师那里，他读到了康德、叔本华的哲学："社中教师为日本文学士藤田丰八、田冈佐代治二君。二君故治哲学。余一日见田冈之文集中，有引汗德、叔本华之哲学者，心甚喜之。顾文字暌隔，自以为终生无读二氏之书之日矣。"① 1901 年夏，王国维结束了在日本不到半年的留学生涯回国，此后决定从事于哲学，其主要目的在探究人生问题："留东京四五月而病作，遂以是夏归国。自是以后，遂为独学之时代矣。体素羸弱，性复忧郁，人生之问题日复往于吾前，自是始决从事于哲学。"② 此后一直到 1907 年，是王国维专攻哲学的时期。③ 他撰写的与哲学有关的文章和他翻译的哲学著作，大都写作于这个时期，且大都发表于这一时期他负责编辑的《教育世界》杂志。1907 年是他告别哲学的时间，但从他的自述中我们可以看到，他对自己的哲学撰述以及以哲学为指导的文学撰述（即美学研究，如《红楼梦评论》）颇为自信："若夫余之哲学上及文学上之撰述，其见识、文采亦诚有过人者，此则汪氏中所谓'斯有天致，非由人力，虽情符曩则，未足多矜'者，固不暇为世告焉。"④ 而且，他对于哲学和文学的深切情怀在他对哲学和文学倍感绝望之际仍得保留："虽然，以余今日研究之日浅，而修养之力乏，而遽绝望于哲学及文学，毋乃太早计乎？苟积毕生之力，安知于哲学上不有所得，而于文学上不终有成功之一日乎？即今一无成功，而得于局促之生活中，以思索玩赏为消遣之法，以自遁于声色货利之域，其益固已多矣。《诗》云：'且以喜乐，且以永日。'此吾辈才弱者之所有事也。若夫深湛之思，创造之

---

① 王国维：《自序》，见《王国维全集》第十四卷，浙江教育出版社、广东教育出版社 2010 年版，第 119 页。

② 王国维：《自序》，见《王国维全集》第十四卷，第 119 页。王国维在日本留学时所选专业是理科，这是听了藤田丰八的建议。

③ 1906 年 6 月王国维在他主编的《教育世界》杂志第 129 期上刊登了自己的一张半身照片，所附说明是"哲学专论者社员王国维君"。

④ 王国维：《自序》，见《王国维全集》第十四卷，第 120—121 页。

力，苟一日集于余躬，则俟诸天之所为欤？俟诸天之所为欤？"①

　　综观王国维这一时期所写的与哲学有关的文章，可以概括出他关于哲学的一些基本看法。首先，王国维指出，追求真理是哲学的要务："苟研究哲学，则必博稽众说而唯真理之是从。"② 王国维此处所谓真理，当然是指与人生观、宇宙观有关的精神真理。或者用另一种表述来说，真、善、美是与人生问题有关的三种价值，而"哲学实综合此三者而论其原理者也。"③ 王国维认为，哲学所追求的有关真善美的原理是跨越时空的永恒真理，而哲学之所以神圣，正在于此："夫哲学与美术之所志者，真理也；真理者，天下万世之真理，而非一时之真理也；其有发明此真理（哲学家），或以记号表之（美术）者，天下万世之功绩，而非一时之功绩也。唯其为天下万世之真理，故不能尽与一时一国之利益合，且有时不能相容，此即其神圣之所存也。"④

　　其次，王国维在叔本华等人的影响下提出哲学思考的冲动来自于作为理性动物的人在精神上特有的形而上需要："饮食男女，人与禽兽之所同，其所以异于禽兽者，则岂不以理性乎哉！宇宙之变化，人事之错综，日夜相迫于前，而要求吾人之解释者，不得其解，则心不宁，叔本华谓人为'形而上学之动物'，洵不诬也。哲学实对此要求而与吾人以解释。"⑤ 以理性为人之所异于禽兽者，这一看法自然来自西方哲学传统，其思路不同于中国思想传统。在中国思想传统中，对于宇宙、人事之解释当然也是一个重要的乃至

---

① 王国维：《自序二》，见《王国维全集》第十四卷，第122—123页。
② 王国维：《哲学辨惑》，见《王国维全集》第十四卷，第7页。
③ 同上书，第8页。
④ 王国维：《论哲学家与美术家之天职》，见《王国维全集》第一卷，第131页。
⑤ 王国维：《哲学辨惑》，见《王国维全集》第十四卷，第7页。在《论哲学家与美术家之天职》一文中，王国维对人与禽兽之别的说法稍异，除了提到与理性对应的知识之外，还提到了情感，而这又和他以哲学与美术皆志在真理的看法相一致："夫人之所以异于禽兽者，岂不以其有纯粹之知识与微妙之感情哉！至于生活之欲，人与禽兽无以或异。后者政治家及实业家之所供给，前者之慰藉满足，非求诸哲学及美术不可。"见《王国维全集》第一卷，第131页。

核心的主题，但关于这一点并不从人与禽兽之别的思路上立论。比如孟子的著名看法是，人之所异于禽兽者乃在仁义。

最后，既然哲学源于人在精神上的根本需要，那么，哲学就具有内在的价值。王国维顺此推论，提出以哲学为无用之学而非难、拒斥哲学的做法错失了对哲学之意义的真正理解："以功用论哲学，则哲学之价值失。哲学之所以有价值者，正以其超出乎利用之范围故也。且夫人类岂徒为利用而生活者哉！"① 既然形而上的需要是人在精神上的根本需要，而哲学恰能满足人的这种需要，那么，即使从功用的角度看哲学仍然是有益之学。这里王国维主要强调的是哲学之于教育的价值："况哲学自直接言之，固不能辞其为无用之学；而自间接言之，则世所号为最有用之学，如教育学等，非有哲学之预备，殆不能解其真意。"② "今夫人之心意，有知力，有意志，有感情，此三者之理想，曰真，曰善，曰美。哲学实综合此三者而论其原理者也。教育之宗旨，亦不外造就真善美之人物。故谓教育上之理想，即哲学上之理想，无不可也。"③ 因此，"欲养成教育家，则此科尤为要。"④

从引文中可以看出，在王国维那里，说哲学具有独立的乃至神圣的价值与说哲学的功用乃在教育这二者并不矛盾。⑤ 他的意思统

---

① 王国维：《奏定经学科文学科大学章程书后》，见《王国维全集》第十四卷，第34页。
② 同上书，第35页。
③ 王国维：《哲学辨惑》，见《王国维全集》第十四卷，第8页。
④ 同上书，第9页。
⑤ 虽然有时他在为纠偏而进行的辩驳中所使用的表述容易引起误解，比如他在强调哲学以及美术的独立价值时说："若夫忘哲学、美术之神圣，而以为道德、政治之手段者，正使其著作无价值者也。"见《王国维全集》第一卷，第133页。在写作于1911年的《国学丛刊序》中，王国维则说："余谓凡学皆无用也，皆有用也。"又说："事物无小大，无远近，苟思之得其真，纪之得其实，极其会归，皆有裨于人类之生存福祉。己不竟其绪，他人当竟之；今不获其用，后世当用之。此非苟且玩愒之徒所与知也。学问之所以为古今中西所崇敬者，实由于此。凡生民之先觉，政治、教育之指导、利用，厚生之渊源，胥由此出，非徒一国之名誉与光辉而已。世之君子，可谓知有用之用，而不知无用之用者矣！"见《王国维全集》第十四卷，第132页。

而言之是说，哲学并不是为了满足人类生活中的生理欲望和物质需要，而是为了满足人类生活中的精神需要，而这种精神需要恰恰表达出人类生活的内在旨趣，恰恰意味着人之为人的根本所在。王国维将哲学的功用定位于教育无疑受到西方哲学——更具体地说是启蒙时代的德国哲学——的巨大影响，也意味着他对于包括哲学在内的人文学的使命有一个清晰的认识。至于教育的宗旨，从社会功能上说，乃在于"增进现代之文明"，从具体内容上说，正如上引文所说，乃在人格的成就与完善。王国维曾专门撰文讨论教育的宗旨："教育之宗旨何在？在使人为完全之人物而已。何谓完全之人物？谓使人之能力无不发达且调和是也。人之能力，分为内外二者。一曰身体之能力，一曰精神之能力。发达其身体，而萎缩其精神，或发达其精神，而罢敝其身体，皆非所谓完全者也。完全之人物，精神与身体必不可不为调和之发达；而精神之中，又分为三部：知力、感情及意志是也。对此三者，而有真、善、美之理想。真者，知力之理想；美者，感情之理想；善者，意志之理想也。完全之人物，不可不备真、善、美之三德。欲达此理想，于是教育之事起。教育之事，亦分为三部：知育、德育（意志）、美育（情育）是也。"①

值得一说的是他关于美育的看法。在《去毒篇》中分析"鸦片烟之根本治疗法"时，王国维将中国人沉溺于鸦片的原因归结为情感上的无希望、无慰藉，并以此理由明确反对以国民资格之劣、国民知识之缺乏或国民道德之腐败来解释其原因的看法："今试问中国之国民，曷为而独为鸦片的国民乎？夫中国之衰弱极矣，然就国民之资格言之，固无以劣于他国民。谓知识之缺乏欤？则受新教育而罢此癖者，吾见亦多矣；谓道德之腐败欤？则有此癖者不尽恶人，而他国民之道德，亦未必大胜于我国也。要之，此事虽非与知识、道德绝不相关系，然其最终之原因，则由于国民之无希

---

① 王国维：《论教育之宗旨》，见《王国维全集》第十四卷，第9—10页。

望、无慰藉。一言以蔽之,其原因存于感情上而已。"① 在此思路上王国维甚至肯定了鸦片对于中国人生活的积极意义,即能够使人在不断交替的苦痛与空虚中得到暂时的慰藉:"人之有生,以欲望生也。欲望之将达也,有希望之快乐;不得达,则有失望之苦痛。然欲望之能达者一,而不能达者什佰,故人生之苦痛亦多矣。若胸中偶然无一欲望,则又有空虚之感乘之。此空虚之感尤人生所难堪,人所以图种种遣日之方法者,无非欲祛此感而已。彼鸦片者,固遣日之一方法,而我国民幸而于数百年前发见之,则其鹜而趋之固不足怪。"② 最后,王国维提出,去鸦片之毒的根本方法在于政治之修明与教育之普及,其中最值得重视的即是情感教育,具体来说则在宗教与美术:"故禁鸦片之根本之道,除修明政治,大兴教育,以养成国民之知识及道德外,尤不可不于国民之感情加之意焉。其道安在?则宗教与美术二者是。前者适合于下流社会,后者适于上流社会;前者所以鼓国民之希望,后者所以供国民之慰藉。"③

王国维对宗教和美术的肯定是从其社会功能上来说的,即二者能够给人以情感上的希望或慰藉。将宗教和美术紧密关联于国民的情感教育,王国维的这个看法与提出"以美育代宗教"主张的蔡元培是一致的。就思想资源而言,二者都深受启蒙时代以来德国哲学的影响,这也是很清楚的。④ 表面上看起来,王国维认为宗教和美术二者皆不可废,这是他与蔡元培的持论不同的地方。但实际上,他也是站在人文主义的立场上来看待宗教的。王国维已经明确将宗教与鸦片相提并论,他的看法实际上和马克思"宗教是人民

---

① 王国维:《去毒篇》,见《王国维全集》第十四卷,第63—64页。
② 同上书,第64页。
③ 同上书,第64—65页。
④ 在启蒙以来的德国哲学传统中,康德企图在纯粹理性限度内重构宗教,于是提出了理性宗教或道德宗教的概念,黑格尔继承了康德的看法,又以哲学为宗教的扬弃。将宗教信仰与情感直接挂钩的则是施莱尔马赫。至于将审美与人的情感能力直接挂钩的,以康德为典型。

的鸦片"的观点相差无几:"今夫蚩蚩之氓,终岁勤动,与牛马均劳逸,以其血汗易其衣食,犹不免于冻馁。人世之快乐,终其身无斯须之分,百年之后,奄归土壤。自彼观之,则彼之生活果有何意义乎?而幸而有宗教家者,教之以上帝之存在、灵魂之不灭,使知暗黑局促之生活外,尚有文明永久之生活;而在此生活中,无论知愚贫富,王公编氓,一切平等,而皆处同一之地位,享同一之快乐;今世之事业,不过求其足以当此生活而不愧而已。……彼于是偿现世之失望以来世之希望,慰此岸之苦痛以彼岸之快乐。宗教之所以不可废者,以此故也。人苟无此希望,无此慰藉,则于劳苦之暇,厌倦之余,不归于鸦片而又奚归乎?"① 如果说有关美育的原理最终仍然要靠能够满足人的形而上需要的哲学来解答的话,那么,隐含在王国维的教育思想中的一个重要看法其实是以哲学代替宗教。②

王国维对哲学的这些基本看法,最后都归结在一个重要主题上,即如何看待、理解、诠释、接引中国传统思想的问题。这正是我们现在要反思的问题,大概也是他最关心的问题。他在这个问题上的看法大约有以下几个要点。

首先,他认为"哲学为中国固有之学":"今姑舍诸子不论,独就六经及宋儒之学言之。夫六经与宋儒之说,非著于功令而当世所奉为正学者乎!周子太极之说,张子《正蒙》之论,邵子《皇极经世》,皆深入哲学之问题。此岂独宋儒之说为然,六经亦有之。《易》之'太极',《书》之'降衷',《礼》之'中庸',自说者言之,谓之非'虚'非'寂'得乎?"③ 取六经、诸子及宋儒之学而以哲学论之,意味着在中国古代经、史、子、集的四库分类

---

① 王国维:《去毒篇》,见《王国维全集》第十四卷,第65页。
② 蔡元培的"以美育代宗教"论亦当从此解。"以美育代宗教"的命题是仅就情感教育而言的,就是说这里的"宗教"主要是在教育的意义上来说的,美育的背后其实是理性,正如宗教的背后是信仰一样。
③ 王国维:《哲学辨惑》,见《王国维全集》第十四卷,第8页。

中，至少在经、子和集中都有不少属于哲学的部分。①

其次，他认为中国固有的哲学有缺陷，特别是缺乏形式上的系统性："然吾国古书，大率繁散而无纪，残缺而不完，虽有真理，不易寻绎，以视西洋哲学之系统灿然、步伐严整者，其形式上之孰优孰劣，固自不可掩也。"② 对此，王国维亦有更具体的论述和进一步的发挥："故我中国，有辩论而无名学，有文学而无文法，足以见抽象与分类二者，皆我国人之所不长，而我国学术尚未达自觉（Self-consciousness）之地位也。"③ 由中国固有哲学缺乏形式上的系统性这一看法，王国维引申出西方哲学之于中国哲学研究的方法论意义："欲通中国哲学，又非通西洋之哲学，不易明也。"④ 王国维对中国固有思想的批评以及他关于中国哲学研究的方法论主张明显是从西方哲学的眼光中而来的"他者的镜像"，这与他受日本近代学术界的影响是分不开的。而这一思路也正是后来中国学术界流行的中国哲学研究的主流思路。1918 年，胡适的《中国哲学史大纲》出版，在蔡元培写的序言中，也曾明确提到编中国古代哲学史的一个难处正在于"形式问题：中国古代学术从没有编成系统的记载"。⑤ 后来冯友兰则进一步发挥这一看法，认为中国古代思想虽然没有形式上的系统，但有实质上的系统，并以此为要点评价胡适《中国哲学史大纲》的意义："当时中国学术界研究哲学史的方法，是黄宗羲《宋元学案》的方法。中国哲学没有形式上的系统，哲学史家的工作，首先是要把某一哲学家的思想的实质系统整理出一个形式的系统，黄宗羲的学案在这一方面做了一些工作。但基本上仍然是一种编排史料的工作。胡适的《中国古代哲学史大纲》，确实是为中国古代哲学家的实质系统加上了一个形式的系

---

① 经、史、子、集的四库分类亦具有学科分类的意义，这一点是不能否认的。
② 王国维：《哲学辨惑》，见《王国维全集》第十四卷，第 8—9 页。
③ 王国维：《论新学语之输入》，见《王国维全集》第一卷，第 127 页。
④ 王国维：《哲学辨惑》，见《王国维全集》第十四卷，第 9 页。
⑤ 胡适：《中国哲学史大纲》，上海古籍出版社 1997 年版，蔡元培序，第 1 页。

统。虽然其所加的未必全对，但在中国学术界，则是别开生面的。"① 如果考虑到王国维还写了《论性》、《释理》、《国朝汉学派戴阮二家之哲学说》、《孔子之美育主义》、《周秦诸子之名学》、《墨子之学说》、《原命》、《书辜氏汤生英译中庸后》等很多研究中国哲学的论文，那么，很显然，现代中国哲学研究无论从诠释方案还是具体实行来看，王国维都是更早的先驱。

再次，直面"西洋之学术骎骎而入中国"之大势，王国维还以能动与受动的往复循环立论，提出了中国思想开展之诸期说："自周之衰，文王、周公势力之瓦解也，国民之智力成熟于内，政治之纷乱乘之于外，上无统一之制度，下迫于社会之要求，于是，诸子九流各创其学说，于道德、政治、文学上灿然放万丈之光焰。此为中国思想之能动时代。自汉以后，天下太平，武帝复以孔子之说统一之。其时新遭秦火，儒家唯以抱残守缺为事，其为诸子之学者，亦但守其师说，无创造之思想，学界稍稍停滞矣。佛教之东适，值吾国思想凋敝之后，当此之时，学者见之，如饥者之得食，渴者之得饮。担簦访道者，接武于葱岭之道；翻经绎论者，云集于南北之都。自六朝至于唐室，而佛陀之教极千古之盛矣。此为吾国思想受动之时代。然当是时，吾国固有之思想与印度之思想互相并行，而不相化合。至宋儒出而一调和之，此又由受动之时代出而稍带能动之性质者也。自宋以后，以至本朝，思想之停滞同于两汉。至今日，而第二之佛教又见告矣，西洋之思想是也。"② 以西洋思想为第二佛教的看法，值得留意，背后隐含着的信念是：中国思想正在经受又一个受动时代，欲图能动则必走调和中国思想与西洋思想之路，正如宋儒调和中国思想与印度思想一样。在此值得一提的是，王国维对于中国固有思想的发展前景充满自信，并不因西方思想的强势进入而有所动摇，反而认为西方思想要在中国获得真正的

---

① 冯友兰：《中国现代哲学史》，生活读书新知三联书店2009年版，第70页。
② 王国维：《论近年之学术界》，见《王国维全集》第一卷，第121页。

安顿，须力图与中国固有之思想相化："西洋之思想之不能骤输入我中国，亦自然之势也。况中国之民固实际的而非理论的，即令一时输入，非与我中国固有之思想相化，决不能保其势力。观夫三藏之书已束于高阁，两宋之说犹习于学官，前事之不忘，来者可知矣。"①

最后，顺着上面的思路，王国维也评论了当时在西方思想的影响下改造中国古代学说的一些做法，具体来说主要针对的是康有为和谭嗣同："其有蒙西洋学说之影响，而改造古代之学说，于吾国思想界上占一时之势力者，则有南海康有为之《孔子改制考》、《春秋董氏学》，浏阳谭嗣同之《仁学》。康氏以元统天之说，大有泛神论之臭味。其崇拜孔子也，颇模仿基督教；其以预言者自居，又居然抱穆罕默德之野心者也。其震人耳目之处，在脱数千年思想之束缚，而易之以西洋已失势力之迷信，此其学问上之事业不得不与其政治上之企图同归于失败者也。然康氏之于学术，非有固有之兴味，不过以之为政治上之手段，荀子所谓'今之学者以为禽犊'者也。谭氏之说则出于上海教会中所译之治心免病法，其形而上学之'以太'说，半唯物论，半神秘论也。人之读此书者，其兴味不在此等幼稚之形而上学，而在其政治上之意见。"②

王国维的这一评论值得注意的至少有两点：其一是他的人文主义立场，即以宗教为迷信，以泛神论理解康有为的以元统天说；其二是他对当时学术为政治服务的敏锐观察，指出康有为、谭嗣同等人皆以学术为政治之手段。第二点尚有可说者。教化与政治的关系颇为复杂，可合而言之，可分而言之。从精神层面上说，教化精神高于政治精神并规范政治精神，就是说，政治赖以成立的基本理念来自某个人群关于美好生活的理想，而这种美好生活理想往往存于教化；从制度层面上说，政治制度高于教化制度并约束教化制度，

---

① 王国维：《论近年之学术界》，见《王国维全集》第一卷，第125页。
② 同上书，第122—123页。

就是说，教化制度既然设立于国家这一最高的政治制度之内，就必须接受其统治。在此分疏之下，如果分开考虑人文学与教化、人文学与政治的关系，那么，王国维的敏锐观察其实表明，为政治服务是近代以来中国人文学的一个重要使命，而且，相比于为教化张目的使命而言，为政治服务的使命更属当务之急。王国维之后100年来的中国人文学史也能证明这一点。而值得我们思考的或许正是这样一个问题：在当下这个时刻，我们有必要检讨100年来侧重于为政治服务的中国人文学的得失，有必要重提人文学应当为教化服务的宗旨。

在以哲学的进路接引中国传统思想的问题上，王国维还就当时关于人文学的分科问题提出了自己的看法，特别强调了哲学在人文学中的地位和意义。1902年，清政府颁布由管学大臣张百熙拟订的《钦定学堂章程》，亦称壬寅学制，其中大学堂分科为"政治科第一，文学科第二，格致科第三，农业科第四，工艺科第五，商务科第六，医术科第七"，而"文学科之目七：一曰经学，二曰史学，三曰理学，四曰诸子学，五曰掌故学，六曰词章学，七曰外国语言文字学"。[①] 1904年，清政府又颁布由张之洞、荣庆、张百熙拟订的《奏定学堂章程》，亦称癸卯学制，其中大学堂分科为经学科、政法科、文学科、医科、格致科、农科、工科和商科。经学科又分为十一门：一、周易学门，二、尚书学门，三、毛诗学门，四、春秋左传学门，五、春秋三传学门，六、周礼学门，七、仪礼学门，八、礼记学门，九、论语学门，十、孟子学门，十一、理学门；文学科又分为九门：一、中国史学门，二、万国史学门，三、中外地理学门，四、中国文学门，五、英国文学门，六、法国文学门，七、俄国文学门，八、德国文学门，九、日本国文学门。[②] 这

---

① 璩鑫圭、唐良炎编：《中国近代教育史资料汇编：学制演变》，上海教育出版社1991年版，第236、237页。

② 同上书，第340、341、349页。

两个学堂章程都是"略仿日本例",但与当时日本大学的分科相比,这两个学制有其特殊之处。就我们现在讨论的主题而言,其特殊之处至少有二。其一,两个学制皆非常重视经学。在壬寅学制中,经学被放在文学科之下,列文学科第一门;在癸卯学制中,经学的地位更得加强,成为与文学平列的一科,而将理学放在了经学科之下。至于这么做的理由,自然是出于尊经之意。其二,在两个学制中皆无哲学一门,无论是在两个学制的文学科分科中还是在后一个学制的经学科分科中。这么做的理由按照张百熙的陈述是为了"防士气之浮嚣,杜人心之偏宕",因为在他看来"哲学主开发未来,或有骛广志荒之弊"。①

1903年,王国维专门针对壬寅学制写了《哲学辨惑》一文,为哲学正名,其要点已见于上文。1906年,王国维专门针对癸卯学制写了《奏定经学科文学科大学章程书后》一文,再次陈述哲学的重要性,并基于对哲学之于尊经的意义、哲学之于文学的意义等问题的分析提出了他对文科大学的分科建议。

对于张之洞在大学章程中力图体现其尊经的苦心,王国维首先表示了肯定,指出张之洞这么做的目的在于"惧邪说之横流、国粹之丧失","其抉翼世道人心之处"不能不令人"再三倾倒"。之后,王国维笔锋一转,对张之洞的这种做法提出了严厉的批评。关于哲学的重要性以及哲学在文学科大学分科中应有的地位,王国维除了重申《哲学辨惑》一文中的看法之外,还以欧洲和日本大学的分科情况为例进一步说明:"夫欧洲各国大学,无不以神、哲、医、法四学为分科之基本。日本大学虽易哲学科以文科之名,然其文科之九科中,则哲学科褒然举首,而余八科无不以哲学概论、哲学史为其基本学科者。"② 之后,王国维重点分析了哲学之于尊经

---

① 朱有瓛主编:《中国近代学制史料》第2辑上册,华东师范大学出版社1987年版,第66页。
② 王国维:《奏定经学科文学科大学章程书后》,见《王国维全集》第十四卷,第33页。

的意义和哲学之于文学的意义。

王国维认定他所处的新时代是一个研究自由的时代，而非教权专制的时代，并以诸子哲学与儒教哲学的关系类比西洋哲学与中国哲学的关系，指出哲学不惟不妨碍尊经，还能促成经中所包含思想的发扬光大，当然前提是经中所包含的思想为放之四海而皆准的真理："至周、秦诸子之说，虽若时与儒家相反对，然欲知儒家之价值，亦非尽知其反对诸家之说不可；况乎其各言之有故、持之成理者哉！今日之时代已入研究自由之时代，而非教权专制之时代。苟儒家之说而有价值也，则因研究诸子之学而益明；其无价值也，虽罢斥百家，适足滋世人之疑惑耳。……若夫西洋哲学之于中国哲学，其关系亦与诸子哲学之于儒教哲学等。今即不论西洋哲学自己之价值，而欲完全知此土之哲学，势不可不研究彼土之哲学。异日发明光大我国之学术者，必在兼通世界学术之人，而不在一孔之陋儒，固可决也。"[①] 至于文学与哲学的关系，王国维认为，"其密切亦不下于经学"。王国维兼论中西文学以申说此义：周、秦乃至后来宋、明"诸子之书，亦哲学，亦文学，今舍其哲学而徒研究其文学，欲其完全解释，安可得也？西洋之文学亦然。柏拉图之《问答篇》、鲁克来谑斯之《物性赋》，皆具哲学、文学二者之资格。特如文学中之诗歌一门，尤与哲学有同一之性质，其所欲解释者，皆宇宙、人生上根本之问题。不过其解释之方法，一直观的，一思考的；一顿悟的，一合理的耳。……且定美之标准与文学上之原理者，亦唯可于哲学之一分科之美学中求之"[②]。

基于以上的这些分析，王国维对经学科文学科大学的设置及分科提出了自己的建议。首先，他反对癸卯学制在壬寅学制的基础上更加强化经学而将经学科与文学科平列为二的做法，建议"合经

---

[①] 王国维：《奏定经学科文学科大学章程书后》，见《王国维全集》第十四卷，第36页。

[②] 同上书，第37页。

学科大学于文学科大学中",即以经学科为文学科大学中的一科。在提出这个建议时王国维又一次重申了自己的人文主义立场,反驳了一个为经学科大学辩护的意见,即以西洋大学有神学科来论证中国大学宜有经学科:"为尚书辩者曰:西洋大学之神学科,皆为独立之分科,则经学之为一独立之分科,何所不可?曰:西洋大学之神学科,为识者所诟病久矣。何则?宗教者信仰之事,而非研究之事,研究宗教是失宗教之信仰也;若为信仰之故而研究,则又失研究之本义。西洋之神学,所谓为信仰之故而研究者也,故与为研究之故而研究之哲学不能并立于一科中。若我孔孟之说,则固非宗教而学说也,与一切他学均以研究而益明。而必欲独立一科,以与极有关系之文学相隔绝,此则余所不解也。若为尊经之故,则置文学科于大学之首可耳,何必效西洋之神学科,以自外于学问者哉!"①

其次,王国维申说"群经之不可分科"。对此,王国维援引了来自古人的一个看起来非常有说服力的理由,即强调治一经须通诸经:"夫'不通诸经,不能解一经',此古人至精之言也。……夫我国自西汉博士既废以后,所谓经师,无不博综群经者。国朝诸老亦然。"② 王国维亦以体贴入微的口吻推测了癸卯学制分经学为十一科的缘由:"而顾分经学为十一科者,则以既别经学于文学,则经学科大学中之各科,未免较他科大学相形见少故也。"③ 这种看似保守的论调其实非常激进。经学内部的分科所根据的是古代六艺之说,是与经学所对应的教化实践直接相关的。《礼记·经解》记载孔子之言曰:"入其国,其教可知也。其为人也,温柔敦厚,《诗》教也;疏通知远,《书》教也;广博易良,《乐》教也;洁静精微,《易》教也;恭俭庄敬,《礼》教也;属辞比事,《春秋》教也。"章学诚曰:"六艺非孔氏之书,乃周官之旧典也。《易》掌

---

① 王国维:《奏定经学科文学科大学章程书后》,见《王国维全集》第十四卷,第38页。
② 同上书,第38—39页。
③ 同上书,第39页。

太卜,《书》藏外史,《礼》在宗伯,《乐》隶司乐,《诗》领于太师,《春秋》存乎国史。"① 就是说,在"学在官府"的时代,六艺的分科与当时的政教制度直接相关;而在孔子那里,六艺的分类则对应于教化实践的不同方面。质言之,经学内部的分科关乎经学所承载的教化思想的实质内容之间的内在关联,就其来源而言还与古代政教制度密切相关,因此并不是一种形式化意义上的学科分类。王国维表面上诉诸经学内部的统一性来论证群经之不可分科,其实是欲以来自西方的形式化意义上的学科分类来重新规划、重新安置古代教化中的经典系统。这种做法的革命性是不言而喻的。就其所标榜的以科学的态度对待经典这一点而言,自然有其值得肯定之处,但危险也是显然的。以形式化意义上的学科分类重新规划、重新安置古代教化中的经典系统极有可能招致对经典的粗暴肢解,从而使得对经典的研究难免于支离破碎,最终背离经典研究为教化服务的根本目的。

王国维对这一可能的问题并非没有觉察,他其实是将哲学作为人文学内部的一个基础性的因而能够起到整合作用的学科来看待的。这显著地反映在他关于人文学具体科目设置的建议中:"由余之意,则可合经学科大学于文学科大学中,而定文学科大学之各科为五:一、经学科;二、理学科;三、史学科;四、中国文学科;五、外国文学科。而定各科所当授之科目如左:一、经学科科目:1. 哲学概论;2. 中国哲学史;3. 西洋哲学史;4. 心理学;5. 伦理学;6. 名学;7. 美学;8. 社会学;9. 教育学;10. 外国文。二、理学科科目:1. 哲学概论;2. 中国哲学史;3. 印度哲学史;4. 西洋哲学史;5. 心理学;6. 伦理学;7. 名学;8. 美学;9. 社会学;10. 教育学;11. 外国文。三、史学科科目:1. 中国史;2. 东洋史;3. 西洋史;4. 哲学概论;5. 历史哲学;6. 年代学;7.

---

① 章学诚:《校雠通义·原道》,见《文史通义校注》(下),叶瑛校注,中华书局 1985 年版,第 951 页。

比较言语学；8. 比较神话学；9. 社会学；10. 人类学；11. 教育学；12. 外国文。四、中国文学科科目：1. 哲学概论；2. 中国哲学史；3. 西洋哲学史；4. 中国文学史；5. 西洋文学史；6. 心理学；7. 名学；8. 美学；9. 中国史；10. 教育学；11. 外国文。五、外国文学科科目：1. 哲学概论；2. 中国哲学史；3. 西洋哲学史；4. 中国文学史；5. 西洋文学史；6. □国文学史；7. 心理学；8. 名学；9. 美学；10. 教育学；11. 外国文。"[①] 从这个分科方案中我们可以看到，在王国维的建议中，经学科虽然被保留下来作为文学科大学中的一科，但经学科的科目几乎全部被哲学或与哲学密切相关的科目所占据，而在文学科大学的其他各科中，哲学不仅占据了很大的分量，而且也占据了基础性、主导性的地位。实际上，正如上文所提到的，王国维隐含着有以哲学代替宗教的意思，而这一点表现在学科设置上就是以哲学代替经学。

仅仅在写作《奏定经学科大学文学科大学章程书后》的第二年，即1907年，王国维自述其兴趣"渐由哲学而移于文学"，从此也在他的学术生涯中放弃了哲学方面的专门研究和强力探索。王国维放弃哲学的原因经常被归于个人情感和兴趣，即著名的"可爱的不可信，可信的不可爱"的论调。这个论调来自王国维的自述，但仅仅从个人情感和兴趣的角度理解他放弃哲学这一事件是非常肤浅的。实际上，理解这一事件的一个重要线索是科学对他的影响。王国维在决定专攻哲学之前的时期正是他大量学习科学的时期：从1898年到1900年他在东文学社两年半的学习期间所学内容除了外语之外主要是数、理、化；1900年他帮助罗振玉编辑《农学报》时曾有《农事会要》的译作；1901年他在日本东京物理学校不到半年的留学生涯专攻的是数学和物理；1901年他在武昌任职农务学堂译授时的工作内容是协助外籍教员讲授农学课程，并在

---

① 王国维：《奏定经学科文学科大学章程书后》，见《王国维全集》第十四卷，第39—40页。

这期间翻译了来自日语和英语世界的一些农学书刊和其他科学书刊。[1] 科学注重的是经验，其核心的研究方法是实证，而科学的权威亦由此而生。王国维既然兼以理性和人的形而上需要申说哲学之意义，在他那里就必然存在如何理性地看待形而上学的问题。其实在他关于"可爱的不可信，可信的不可爱"的著名自述中，这一点表露得很清楚："余疲于哲学有日矣。哲学上之说，大都可爱者不可信，可信者不可爱。余知真理，而余又爱其谬误。伟大之形而上学、高严之伦理学与纯粹之美学，此吾人所酷嗜也。然求其可信者，则宁在知识论上之实证论，伦理学上之快乐论，与美学上之经验论。知其可信而不能爱，觉其可爱而不能信，此近二三年中最大之烦闷。"[2] 就是说，正是来自实证论、快乐论、经验论等与科学观念密切相关的这些思想导致他觉得本来可爱的形而上学变得不可信了。如果我们能够断言其时科学的权威在王国维的心目中已经坚定地确立起来了的话，那么，王国维的烦闷其实是由科学与哲学——特别是形而上学——的可能冲突所引起的。这是发生在王国维一个人精神内部的科玄论战，如果联系1923年张君劢发表题为《人生观》的演讲而引发的论战的话。

在写作于1911年的《国学丛刊序》中，王国维很少谈到哲学，而是将学问分为科学、史学和文学三大类，并强调三者之间的关联："今专以知言，则学有三大类，曰：科学也，史学也，文学也。凡记述事物而求其原因、定其理法者谓之科学；求事物变迁之迹而明其因果者，谓之史学；至出入二者间而兼有玩物适情之效

---

[1] 参见王国维：《自序》，见《王国维全集》第十四卷。另外，王国维有数学方面的译著《算术条目及教授法》，收入《王国维全集》第十六卷，原书为日本藤利喜太郎著，王国维的译文曾连载于《教育世界》第十五至十八号，旋收入教育丛书初集，由教育世界出版所于1901年出版；王国维亦有物理学方面的译著《势力不灭论》，收入《王国维全集》第十七卷，原书为德国赫尔姆霍茨（Hermann von Helmholtz，王国维译为海尔莫鳘尔兹）著，王国维据英译本译，原载于科学丛书第二集，由教育世界出版所1903年出版。

[2] 王国维：《自序二》，见《王国维全集》第十四卷，第121页。

者，谓之文学。……故三者非截然有疆界，而学术之蕃变、书籍之浩荡，得以此三者括之焉。凡事物必尽其真，而道理必求其是，此科学之所有事也。而欲求知识之真与道德之是者，不可不知事物道理之所以存在之由与其变迁之故，此史学之所有事也。若夫知识道理之不能表以议论，而但可表以情感者，与夫不能求诸实地而但可求诸想象者，此则文学之所有事。"① 如果哲学只能被归入"事物必尽其真、道理必求其是"的范围的话，那么，王国维这里是将哲学划归于科学。如果仍以宇宙、人生之真相为哲学探究之对象的话，那么，王国维似乎论及哲学与自然科学、历史科学之间的相互关联："夫天下之事物，非由全不足以知曲，非致曲不足以知全。虽一物之解释，一事之决断，非深知宇宙人生之真相者，不能为也；而欲知宇宙、人生者，虽宇宙中之一现象、历史上之一事实，亦未始无所贡献。故深湛幽眇之思，学者有所不避焉；迂远繁琐之讥，学者有所不辞焉。"② 这种理解的问题在于，如果科学的权威已然确立无疑，那么，对宇宙、人生之真相的解释权是否还继续留给哲学？一个更为大胆的猜测则是，既然王国维将一切学问分为科学、史学和文学，他是否有将哲学开除出学问行列的意思？这个猜测无疑是错误的，但在某种意义上离王国维的真实想法也不算太远，特别是如果坚持形而上学在哲学中的核心地位的话。王国维自然是将哲学划归在科学之下，但这恰恰意味着，在他的这个分类中，对于哲学的取舍是以科学为基准的，换言之，可以肯定地说，在这样被划归为科学的哲学里，王国维早年对其有可爱之感的那些形而上学思想，自然是被视为谬误而排除在外的，只有那些他认为可信的思想——实证论、快乐论、经验论——才符合他的作为科学的哲学概念。

实际上，在这篇序文中王国维只有一处明确谈到哲学，是在论

---

① 王国维：《国学丛刊序》，见《王国维全集》第十四卷，第129—130页。
② 同上书，第132页。

及科学之历史时将哲学之历史与物理学之历史、制度风俗之历史相提并论。与他专攻哲学时期强调哲学的重要性等看法相比，这篇序文的最大变化在于对史学之重要性的强调以及对史学研究中应用科学方法之重要性的强调。我们知道，王国维在这篇序文中主要申说了三个命题：学无新旧；学无中西；学无有用无用。其中，他关于学无新旧的申说明里是为了调停科学与史学之争，实际上是在科学的权威已然确立无疑的处境下为史学张目："然治科学者，必有待于史学上之材料；而治史学者，亦不可无科学上之知识。今之君子，非一切蔑古，即一切尚古。蔑古者出于科学上之见地，而不知有史学；尚古者出于史学上之见地，而不知有科学。即为调停之说者，亦未能知取舍之所以然。此所以有古今新旧之说也。"① 他关于学无中西的申说明里是为了阐证"中、西二学，盛则俱盛，衰则俱衰"，实际上是为史学研究中应用科学方法正名："治《毛诗》、《尔雅》者，不能不通天文、博物诸学；而治博物学者，苟质以《诗》、《骚》草木之名状而不知焉，则于此学固未为善。必如西人之推算日食，证梁虞𠠲、唐一行之说，以明《竹书纪年》之非伪，由《大唐西域记》发见释迦之支墓，斯为得矣！"② 而他关于学无有用无用的申说则意在强调包括科学、史学和文学在内的一切学术对于政治、教育和民生的功用和价值："欧洲近世农、工、商业之进步，固由于物理、化学之兴。然物理、化学高深普遍之部与蒸汽、电信有何关系乎？动植物之学所关于树艺、畜牧者几何？天文之学所关于航海、授时者几何？心理、社会之学其得应用于政治、教育者亦鲜。以科学而犹若是，而况于史学、文学乎？然自他面言之，则一切艺术悉由一切学问出，古人所谓'不学无术'，非虚语也。……凡生民之先觉，政治、教育之指导、利用，厚生之渊源，胥由此出，非徒一国之名誉与光辉而已。世之君子，

---

① 王国维：《国学丛刊序》，见《王国维全集》第十四卷，第131页。
② 同上书，第131页。

可谓知有用之用，而不知无用之用者矣！"[①]

王国维后来主要是以史学研究确立自己在中国近代思想史上的地位的，并在晚年明确提出史学研究的主要方法论主张，即著名的二重证据法。其前后思想的转变很值得注意。这种转变当然不仅仅是一个学科选择的问题，更重要的是他对中国古典教化精神越来越深刻的体认和越来越笃实的信服。王国维提出的问题毋宁是：在科学的权威已然确立无疑的新时代里以何种方式接引中国古典教化传统？正是在这样一个具有重大历史意义的学术关怀下王国维弃哲学而从史学。1912年，辛亥革命之后再一次东渡日本的王国维毅然决然地烧毁了《静庵文集》。这当然是他非常郑重其事的明志之举，但这既不表示他早期的哲学探索对于他的学术事业完全失去了意义，更不意味着哲学的进路对于接引中国古典教化思想毫无价值。王国维对史学的重视，以及对史学研究中科学方法的强调，其实是被人文学与教化的关联方式所决定了的。当科学获得了空前的权威，教化就沦为传统。于是，若以科学方法占据主导地位的人文学来接引教化传统，史学就成为基础性的，换言之，在此处境中，一切人文学首先都是史学，史学在人文学中具有一种不可替代的基础性地位。如果说以哲学代经学必须依赖于本质主义，那么，以史学代经学则必须依赖于传统主义。在这个意义上，从以哲学代经学的方案转变为以史学代经学的方案只不过意味着在本质主义遭到科学的猛烈打击后转而乞灵于传统主义。因此，一个问题始终悬在我们头上：站在重振教化的立场上看，经学是否还有其不可替代的意义？而对于这个问题最为深思熟虑的答案或许已经展现出来了：如果经学所对应的教化体系仍然值得肯定，而无论哲学还是史学都无法真正承担过去经学所承担的理论功能，那么，恢复经学就是重振教化的必然选择。

---

[①] 王国维：《国学丛刊序》，见《王国维全集》第十四卷，第132页。

午

# 夷夏之辨与现代中国国家建构中的正当性问题

## 一 国家建构与正当性基础：从政治社会学到政治哲学

首先需要对国家与正当性的概念做必要的阐述。在政治社会学的领域中，对国家概念的基本界定一般认为是由马克斯·韦伯给出的："国家是那种在特定的领土之内成功地拥有正当使用暴力之垄断权的人类共同体形式。'领土'的理念是界定国家概念的一个基本特征。就目前而言还需特别强调，只有在国家允许的情况下，使用暴力的权利才能归诸其它机构或个人。国家被看作是使用暴力之权利的唯一来源。"① 如果说正当性（legitimacy）、领土与使用暴力的垄断权这三者共同构成韦伯对国家概念的基本界定的话，那么，在其中，正当性居于核心地位，领土构成国家正当行使权力的范围，而使用暴力的垄断权当然只能建立在正当性的基础之上。韦伯对正当性概念的理解在政治社会学领域中也是常被引述的典范。韦伯基本上是以经验为出发点来刻画正当性问题

---

① Max Weber, "Politics as a Vocation", in *The Vocation Lectures*, edited and with an Introduction by David Owen and Tracy B. Strong, translated by Rodney Livingstone, Hackett Publishing Company 2004, p. 33.

的:"所有经验都充分表明,……任何一种统治都试图唤醒和培养人们对其正当性的信念。"① 简而言之,统治的正当性问题就是关于统治——作为支配的一种类型——之权威是否被承认、如何被承认的问题。众所周知,韦伯将统治的正当性基础划分为三种不同类型:传统型、魅力型和法理型。这三种不同类型的划分与韦伯从信念的进路理解正当性有密切关系。作为一种经验现象的信念具有明显的主观性,就此而言,魅力型统治的心理基础是人的情感,法理型统治的心理基础则是人的理性。传统型统治与前二者不在同一个划分标准之下,而是可以被进一步分析,尽管韦伯坚持说这三种统治类型都是"纯粹的"。传统型统治依赖于过去的权威和习惯的力量,其心理基础可以笼统地称之为一种记忆的伦理。对过去的认可或是出于情感,或是出于理性,或是二者兼而有之,总之构成一种记忆的伦理,从而为传统型的统治提供正当性的基础。

在此,一个必须指出的问题是,在韦伯将统治之正当性基础划分为三种不同类型的时候,他闭口不谈对于统治赖以建立的价值和理想的认知。对于信念的构成而言,认知往往起到决定性的作用。一种统治赖以建立的价值和理想在何种程度上、以何种方式被认知对于统治的权威在何种程度上、以何种方式被承认有密切关系。从认识论的角度看,无论是理性还是情感,往往都包含着认知——关联于这里所考虑的问题,既包括对手段的认知,也包括对目的的认知,只不过前者表现为概念之知,后者表现为直觉之知。韦伯在正当性信念问题上对价值的回避与他所标榜的价值中立的方法论有关,也与他对现代世界在价值领域中呈现为诸神之争的判断以及因此判断而将价值与根本选择直接挂钩有关。但是,即使在韦伯自己的思想脉络里,这个解释也没有穷尽这一现象的全部意义。

韦伯对统治权威之正当性基础的著名分类来源于他对社会行动

---

① Max Weber, *Economy and Society*, Vol. 1, University of California Press, 1978, p. 213.

赖以正当化之方式的分类，这是在引述韦伯对统治权威之正当性基础的分类时常常被忽略的一点。根据社会行动之取向的不同，韦伯将社会行动赖以正当化的方式分为四类：（1）传统；（2）情感；（3）对绝对价值的理性信念；（4）程序合法（或曰工具理性）。① 统治权威之正当性基础的分类正是以社会行动之正当化的分类为基础的。于是问题就是，为什么在社会行动的正当化分类中是四种，而在统治权威之正当性基础的分类中是三种？很显然，社会行动正当化方式中的传统型、情感型与合法程序型分别对应于统治权威之正当性基础分类中的传统型、魅力型和法理型。如果对绝对价值的理性信念这一社会行动之正当化方式也能诉诸政治行动——也就是建立国家——的话，那么，也应当有其对应的统治权威之正当性基础，我们可以称之为绝对价值型。韦伯之所以将之排除在统治权威之正当性基础的分类之外，是因为国家的暴力本性与这一正当性的类型从根本上来说相违背。② 换言之，国家的暴力本性使得其不可能建立在对绝对价值的理性信念上，试图将统治之正当性建立在对绝对价值的理性信念上是与统治的概念本身相矛盾的。进一步推论，既然对绝对价值的理性信念无法成为统治的正当性基础，那么，一个建立在绝对价值基础之上的国家在理论上就是不可能的，在实践上就是荒谬的。质言之，绝对价值型的国家只能是一种矛盾修辞法（Oxymoron）。在此将韦伯与马克思做一简单对照是有意义的。在马克思那里，以政治经济学为基础的科学社会主义和共产主义信仰就意味着对绝对价值的理性信念，国家作为阶级统治的工具也以暴力为其本性，而共产主义的实现意味着国家的消亡也表明国家不可能建立在绝对价值的基础之上。如果再联系到与马克思密切

---

① Max Weber, *The Theory of Social and Economic Organization*, trans. by A. M. Henderson and Talcott Parsons, eds. with an introduction by Talcott parsons, The Free Press, 1947, p. 130.

② 相关讨论参见 Martin Barker, "Kant as a Problem for Weber", in *The British Journal of Sociology*, Vol. 31, No. 2 (Jun., 1980), pp. 224—245。

相关的黑格尔，这种对照就更加有意思了。在黑格尔那里，国家恰恰是"地上的圣物"，是维护永恒正义的技艺，是承担至善使命的暴力，换言之，国家并不因其暴力性质而缺乏神圣的光环。于是，历史的终结只能以战争的方式，只能表现为一系列"正义的暴力行为"，只能在最后审判的基督教神学意义上被理解。质言之，国家就是伪装成世俗组织的隐秘的教会，是以至善之名义将世界带入纷争的道成肉身。

不消说，韦伯不承认对绝对价值的理性信念可以构成统治的正当性基础，并不意味着他认为统治的正当性基础即使在规范性的意义上也与价值理性无关。无论是在传统型、情感型还是在合法程序型的正当性信念中，都可能隐含着对价值的理性信念——而且最好隐含着对价值的理性信念。韦伯仅从心理的意义上来刻画正当性信念从而使他在这一问题上表现为对价值的回避，这主要是出于他在社会科学研究中主张"价值中立"的方法论自觉。但是，尽管如此，尤根·哈贝马斯仍然表达了他的不满。统治之权威被承认的根本理由往往与这种统治所构想的秩序的实质价值——我将之称为统治的理想——有关，换言之，统治的理想对于统治的正当性而言才是根本性的，在很多情况下其重要性远远超过程序的合法性（legality），遑论被统治者的心理因素。哈贝马斯明确强调了统治及其所涵摄的政治秩序得以被承认的价值对于统治之正当性的意义。统治能够被承认，是因为统治得以建立的规则和基础能够被承认，而统治的理想，也就是统治赖以被构想的价值，恰恰就构成统治的基础。哈贝马斯认为韦伯关于统治的正当性概念是"模糊不清的"，而且正是由韦伯的"理性统治的模糊概念"引发了社会学界关于正当性是否依赖于真理的争论："如果正当性信念被视为一种同真理没有内在联系的经验现象，那么，它的外在基础也就只有心理学意义。至于这些基础是否足以稳定住既有的正当性信念，则取决于有关集团的先见机制以及可以观察到的行为倾向。但是，如果每一种有效的正当性信念都被视为同真理有一种内在联系，那么，它的外在基础就包含着一种合理的有效性要求,这种有效性要求可以在不考虑这些基础的心理作用的情况下接受批判和检验。在第一种情况下,只有论证理由的动机功能可以成为研究的对象。在第二种情况下,对动机功能的考察不能脱离这些基础的逻辑状况,也就是说,不能脱离可以批判的合理动机要求。即便这种要求以虚假方式提出,并且因此而确定下来,情况也必须如此。"[1] 尽管与真理的内在联系还不一定等同于对真理的直接认知,但是,对真理的认知作为正当性信念的一个来源却是再正当不过的了。

由此我们可以得出一个规范性的理解:合理的价值与合法的程序共同构成理性统治的正当性基础,关联于韦伯的术语,这两个方面正好对应于价值理性与工具理性。正当性危机也由此而得到更为明确的刻画:要么是单纯的价值危机,要么是单纯的程序危机,要么是二者兼有的全盘性危机。如果要问什么才是真正构成理性统治之正当性基础的合理价值和合法程序,我们就从政治社会学的领域转到了政治哲学的领域。对于这一包含着两个方面的问题,西方主流的政治哲学给出的答案是民主。比如因写作《历史的终结》而声名鹊起的福山在近作中以不容置疑的口吻说:"尽管从历史上看存在着许多的正当性形式,但是,在今天的世界,正当性的唯一严肃的来源是民主。"[2] 在此,民主既意味着程序的合法性,也意味着价值的合理性。如果民主不仅是一种选举方式,不能完全等同于投票(比如像熊彼特所说的那样),而且还是一个道德理念,那么,民主当然具有价值合理性的意涵。但是,这并不是这里的要点。基督教世界发展出来的国家理论是将价值问题化约为程序问题,是将价值理想国化约为程序共和国。这一点非常明显地表现在哈贝马斯关于理想言谈情境的"普遍语用学"理论中,究其实乃

---

[1] 哈贝马斯:《合法化危机》,刘北成、曹卫东译,上海人民出版社2000年版,第127—128页。

[2] Francis Fukuyama, *State-Building: Governance and World Order in the 21st Century*, Cornell University Press, 2004, p.26.

在于通过商谈的伦理概念建立起民主与真理的联系，强烈地表达了对民主时代之求真意志的坚定信念。[①] 韦伯对此当然也非常清楚，他对诸神之争的阐述、对价值理性与工具理性的刻画都表明了这一点，只不过他的心情更为晦暗、更为悲观而已。具体而言，这种化约主义的观点将政治社会的合理边界问题与共同美善问题都寄望于民主程序。就前者而言，流行的观点是关联于民主的民族—国家理念；就后者而言，流行的观点是关联于民主的自由理念。但是，无论是在民主与民族之间，还是在民主与自由之间，都存在很大的张力，换言之，民主与二者之间的关系都是或然的，民主并不一定能够恰当地解决政治社会的合理边界问题与共同美善问题。对于这些关系的理顺——意味着以民主为基础的民族—国家理念和自由—民主的理念——我们只能归功于特殊的文化与历史，或者更好地说是某种意义上的幸运，如果以此为放之四海皆准的公理，则是完全错误的。比如说，显而易见的是，在一些没有那种幸运的地方，仅仅建立在民主基础之上的统治常常表现为一种正当性基础非常脆弱的统治，常常建构出一些脆弱的民主国家。[②]

## 二 夷夏之辨与中国古代文教传统中的正当性观念

众所周知，中国古代文教传统的基本精神和理念，定型于商周之际的巨大变革。而正当性观念首当其冲，从一开始就是其中最重要的内容之一。商周之际的巨大变革，虽然不同于后世所谓的朝代

---

[①] 在《理性公共运用下的调解》一文中，哈贝马斯对罗尔斯的《政治自由主义》展开了"家族内部的争论"，一个要点就在于他担心罗尔斯在真理问题上的退却会超出底线。该文见万俊人主编：《政治自由主义：批评与辩护》，广东人民出版社2003年版，唐文明译。

[②] 在我看来，正是因为福山将民主作为正当性唯一严肃的来源，所以他对国家脆弱（state weakness）的研究明显地遗漏了这个因素。一个已经实行了民主的国家其脆弱有时候仍然是因为正当性基础的脆弱所造成的。福山对国家脆弱与国家能力的论述见上引书。

更替，但是其政教革命的意义不容置疑。商人精神世界里的正当性观念，建立在他们对上帝与祖先之间的独特交往的宗教性信念之上。商人相信他们的"先公先王"可以"宾于帝"，在帝左右，从而保证了他们作为子孙后代在人间的统治能够得到上帝的青睐。换言之，上帝的青睐是正当性的终极基础，而祖先的保佑则是正当性的根本保证。但是，周革商命，对商人的正当性观念提出了挑战，最终代之以"以德配天"、"敬德保民"。这就是说，"上帝的青睐"（周人称之为天命）作为正当性之终极基础的观念基本上没有变，而只是以"敬德保民"的新观念颠覆了原来作为正当性之根本保证的"祖先的保佑"的旧观念。周人的正当性观念就建立在天命、敬德与保民之间所构成的意义关联或诠释循环之中，质言之，统治之正当性的终极基础在于天命，而天命落实于主观层面则在于敬德（"皇天无亲，惟德是辅"），落实于客观层面则在于保民（"天视自我民视，天听自我民听"）。《周易》革卦的彖辞说："汤武革命，顺乎天而应乎人。"这是以周人的观念解释夏商周的政教变革，"顺天应人"说的是一回事，也是正当性观念的一种表达。在以世袭制为政教权力继承之核心制度的情况下，通过对革命的合理性解释而建立起来的正当性观念其首要的作用在于获得一个正当统治的起点，而世袭的正当最终也能归于起点的正当。于是，政教权力的"或禅、或继、或革"都能够归于正当性观念的名下。

周人通过"以德配天"和"敬德保民"来解释"天命"之所归（即所谓"周虽旧邦，其命维新"），确立了古代中国文教传统中意义最大、影响最广的正当性观念。必须指出的是，在政教不分的情况下，统治的正当性直接地关联于教化的正当性。这就意味着，周人"顺天应人"的正当性观念因其内在于经周人而基本定型的古代中国文教传统从而也成为这一文教传统本身的正当性观念。在这个意义上，天命所归，不仅在于"以德配天"和"敬德保民"，而且也在于作为周人文教之基本内容的"亲亲、尊尊、贤贤"。章学诚说，"三代以上，治教不二"，所以，治统的正当确立也就意味着教统的正当确立，总而言之则为道统的正当确立。正如正当性观念恰恰是在对政教革命的解释中得以定型一样,正当性观念显著地表现为文教的自我确证恰恰是在文教难以客观地落实于实际生活而遭受"断湟绝港"的命运的时候。孔子所处的就是这样一个"礼坏乐崩"的时代,于是,文教的自我肯定、自我确证就成了一个非常紧要的政治议题。实际上,作为《春秋》大义的夷夏之辨就是孔子针对"礼坏乐崩"的极限处境经重新刻画而来的一个有关政教之正当性的观念。

另一个与政教之正当性问题有关的是古代中国史学传统中的正统观念。正如程学霖所指出的,虽然正统观念亦被溯源于《春秋》,尤其是《公羊传》,但"正统"一词最早出现在汉代晚期,意指"血统之正"以及建立在"血统之正"基础之上的"继统之正"。[①] 正统问题在朝代更替的古代中国至关重要,首先是因为一个新的朝代必须通过阐述一种历史的继承关系来证明自己的正当性。饶宗颐曾解释说:"春秋言'统'之义,原本于时间,即继承以前之系绪之谓。……其争论的焦点,即在于承接之间是否为正与不正之问题"。[②] 在这个意义上,正统问题与一般所谓政教之正当性问题虽不是同一个问题,但仍可归于其名下。此外,谈到对朝代更替现象在理论层面的描述与解释,还必须回溯战国时期邹衍的"五德终始说"。与周人通过人事来理解天命的思路形成鲜明对比的是,这一学说是通过超越人事的"运会"的概念来理解变动的"天命",具体来说就是将金、木、水、火、土五行的循环与朝代的更替对应起来,由此形成一个既有描述性意味又有规范性意味的理论框架。[③] 正统观念与政教之正当性观念的进一步合流,是在经

---

[①] Hok-lam Chan, *Legitimation in Imperial China: Discussion under the Jurchen-Chin Dynasty (1115—1234)*, University of Washington Press, 1984, p22.

[②] 饶宗颐:《中国史学上之正统论》,香港:龙门书店1977年版,第56页。

[③] 饶宗颐和程学霖在上引各自的专著中都在正统问题的主题下对"五德终始说"进行了说明,而且,二人都注意到了古代中国史学传统中正统观念的复杂性。饶著所附资料翔实,虽叙述有当,但间或有驳杂,程著则以分析见长,惟有时太过执着于西人之正当性观念。

过欧阳修的重新解释之后。在《正统论》一文中,欧阳修直截了当地阐述了正统观念的思想渊源和正统论兴起的历史语境:

> 传曰:"君之大居正。"又曰:"王者大一统。"正者,所以正天下之不正也。统者,所以合天下之不一也。由不正与不一,然后正统之论作。尧舜之相传,三代之相代,或以至公,或以大义,皆得天下之正,合天下于一,是以君子不论也,其帝王之理得而始终之分明故也。及后世之乱,僭伪兴而盗窃作。由是有居其正而不能合天下于一者,周平王之有吴徐是也;有合天下于一而不得居其正者,前世谓秦为闰是也。由是正统之论兴焉。①

《春秋》"大居正"、"大一统"的话语是在论述一种王道理想,至于此王道理想究竟如何并没有抽象的论述,而是诉诸典范或义例,在此即为三代之治。没有抽象的论述并不意味着可以随意附会,否则典范或义例将失去意义。实际上,结合前面的分析,我们可以说,《春秋》"大居正"、"大一统"的王道理想,以夷夏之辨为其要义。首先,夷夏之辨是"大居正"观念的主要关切,尽管"正"之含义在不同语境中可能被灵活解释,质言之,严夷夏之辨就意味着大居正。其次,夷夏之辨也是"大一统"观念的理论基础,换言之,只有严夷夏之辨,才有可能达到大一统。需要说明的是,这里的"大一统"并不能简单地等同于"一统",因为单纯的一统可能来自于强力,而大一统则来自文教秩序和王道理想。这一点也表明,这个文教意义上的王道理想必须具备足够的规模,不仅要有其明确的立场和原则,而且也要具备充分的开放性和极强的融合力。从另外一个角度说,居正与一统之间的关系是或然的,尽管

---

① 饶宗颐在《中国史学上之正统论》一书中附录了相关资料,这里的引文见该书第81—82页。

大居正是大一统的前提。能居正者未必能一统，能一统者未必能居正，此亦前引欧阳修之言所含之义。

对于夷夏之辨的涵义，如果考虑到其不断被诠释的历史，会发现也是众说纷纭。不过，简其明扼其要则有以下三义。第一是种族意义。现在人们一听到夷夏之辨的说法，可能首先想到的就是其种族意义。华夏本来就是族称，与华夏相对的夷蛮戎狄也是族称，于是夷夏之辨就是一种种族之辨。种族的形成当然也为文化政教所塑造，当然也受地缘关系所影响，但其概念更多地强调种族形成的血缘关系。如果想要将夷夏之辨作为确立王道政治典范之基础，就必须直面血统或种族意义对于夷夏之辨是否根本的问题，换言之，夷夏之辨是否有种族主义的嫌疑。对此，尽管大多数人都能做出正确的回答——夷夏之辨根本不是种族主义，但往往对其既不是种族主义又有其种族意义感到困惑且不易说清楚。这里的关键是要问，应当在何种意义上理解夷夏之辨的种族意义？换言之，夷夏之辨的种族意义在何种情况下才突显出来？这种设问是有意义的，因为在夷夏之辨的观念被实际运用的时候，其种族意义是否突显出来是与将该观念运用于其中的实际情况密切相关的。比如说，如果是华夏族政权以背离华夏文教理想的方式建立其统治，那么，夷夏之辨运用于这种情况是有效的，但夷夏之辨的种族意义在此运用中却不会被突显出来。实际上只有在一种情况下，夷夏之辨的种族意义才可能被突显出来。这就是异族入主华夏，但以背离华夏文教理想的方式建立其统治。在这种情况下，文教之辨与种族之辨是重叠的。借用现代以来对文化民族主义和政治民族主义的区分，可以说，这时候夷夏之辨既表现为文化民族主义，又表现为政治民族主义。特别是，当这种异族统治推行明显的种族主义政策、对华夏族采取制度性歧视的时候，夷夏之辨的种族意义就可能以更极端的方式突显出来，表现为一种具有强烈种族意义的政治民族主义。很显然，这种政治民族主义是反抗性的民族主义，其背后实际上是以反种族主义为基础的。一旦种族压制的制度性外力解除，这种具有强烈种族意义的政治民族主义也就完成了其历史使命。所以，所谓的华夏中心主义，实际上意味着一个在实际地缘关系中由华夏族开创、发展起来因而也是以华夏族为主体的文教理想，而华夏族的族群认同也正是在这一文教理想的发展过程中逐渐形成的。只有当这一文教理想因异族的侵略受到威胁的时候，华夏中心主义才表现为一种民族主义，且这种华夏民族主义要么是一种文化民族主义，要么是一种反抗性的政治民族主义，或者说是一种反种族主义的民族主义。

第二是地理意义。众所周知，华夏族所居之地被称为中国，而中国的概念又与四方的概念相对而成立，因此，这个概念构成了王道政治的地缘关系，或者说，在这个意义上，"中国"是一个政治地理学概念。比如在《诗经·大雅·民劳》中有这样的说法："惠此中国，以绥四方……柔远能迩，以定我王"。以四方与中国区分夷夏的直接解释可见于《礼记·王制》："东方曰夷，南方曰蛮，西方曰戎，北方曰狄。"夷夏之辨的地理意义在其诠释史上至关重要，因为这涉及《春秋》大义中的内外之别。比如丘濬《世史正纲序》一文说："夫华夷之分，其界限在疆域。"① 胡翰《正纪》一文甚至在"地纪"的论述中明确指出了夷夏之辨的具体地理范围："六合之大，万民之众，有纪焉而后持之。何纪也？曰：天纪也，地纪也，人纪也。天纪不正，不足以为君；地纪不正，不足以为国；人纪不正，不足以为天下。……何谓地纪？中国之与夷狄，内外之辨也。以中国治中国，以夷狄治夷狄，势至顺也。自三危、积石、负终南地络之阴，抵太华，而北逾大河，并太行，抵恒山之右，循塞垣至于为濊貊、胡鲜，是谓北纪，胡门也。自岷山、嶓冢、负地络之阳，并商山抵上洛，而南逾江汉，至于荆衡，循岭徼至于百粤，是谓南纪，越门也。"② 不过，在"中"的概念之下，内外之别又是相对的，实际上是通过远近来区别内外的。《公羊

---

① 见饶宗颐《中国史学上之正统论》所附资料，该书第 154 页。
② 同上书，第 140 页。

传·成公十五年》解释内外之别的时候说："《春秋》内其国而外诸夏，内诸夏而外夷狄。王者欲一乎天下，曷为以外内之辞言之？言自近者始也。"换言之，王道政治只有中心，没有边界，居正的一个含义其实就是居中。总之，夷夏之辨的地理意义依赖于"中"的观念，或者更具体一点说，依赖于由中央与四方相对而构成的地理观念，不管在实际历史经验层面夷夏之间的地理边界如何被确定。

第三是文教意义。在这个意义上，夷夏之辨就是君子小人之辨。孔子于乱世作《春秋》，就是要通过对历史的微言大义的独特书写充分展现华夏文明的王道理想，因而《春秋》不仅成为六经之一，而且与《周易》一道，成为六经中级别最高的经。夷夏之辨正是《春秋》大义中的一个要点。这一点在《公羊传》中得到了充分的发挥：在其中可以多次看到"不与夷狄之执中国也"、"不与夷狄之获中国也"、"不与夷狄之主中国也"的说法，其要旨在于维护由华夏族开展起来的、以文教为基础的王道理想。直面礼坏乐崩的实际状况，孔子曾有"夷狄之有君，不如诸夏之无也"（《论语·八佾》）的感叹。也正因为如此，孔子甚赞管仲相齐桓公的"尊王攘夷"活动，以至于说："微管仲，吾其被发左衽矣。"（《论语·宪问》）《公羊传·僖公四年》叙述说："夷狄也，而亟病中国，南夷与北狄交，中国不绝若线，桓公救中国，而攘夷狄，卒怗荆，以此为王者之事也。"但是，正如我们前面已经提到过的，夷夏之辨的第一要点不在于其种族意义。这一点明确表现在孔子认为夷狄与中国可以互相转化的看法上，即所谓"夷狄入中国则中国之，中国入夷狄则夷狄之"的看法。《论语·子罕》中说："子欲居九夷，或曰：'陋，如之何？'子曰：'君子居之，何陋之有？'"朱子《四书集注》解释说："君子所居则化，何陋之有？"可谓神解。这种看法也见于孟子的思想。孟子在谈到楚人陈良"悦周公、仲尼之道"时说："吾闻用夏变夷者，未闻变于夷者也。"（《孟子·滕文公上》）但是他亦明确指出，在华夏文教传统中被尊为圣人的舜与文王皆为东西夷人："舜生于诸冯,迁于负夏,卒于鸣条,东夷之人也。文王生于岐周,卒于毕郢,西夷之人也。地之相去也,千有余里;世之相后也,千有余岁。得志行乎中国,若合符节。先圣后圣,其揆一也。"(《孟子·离娄下》)舜与文王虽出生不同,种族不同,但他们"得志行乎中国"却是"若合符节",这是因为他们心仪同样的文教传统和王道理想。夷狄与中国互相转化的看法也见于《公羊传·昭公二十三年》:"曷为以诈战之辞言之?不与夷狄之主中国也。然则曷为不使中国主之?中国亦新夷狄也。"质言之,针对不同民族之间的文明程度的不同而主张一种有利于民族融合的文明同化论,乃是夷夏之辨的一个重要内容。

那么,孔子夷夏之辨所蕴含的文教传统与王道理想究竟是什么样的呢?这就涉及对三代之治的理解。三代之治以礼乐为其本,而孔子"郁郁乎文哉"的赞叹正是对周礼而发,孔子一生以恢复周礼为理想正是有鉴于礼坏乐崩的实际处境。从抽象的宇宙论立场上来看,礼乐文明的终极理想可用《易传》解释乾卦的"各正性命,保合太和"一语概括,意思是说,万物都能够各安其性,各得其所,而且这种安其性、得其所的过程同时也就是宇宙的和谐过程,可简称为"正性和合"。"正性和合"就是天道,这一方面意味着"正性和合"的终极基础是天地,另一方面也意味着在天道之展开中人的作用不可谓不大,由此而言天、地、人三才之道。因此,在"正性和合"的王道理想中,人文的意义至关重要,《易传》所谓"赞天地之化育",可简称为"人文化成"。就人类的存在而言,人文化成的主要内容是规范、理顺人伦秩序,从家庭到社会到国家到天下。质言之,礼乐文明的根本原则就是孟子所概括的"父子有亲,君臣有义,夫妇有别,长幼有序,朋友有信"的五常之伦观念再加上"老吾老以及人之老,幼吾幼以及人之幼"的推己及人思想。因此,夷夏之辨的文教意义简而言之就是父子、君臣之道,父子对应于家,为文教之根本,君臣对应于天下,为文教之极致。

至于家与天下之间的客观建构，比如社会与国家的建构，则可依据责任的考量随时权变损益，或宗法，或宗族，或封建，或郡县。就此而言，王国维在《殷周制度论》中以"亲亲、尊尊、贤贤"为理解礼乐文明之要义实为洞见。尽管在礼乐文明的根本原则与终极理想之间存在着很大的距离，但二者的一致性断不可否认。《中庸》中说："君子之道，造端乎夫妇；及其至矣，察乎天地。"就是对二者之间关联的一种提示。《礼记·礼运》中大同小康的对比说也可作为理解二者之间关系的一个参照。①

总之，夷夏之辨显著地表现为古代中国文教传统内在的自我肯定和自我确证，因而也就构成古代中国文教传统中关于政教之正当性问题的一个最具概括性的观念。夷夏之辨首重其文教意义，种族意义和地理意义则相对比较松动，且在观念的实际运用中三者之间往往会构成张力。在此有必要指出的是，将夷夏之辨彻底简化为文教之辨与将之彻底简化为种族之辨一样错误，而且似乎前者流布更广。导致这两种错误的原因在于完全以静态的眼光看待民族的构成。华夏民族作为文教理想的承担者，在这一理想彻底实现之前的任何一个时刻，都是一个有地理边界和人种限度的族群，就此而言，我们不能不捍卫夷夏之辨的种族意义。但是，华夏民族的地理边界和人种限度在文教理想被不断弘扬的过程中又会被时时扩展、超越——这也就是我们常说的华夏民族实经多民族融合而形成的原因

---

① "孔子曰：大道之行也，与三代之英，丘未之逮也，而有志焉。大道之行也，天下为公。选贤与能，讲信修睦，故人不独亲其亲，不独子其子，使老有所终，壮有所用，幼有所长，矜寡孤独废疾者皆有所养，男有分，女有归，货恶其弃于地也，不必藏于己，力恶其不出于身也，不必为己。是故谋闭而不兴，盗窃乱贼而不作，故外户而不闭。是谓大同。今大道既隐，天下为家。各亲其亲，各子其子，货力为己，大人世及以为礼，城郭沟池以为固，礼义以为纪，以正君臣，以笃父子，以睦兄弟，以和夫妇，以设制度，以立田里，以贤勇知，以功为己。故谋用是作，而兵由此起。禹、汤、文、武、成王、周公，由此其选也。此六君子者，未有不谨于礼者也，以着其义，以考其信，着有过，刑仁讲让，示民有常，如有不由此者，在执者去，众以为殃。是谓小康。"注意这里对大同的叙述中虽然说"不独亲其亲，不独子其子"，但并没有打破"家"的概念，而且说"男有分，女有归"。

所在，就此而言，我们又不能不推重夷夏之辨的文教意义。动态地观之，一方面，民族因文教开化的程度而有界限；另一方面，民族因文教弘扬的善果而得融合。在这个意义上，夷夏之辨实际上是一种以华夏民族的客观存在为实际依托、以超越民族界限的普世文教为最高理想的民族融合理论。而且，尊重差异、容纳多元文化也正是以夷夏之辨为基础的大一统之王道理想的题中之义："凡居民材，必因天地寒暖燥湿，广谷大川异制，民生其间者异俗。刚柔轻重，迟速异齐，五味异和，器械异制，衣服异宜。修其教不易其俗，齐其政不易其宜。中国、戎夷，五方之民，皆有性也，不可推移。"（《礼记·王制》）不应将华夏文教传统混同于一般风俗意义上的文化，尽管"文化"这个词本有其更高雅的来源。王制之义，在较高的、更为理想的层次上在于文而化之，远近如一，或者说九州共贯、六合同风，在较低的、更为现实的层次上则在于充分尊重不同族群之异制异俗且在不易其俗、不易其宜的情况下修其教、齐其政。之所以能够如此，是因为在以夷夏之辨为基础的大一统之王道理想中，无论是正性和合的宇宙秩序，还是推己及人的人伦秩序，都是具有普遍性的、超越于一切习俗的、放之四海而皆准的常理常道。

## 三 夷夏之辨与清朝帝国建构中的正当性问题

清朝以少数民族入主中原，建立政权，正当性问题伴随帝国统治的始终。探究清朝满族政权的正当性问题是一个颇为繁复的历史问题，这里只从汉族士人的相关话语来做简单的理论勾勒。从这个视角来看，清朝统治时期所遭遇的正当性问题一直是在夷夏之辨的语境中展开的。首先，夷夏之辨是清朝建立初期汉族士人质疑清朝政权之正当性的核心话语，其中夷夏之辨的文教意义和种族意义得到了双重的突显。异族统治当然是最直接的原因，一个相当重要的因素也在于清朝靠残酷的种族征服建立政权且从一开始就实行种族特权制度。以著名的思想家顾炎武和王夫之为例，二人都以明遗民自居，无论是在思想上还是行动上都严守夷夏之辨。顾炎武"天下兴亡，匹夫有责"的思想经过梁启超的挪用、变义而广为传播，其原来的意思其实就是对夷夏之辨的重申。在论及魏晋清谈实为亡天下这一观点时，顾炎武提出了亡国与亡天下之辨以及相应的保国与保天下之辨："有亡国，有亡天下。亡国与亡天下奚辨？曰：易姓改号，谓之亡国；仁义充塞，而至于率兽食人，人将相食，谓之亡天下。魏晋人之清谈，何以亡天下？是《孟子》所谓杨、墨之言，至于使天下无父无君，而入于禽兽者也……自正始以来，而大义之不明，徧于天下。……是故知保天下，然后知保其国。保国者，其君其臣，肉食者谋之。保天下者，匹夫之贱，与有责焉耳矣。"① "亡天下"直接关乎"人之异于禽兽者"的伦常观念，当然"兴天下"也意味着以伦常观念为其内核的华夏文教理想的弘扬。对此顾炎武表达了明确的自信："夫亡有迭代之时，而中华无不复之日。"② 因此，在顾炎武的思想中，实以文教之亡为天下之亡，文教之兴为天下之兴，准此才可理解匹夫之责何在。亡国与亡天下之辨也明确见诸王夫之的论述："汉唐之亡，皆自亡也。宋亡，则举黄帝、尧、舜以来道法相传之天下而亡之也。"③（《宋论·卷十五》）顾、王皆就历史而立言，一则论魏晋清谈，一则论宋元更迭，就他们所处的现实而言当然皆针对清。王夫之在阐发夷夏之辨的思想时，也非常强调其种族意义，比如在《黄书·原极》中，王夫之谈到君位的更替时说："可禅，可继，可革，而不可使夷类间之。"④ 类似的说法也出现在《读通鉴论》中。又如在《黄

---

① 顾炎武：《日知录·正始》（中），陈垣校注，安徽大学出版社2007年版，第722—723页。

② 顾炎武：《日知录·素夷狄行乎夷狄》（上），陈垣校注，安徽大学出版社2007年版，第362页。

③ 王夫之：《宋论·卷十五》，见《船山遗书》第六卷，北京出版社1999年版，第3486页。

④ 王夫之：《黄书》，见《船山遗书》第六卷，北京出版社1999年版，第3837页。

书·后序》中，王夫之以"答客问"的写作形式述怀，其中第一个问答就关乎族群界限："客曰：'昔者夫子惩祸乱，表殷忧，明王道，作《春秋》。后儒绍隆其说，董、胡为尤焉，莫不正道谊，绌权谋。今子所撰，或异于是。功力以为固，法禁以为措，苟穷诸理，抑衍而论其数。虽复称仁义，重德化，引性命，探天地之素，恐乖异乎春秋之度也！'曰：'何为其然也？民之初生，自纪其群，远其害诊……故仁以自爱其类，义以自制其伦，强干自辅，所以凝黄中之氤氲也。今族类之不能自固，而何他仁义之云云也哉！'"①这里"仁以自爱其类，义以自制其伦"的说法尤当注意。这实际上预示着夷夏之辨的重心从天下转移到国家的可能性：首先当建立一个文教中国以自固族类，然后再将此文教理想推广扩充，播于中国之外之四方。

面对夷夏之辨所引发的正当性危机，清朝统治者采取了各种各样的策略，或镇压，或怀柔，当然也不乏理论上的反驳和辩护。对此，至少有两点值得注意。一是理论上的反驳与辩护不仅从没有达到从根本上否定华夏文教传统与王道理想的地步，而且恰恰相反，华夏文教传统与王道理想成为反驳种族意义突显的夷夏之辨的理论基础。比如雍正在他处理吕留良、曾静案时颁布的上谕中说："自古帝王之有天下，莫不由怀保万民，恩加四海，膺上天之眷命，协亿兆之欢心，用能统一寰区，垂庥奕世。盖生民之道，惟有德者可为天下君。此天下一家，万物一体，自古迄今，万世不易之常经。非寻常之类聚群分，乡曲疆域之私衷浅见所可妄为同异者也。《书》曰：'皇天无亲，惟德是辅。'盖德足以君天下，则天锡佑之以为天下君。……不知本朝之为满洲，犹中国之有籍贯。舜为东夷之人，文王为西夷之人，曾何损于圣德乎？"②又说："夫人之所以

---

① 王夫之：《黄书》，见《船山遗书》第六卷，北京出版社1999年版，第3835页。
② 雍正：《大义觉迷录》，见沈云龙主编：《近代中国史料丛刊》第三十六辑，文海出版社1969年版，第1—2页、第4—5页。

为人，而异于禽兽者，以有此伦常之理也。故五伦谓之人伦，是缺一则不可谓之人矣。君臣居五伦之首，天下有无君之人，而尚可谓之人乎？人而怀无君之心，而尚不谓之禽兽乎？尽人伦则谓人，灭天理则谓禽兽，非可因华夷而区别人禽也。"① 这里的论说无论从话语到思想都取之于华夏文教传统与王道理想。二是在对自身统治之正当性论述中强调了一统的重要性。这一点同样见诸雍正的上谕："且自古中国一统之世，幅员不能广远，其中有不向化者，则斥之为夷狄。如三代以上之有苗、荆楚、犹，即今湖南、湖北、山西之地也。在今日而目为夷狄可乎？至于汉、唐、宋全盛之时，北狄、西戎世为边患，从未能臣服而有其地。是以有此疆彼界之分。自我朝入主中土，君临天下，并蒙古极边诸部落，俱归版图，是中国之疆土开拓广远，乃中国臣民之大幸，何得尚有华夷中外之分论哉！"② 也就是说，夷夏之辨的文教意义和地理意义，皆成为清朝统治者反驳夷夏之辨的种族意义、论证其统治之正当性的理论基础。

一面是种族特权的政治制度和文字狱，一面是"满汉一体"的政策的不断调整，清朝的统治就在这种内在矛盾中展开。当帝国渡过了初创时期的正当性危机之后，夷夏之辨以及以夷夏之辨的文教意义为核心的大居正、大一统的王道理想，并没有退出历史舞台，而是在帝国的政治实践中继续发挥着重要的理论功能。一个明显不过的表现就是清代今文经学的兴起。今文经学兴起的实际历史背景与清朝帝国这种特殊的政治结构有关："清朝是一个通过不断的征服、扩张、种族隔离与种族融合而建立起来的帝国，它的帝国制度及其等级结构建立在种族特权、制度的多样性和类似封建的多元权力中心的基础之上。"③ 因此，从思想史的角度看，必须在以

---

① 雍正：《大义觉迷录》，见沈云龙主编：《近代中国史料丛刊》第三十六辑，文海出版社1969年版，第21—22页。
② 同上书，第9—10页。
③ 汪晖：《现代中国思想的兴起》上卷，第二部《帝国与国家》，三联书店2004年版，第521页。

正当性问题为核心的帝国政治的视野中理解今文经学的兴起才是恰当的，或者更直截了当地说，今文经学蕴涵着一种关于王朝政治的正当性理论。① 今文经学以春秋公羊学名世，其主要内容仍是以夷夏之辨之文教意义为基础的大一统观念。不过，与清初汉族士人以民族反抗意识为基调的夷夏之辨不同的是，今文经学的话语实践是在基本承认清朝政权之正当性的基础上展开的，在早期主要针对清朝政权内部的矛盾，后来则主要转向外患给帝国带来的全面危机，也就是晚清危机。比如，在庄存与那里，宗文王与讥世卿关联于对世卿擅权和贵族特权的批判；在刘逢禄那里，崇封建与黜郡县关联于对战争纷扰、礼序衰亡的担忧；在龚自珍、魏源那里，大一统观念之下的地理学研究关联于应对海洋时代之新危机的战略构想；在康有为那里，无论是早期的变法改制思想，还是后来的君主立宪主张，都关联于在特定历史条件下维护中国统一、避免中国分裂的内在政治要求。②

康有为作为今文经学的殿军，是一个承前启后的关键人物。康有为所处的时代是清朝帝国遭受全面危机——既是政治危机，也是文教危机——的时代。从政治方面来说，一系列接踵而来的内忧与外患（比如1840年的鸦片战争，1851年的太平军起义、捻军起义，1883年的中法战争，1894年的中日战争等）不仅以猛烈之势摧毁着作为帝国之重要象征的朝贡体系，而且也以强大之力冲击着帝国的内部秩序；从文教方面来说，"欧洲中心的'全球知识'正在成为支配性的知识，如果无法在儒学内部发现能够包容这一'全球知识'的框架，……儒学就无法避免没落的命运。"③ 因此，

---

① 汪晖：《现代中国思想的兴起》，上卷，第二部《帝国与国家》，三联书店2004年版，第522页。
② 参见汪晖《现代中国思想的兴起》，上卷，第二部《帝国与国家》，三联书店2004年版。
③ 汪晖：《现代中国思想的兴起》上卷，第二部《帝国与国家》，三联书店2004年版，第743页。

晚清儒学的思想意义只有纳入这种知识转型与重构的历史语境中才能获得真正的理解，而康有为正是其中最为重要的人物。实际上，一方面，只要"欧洲知识"居于支配性地位，无论能否在儒学——或者说"中国知识"——内部发现包容"欧洲知识"的框架，儒学都无法避免没落的命运，因为在这种支配结构中，儒学只有两个选择：要么被完全抛弃，要么变成一种轻薄的外衣，作为"欧洲知识"的中国式包装。而这两个选择很显然都指向儒学的没落。另一方面，以商量旧学来发挥新知规定了晚清以来儒家思想开展的基本方式。"欧洲知识"与"中国知识"，这两种就其来源而言的"地方性知识"，一强一弱，一攻一守，在中国之地上展开了较量，但双方都意在整个世界。在这种强弱攻守之势下，儒学在知识层面的重构会变得异常艰难，意识或精神层面的内在分裂将不可避免。"中体西用说"就是这种内在分裂的明显征兆。不过，"中体西用"的方案仍然立足传统，试图通过对传统的内部调整、层次划分、吸收容纳来应对西方的挑战，换言之，仍然试图延续"用夏变夷"的思路来应对新一轮的"蛮夷猾夏"。在康有为那里，这种内在的分裂在更深的层次上展开，因为来自西方的挑战决不仅限于"用"，而是及于"体"。

直观而言，康有为的经学政治思想有两个层次：一个是以《孔子改制考》与《新学伪经考》为中心的变法改制、君主立宪思想，其核心意旨在于合理的国家建构，一个是以《大同书》为中心的世界主义（cosmopolitanism）思想，其核心意旨在于理想的世界秩序。不过，不应将这两个层次的思想截然地分开，仿佛康有为作为实际的改革者与作为理想的构造者之间缺乏内在的一致。萧公权指出，康有为"常来往于两层次之间，有时同时立足于两层次"，思想的层次跨越了思想的阶段。[①] 汪晖通过对《大同书》的

---

[①] 萧公权：《近代中国与新世界：康有为变法与大同思想研究》，汪荣祖译，江苏人民出版社1997年版，第363页。

成书年代的考察进一步明确指出："康有为对《大同书》的思考、撰述、修订、增补持续了二、三十年的时间，这一事实说明该书既是他的思想的出发点，也是他最终抵达的目标。"① 实际上，康有为通过将公羊学的"三世说"改造为一种历史进化论而使这两个层次之间具有了内在的联系。在写作于1901—1902年的《礼运注叙》中，康有为说："浩乎！孔子之道！荡荡则天，六通四辟，其运无乎不在！然以其矿博浩弥，举二千五百年之绵蕞，合四万万人民之繁众，并日本、高丽、安南之同文，立于学馆，著为国教，诵之读之，尊之服之。而苍苍无正色，渺渺无终极，欲实为孔子之至道也，莫可得而指也。人好其私说，家修其旧习，以多互证，以久相蔽，以小自珍，始误于荀学之拘陋，中乱于刘歆之伪谬，末割于朱子之偏安，于是素王之大道，闇而不明，郁而不发，令二千年之中国安于小康，不得蒙大同之泽。"② 接着又谈到他不满足于历史，在经典的世界里反复求索，终于在读至《礼运》时悟出了孔门真谛："孔子三世之变，大道之真，在是矣。大同小康之道，发之明而别之精。古今进化之故，神圣悯世之深，在是矣。相时而推施，并行而不悖，时圣之变通尽利，在是矣。是书也，孔氏之微言真传，万国之无上宝典，而天下群生之起死圣方哉！"③ 在康有为看来，两千多年的中国历史虽然蒙孔子之泽，但"总总皆小康之道"，"未足尽孔子之道也"，欲尽孔子之道，必以大同为鹄的。于是，由小康进至大同的过程构成了孔子之道展开的历史，大同说成为一种进步主义的历史目的论，一种覆盖整个世界和整个历史的新礼运，一个在两千年前就由孔子启示了的关于未来的新消息。

问题在于，在这种亘古及今的历史勾连中，作为孔门要义的夷夏之辨被彻底地相对主义化了，孔子之道被彻底地历史主义化、乃

---

① 汪晖：《现代中国思想的兴起》上卷，第二部《帝国与国家》，三联书店2004年版，第759页。
② 康有为：《礼运注》，中国图书公司代印，演孔丛书本，第1页。
③ 同上书，第1—2页。

至虚无主义化了。为了接纳来自西方的现代观念，康有为随意地挪用、过度地诠释传统儒学的话语，使他对中国文教传统的维护仅仅流于表面上、形式上的维护。[①] 叶德辉批评康有为的变法改制思想实质上是"用夷变夏"可谓一针见血："其貌则孔也，其心则夷也。"[②] 叶德辉的批评主要针对以《孔子改制考》和《新学伪经考》为中心的政治思想，实际上，在作为康有为思想之出发点和最后归宿的《大同书》中，夷夏之辨的文教意义也几乎是全面失守。兹就几个要点作简单的阐述。

首先，《大同书》甲部以"入世界观众苦"为标题，奠定了康有为立论的佛学基调。众所周知，以苦为人生体验之基本情绪，乃是佛教传统而非儒家传统。这里绝不仅仅是一个名相问题，因为涉及不同教化传统对终极关切的不同看法以及与此紧密相关的在人生基本态度上的不同。佛教以苦为人生体验之基本情绪——用尼采的观念和术语来说，和基督教一样表现为"对生命的否定"，相应地在终极问题上以无立论，于是其淑世关怀端赖一个觉悟—拯救的环节，就是以先觉觉后觉。儒家以乐为人生体验之基本情绪——用尼采的观念和术语来说，和希腊一样表现为"对生命的肯定"，相应地在终极问题上以有立论，于是其本然就是淑世主义的。不仅是

---

[①] 萧公权概括了康有为释经过程中"产生"的"自己的思想"："（甲）进步是人类社会的法则；（乙）仁乃是生活的法则；（丙）人们的一切欲望都是正当的，因此不应压制；（丁）人人平等，并给与自由；（戊）民主是政治发展的最后形式，君主立宪乃是专制和共和政体间的过渡；（己）真正的孔子学说实在既有儒家体制之外。"对这些思想的概括具有明显的西方背景和西方角度，并非儒家思想的要点，尽管儒家思想未必与这些思想相冲突。即使是像"仁乃是生活的法则"这样一个看起来儒家意味十足的命题，如果只是在抽象的道德主义的意义上理解"仁"，也会流于对儒家根本精神旨趣的背离。因此，与其说这是康有为在释经过程中产生的自己的思想，毋宁说这些其来有自的思想构成了康有为释经的先在标准，并严重地造成了对经典的扭曲。见《近代中国与新世界：康有为变法与大同思想研究》，汪荣祖译，江苏人民出版社1997年版，第80页。

[②] 叶德辉：《与刘先端黄郁文两生书》，载苏舆辑：《翼教丛编》，光绪二十四年（1898年）版，第六卷，第17页。钱穆也同意这一看法，见《中国近三百年学术史》（下），商务印书馆1997年版，第732页。

"入世界观众苦"的佛学话语构成了《大同书》的开场白，而且诸如投胎、轮回、普渡等佛学观念也在《大同书》中随处可见。所以说，《大同书》在立论基调上就背离了儒家传统，而是一部以佛学观念为主干的杂家类著作。①

其次，正是因为以生为苦的佛学观念成为立论的前提，所以，人伦的价值只能在去苦求乐的意义上确立："故夫人道者，依人以为道。依人之道，苦乐而已。为人谋者，去苦以求乐而已，无他道矣。夫喜群而恶独，相扶而相植者，人情之所乐也。故有父子、夫妇、兄弟之相亲、相爱、相收、相恤者，不以利害患难而变易者，人之所乐也。其无父子、夫妇、兄弟之人，则无人亲之、爱之、收之、恤之；时有友朋，则以利害患难而易心，不可凭借；号之曰孤、寡、鳏、独，名之曰穷民，怜之曰无告，此人之至苦者也。圣人者，因人情之所乐，顺人事之自然，乃为家法以纲纪之，曰'父慈，子孝，兄友，弟敬，夫义，妇顺'，此亦人道之至顺，人情之至愿矣，其术不过为人增益其乐而已。"② 对于人伦给人带来的快乐，在儒家传统中也非常注重，所谓"天伦之乐"，但是，快乐却不是人伦的价值基础。表面上看起来还可以说康有为的快乐主义人伦观是对儒家人伦观的改造，但实际上已经颠覆了儒家人伦观的基础，因为在这种快乐主义人伦观的背后，人的自我认同不再必然地关联于人伦，而是一个原子式的享乐主义自我观念呼之欲出。

再次，由于人伦变成了去苦求乐之法，于是人伦的意义就是极其有限的，建立在人伦基础之上的家的意义就是极其有限的。《大同书》虽然在一定程度上认可家的价值，认为"有家为人类相保之良法"，而且明辨以夫妻为核心之家与以父子为核心之家的差

---

① 萧公权说："是则大同并非全由改造儒家传统而来，它是由许多不同来源的母题所拼凑而成的。"见《近代中国与新世界：康有为变法与大同思想研究》，汪荣祖译，江苏人民出版社1997年版，第442页。另外，深受康有为思想影响的谭嗣同有《仁学》之作，亦是杂家类著作。

② 康有为：《大同书》，中华书局1935年版，第8页。

异，以此而论"欧美不如中国，耶教不如孔教"之处，但笔锋一转，康有为就开始"论立家之义即因立家而有害"，"论有家则有私以害性害种"，乃至"论有家之害大碍于太平"，"论欲至太平大同必在去家"。立足历史经验揭示家的观念带来的实践问题是一回事，从理论根基上主张去家则是另外一回事。《大同书》的重点当然不是落在卫家上，而是落在去家上。① 就此可以说，康有为卫教之士的形象却以去教为其实。

最后，《大同书》中的大同理想是对《礼运》中的大同理想的挪用和曲解——不仅仅是将一个关于礼之运会的理念改造成一个进步主义的历史目的论的问题而已，而且二者的思想实质决不可等同观之。前文已经提及，《礼运》中对大同的叙述并不以去家为基础，相反却是男女有别、分户有家之大同，而康有为的大同理想却是以去家为基础，强调公养、公教、公恤。如果说两个大同理想都有乌托邦的性质，那么，《礼运》中的大同理想是一种差等乌托邦，《大同书》中的大同理想则是一种均质乌托邦。《大同书》中的破家论与大同均质化明确地显示出康有为思想对儒家传统的根本背离。②

对文教意义的形式上的维护和实质上的抛弃，也严重地影响到夷夏之辨的种族意义和地理意义。无论是在变法改制时期，还是在后来的君主立宪时期，康有为一直极其推重君臣之义，一直旗帜鲜明地维护君权。在当时满族统治的历史条件下，维护君权就必须彻

---

① 按照梁启超的理解，《大同书》"其最要关键，在毁灭家族。"见《清代学术概论》，上海古籍出版社1998年版，第81页。

② 对此，萧公权为康有为做了两点辩护：一是说在《大同书》中康有为并未否定家庭以及其他社会制度在大同实现之前的作用，二是说在《大同书》中康有为倡导的"人类之爱"基于"儒家仁学"，虽然"可能超越传统仁的范围，但他毕竟没有违反仁学"。见《近代中国与新世界：康有为变法与大同思想研究》，汪荣祖译，江苏人民出版社1997年版，第39页。可以看到，萧公权的这两点辩护都是不成立的。首先，承认家庭的作用不等于在家庭观念上持儒家立场，如前所述，康有为基于去苦求乐而建立起来的人伦观实际上是对儒家在存在的高度上建立起来的人伦观的颠覆；再者，《大同书》中的人类之爱与儒家的重差等的仁爱根本就不是一回事。

底消除夷夏之辨的种族意义。而要彻底消除夷夏之辨的种族意义，要么只能以更为彻底的方式指出夷夏之辨的本质在于其文教意义，要么只能彻底抛开夷夏之辨的文教意义而另起炉灶，重新立说。康有为正是利用形式和实质的不一致将这两个倾向都纳入自己的思想。以戊戌变法失败以后的言论为例，比如在写于1902年的《答南北美洲诸华商论中国只可行立宪不可行革命书》一文中，康有为针对革命派的"排满"思潮提出了批评：他首先试图从种族起源的角度来论证满汉同种；其次强调文教意义乃夷夏之辨之本质，并指出满族的专制统治是继承了历史上汉族的专制统治，因而专制问题并不是种族问题；再次申言革命派的主张会导致中国分裂，由大国变成小国，实为求弱求亡之道；最后建设性地提出应定"中华国"为国名，实现"满汉不分，君民同体"，以求在民族竞争之国际局势中"合大群而强中国"。[①] 从中可以看出，一方面，君臣之义本为传统文教理想的政治要求，所以，对夷夏之辨之文教意义的维护与对君权的维护是一致的，或者说，维护夷夏之辨的文教意义在政治上的表现首先是维护君权，于是就需要将夷夏之辨的种族意义彻底消除。另一方面，由于对文教意义的维护流于形式而在实质上已经抛弃，所以，种族主题其实已经与原本夷夏之辨的文教意义不再具有内在的联系而只能通过其它方式确定其合理性主张。[②] 对君权的维护也关系到夷夏之辨的地理意义，因为君权正是大一统的王道理想的政治体现，所谓"普天之下，莫非王土"。因此，一

---

[①] 康有为：《答南北美洲诸华商论中国只可行立宪不可行革命书》，见《康有为政论集》（上），汤志钧编，中华书局1981年版。该文在刊于《新民丛报》第十六期时删节并改名为《辨革命书》。

[②] 比如说，如果通过"其实春秋之所谓夷，皆五帝三王之裔也"的古史钩沉而论证了满汉本来就是同种，实际上就已经取消了夷夏之辨原有的种族意义；再比如说，如果专制被认为是一种政治上的恶，而相对的善就是民主的话，那么，种族主题必须唯民主之马首是瞻而不必服从于原来的文教理想；还有，建立一个地域广大的多民族大国的目的不必再是以夷夏之辨为核心的大一统理想，而是为了在列国竞争的全球局势中变得强大。

方面，维护君权与维护大一统的王道理想是一致的，或者说，维护大一统的王道理想在政治上的表现首先也是维护君权。但是，另一方面，由于正性和合、人文化成的王道理想已经被置换为无家无国、天下大同的均质乌托邦，所以，中国的统一与大一统的王道理想其实已经不再具有内在的联系而是让位于列国竞争局势之下的强国理想。所以说，在康有为那里，中华国的名已经喊出，但不仅是原来的天下在消失，就是原来的中国也在消失。

从思想史的角度来说，"貌孔心夷"的路线在当时或许有其不得已之处，但其流毒之深不可不慎。比如将康有为的伪经论与后来"五四"新文化运动中疑古、疑经、疑圣的思潮联系起来看，康有为实为始作俑者。① 再比如后来的新儒家，无论是冯友兰的"旧瓶装新酒"与"抽象继承法"，还是牟宗三的"内圣开外王"与"良知坎陷说"，都难脱"貌孔心夷"之嫌。② 不过，在此我更想关注的是，康有为对华夏文教传统的形式上的维护，尤其是对《礼运》中的大同理想的均质化改造，对于现代中国国家建构的正当性问题到底有何种影响，毕竟，无论是孙中山还是毛泽东，都是历史进化论的服膺者，也都认为自己的理论所开创了一条通往大同的道路。就此而言，康有为以历史进化论为基调，以去苦求乐为旨归，将公羊学的三世说与《礼记·礼运》中的大同小康说糅合、改造而成的《大同书》，对于现代中国的国家建构理念就具有决定性的影响。汪晖通过对康有为等人的思想的分析得出结论说，现代

---

① 汪荣祖说康有为的公羊改制论是"欲栽（政治）变法之花，却无心插了（思想）革命之柳。"见《康有为论》，中华书局2006年版，第42页。

② 萧公权断言说："康有为的武断解经虽使传统派大为吃惊，但对孔孟学说的破坏极微。他的解释常超越了字面，但那是对儒家经典意义的延伸而非否定。"且将康有为的这种"将外来因素引入儒学"的做法与宋明理学家的"用佛教观点来增饰儒学"相提并论。见《近代中国与新世界：康有为变法与大同思想研究》，汪容祖译，江苏人民出版社1997年版，第81页。这种看法是完全错误的，以"旧瓶装新酒"的隐喻而言，显然酒比瓶更重要，因为我们喝的是酒，不是瓶。将实质的内容置换而只保留原来的形式，这只能流于思想的包装术，这绝对不是破坏极微，而是破坏极大。而且，康有为的这种做法绝对不可与宋明理学家通过消化佛教而创立新儒学同日而语。

中国的国家建构实际上是"帝国的自我转化",这是非常有洞见的。但是,汪晖的论述主要留意于中国对于一统的实际历史要求,比如他总结性地说:"康有为参与策划的戊戌变法运动以失败告终,但他规划的政治变革的基本方向并未从此被埋葬。如果说中央集权制是传统帝国体制的一个部分,那么,康有为的思想和变法实践同时也表明:新的社会对于集权体制的依赖远远超过了帝国,以致它对国家内部的多样性、权力和文化的多元性都怀抱着较之早期帝国强烈得多的敌视态度。这就是传统郡县制不断扩展,而传统帝国范畴内的其它自治形式却日益萎缩的主要原因。中央集权及其与之配合的行政体制并不是改革或革命的创新,而是旧制度的遗存,但这个旧制度的遗存所以能够在新的社会中不断发展,是因为只有这个部分能够适应新的社会需求。"[①] 如果说在现代中国的国家建构中需要对一统提供一种正当性的证明,而以传统的夷夏之辨为基础的大一统思想虽然在实质的意义上已经被抛弃,但却仍然有可能为新的替代性思想提供范例,尽管这一范例可能也只是形式上的。

## 四 夷夏之辨与中华民国建构中的正当性问题

至少从表面上看起来,中华民国的建构与夷夏之辨有密切关系。首当其冲的就是夷夏之辨的种族意义。在以鼓吹革命建国为目的的晚清"排满"思潮中,作为春秋大义的夷夏之辨又一次发挥了巨大的作用,在其中,种族意义得到了空前的突显,但也正因为如此,"排满"思潮中的种族之辨并不是在传统夷夏之辨的框架内展开的,而只能将之归于现代中国民族主义的兴起。

晚清革命派人士所倡导的民族主义至少包含三个方面的内容:辨种性、申民权、建国家。就这三个方面的关联和次序而言,当始

---

[①] 汪晖:《现代中国思想的兴起》,上卷,第二部《帝国与国家》,三联书店2004年版,第828—829页。

于辨种性,兴于申民权,终于建国家,或者说,先以种族之辨与民权观念之结合理解民族的概念,次以建国为民族存在的政治要求。这意味着,民族的概念不仅建立在种族之辨上,而且建立在民权观念的基础之上。民族被认为是同一种族的个体出于自由意志而联合起来的一个共同体;而为了捍卫个体的民权和整体的族权,民族建立属于自己的国家。因此,民族主义的根本目的就是要建构一个既能捍卫民权——针对国内霸权——又能捍卫族权——针对国际霸权——的民族—国家。尽管民族主义和民权主义常常被分开讲——比如孙中山的三民主义,我们都耳熟能详,但强调二者的关联非常重要。在晚清特殊的历史情境下,如果说民族主义以民权主义为基础,那么,民权主义则又被整合到民族主义的框架之中了。在此有必要指出的是晚清思想界对于民族主义与帝国主义之间的关联的洞察。在中文文献中首次出现"民族主义"一词的《国家思想变迁异同论》一文中,梁启超就将民族主义与帝国主义直接关联起来并由此来刻画新的世界历史局势:"今日之欧美,则民族主义与民族帝国主义相嬗之时代也。今日之亚洲,则帝国主义与民族主义相嬗之时代也。专就欧洲而论之,则民族主义全盛于十九世纪,而其萌达也,在十八世纪之下半。民族帝国主义全盛于二十世纪,而其萌达也,在十九世纪之下半。今日之世界,实不外此两大主义活剧之舞台也。"[①] 后来在著名的《新民说》中,梁启超以独特的视角比较了民族主义时代——也就是民族—国家时代——的帝国主义与古代帝国主义的差异,并提出也只能以民族主义为应对之策:"夫所谓民族帝国主义者,与古代之帝国主义迥异。昔者有若亚历山大、有若查理曼、有若成吉思汗、有若拿破仑,皆尝抱雄图,务远略,欲蹂躏大地,吞并弱亡。虽然,彼则由于一人之雄心,此则由于民族之涨力;彼则为权威之所役,此则为时势之所趋。故彼之侵

---

[①] 梁启超:《国家思想变迁异同论》,见《饮冰室文集》,中华书局1926年版,第17卷,第24页。

略，不过一时，所谓暴风疾雨，不崇朝而息矣；此之进取，则在久远，日扩而日大，日入而日深。吾中国不幸而适当此盘涡之中心点，其将何以待之？曰：彼为一二人之功名心而来者，吾可以恃一二之英雄以相敌；彼以民族不得已之势而来者，非合吾民族全体之能力，必无从抵制也。彼以一时之气焰骤进者，吾可以鼓一时之血勇以相防；彼以久远之政策渐进者，非立百年宏毅之远猷，必无从倖存也。……故今日欲抵当列强之民族帝国主义，以挽浩劫而拯生灵，惟有我行我民族主义之一策。"[1] 一方面，没有民族的强大和独立，民权无法实现，另一方面，民族的强大和独立又离不开民权的实现，因为民权的实现可以将民族内所有人的力量都发挥出来，而只有这样，才可谓之"合吾民族全体之能力"。

孙中山曾言："盖民族思想，实吾先民所遗留，初无待于外铄者也。"[2] 此言虽写于民国十二年，但很能概括晚清民族革命派的普遍看法。这里所谓"吾先民所遗留"者，就是指夷夏之辨。章太炎曾自述他的民族思想的来源："兄弟少小的时候，因读蒋氏《东华录》，其中有戴名世、曾静、查嗣庭诸人的案件，便就胸中发愤，觉得异种乱华，是我们心里第一恨事。后来读郑所南、王船山两先生的书，全是那些保卫汉种的话，民族思想渐渐发达。"[3] 因此，作为《春秋》大义的夷夏之辨是现代中国民族主义兴起的一个重要的思想来源，而且，由于满族统治的特殊历史情境，在晚清革命派人士对夷夏之辨的重申中，种族意义最被突出、最被强

---

[1] 梁启超：《新民说》，见《饮冰室文集》，中华书局1926年版，第12卷，第39—40页。

[2] 孙中山：《中国革命史》，见《国父遗教三民主义总辑》，徐文珊纂辑，中华丛书编审委员会1960年版，第570页。

[3] 章太炎：《东京留学生欢迎会演说辞》，见《章太炎政论选集》（上），汤志钧编，中华书局1977年版，第269页。在《光复军志序》一文中，章太炎又说："余年十三四，始读蒋氏《东华录》，见吕留良、曾静事，怅然不怡，辄言有清代明，宁与张李也。弱冠，睹全祖望文，所述南田、台湾诸事甚详，益奋然欲为浙父老雪耻。次又得王夫之《黄书》，志行益定。"该文见《章太炎政论选集》（下），汤志钧编，中华书局1977年版，第681页。

调。对种族意义的突出和强调并不意味着这种重申从一开始就背离了任何意义上的文教关怀而流于某种狭隘的种族主义,因为——正如我在上文中提到的——尽管夷夏之辨首重文教意义,但是,在异族统治、种族压制存在的情况下夷夏之辨的种族意义也能够以合理的方式表现为一种反抗性的、但也是反种族主义的民族主义。实际上,晚清时期的中国民族主义首先就是一种针对满清政府的一种反抗性的但也是反种族主义的民族主义。针对有人认为"排满之复仇乃一种野蛮行为"的观点,章太炎解释说:"平不平以为平者,斯为复仇。"① 并以正义为复仇之终结:"已复仇者,以正义反抗之名,非展转相杀谓之复仇。"② 又具体申言汉人排满乃出于正义之反抗:"今满洲以强暴侵略汉族,残其民庶,盗其政权;以汉人反抗满人,则满人为受诛,汉人为杖义。"③ 孙中山也多次说明民族革命并非种族之间的寻仇报复,比如在1906年的《民报》创刊周年庆祝大会上他讲到民族主义时说:"惟兄弟曾听见人说,民族革命是要尽灭满洲民族,这话大错。民族革命的原故,是不甘心满洲人灭我们的国,主我们的政,定要扑灭他的政府,光复我们民族的国家。这样看来,我们并不是恨满洲人,是恨害汉人的满洲人。假如我们实行革命的时候,那满洲人不来阻害我们,决无寻仇之理。他当初灭汉族的时候,攻城破了,还要大杀十日才肯封刀,这不是人类所为,我们决不如此。"④

不过,民族革命论者非常明确地驳斥了那种以夷夏之辨的文教意义为完全、最终之鹄的而取消夷夏之辨之种族意义的看法。以孙中山对太平天国的看法为例,他不仅常自比于"洪秀全第二",而

---

① 章太炎:《复仇是非论》,见《章太炎全集》(四),上海人民出版社1985年版,第270页。
② 章太炎:《排满平议》,见《章太炎全集》(四),上海人民出版社1985年版,第267页。
③ 同上书,第268页。
④ 孙中山:《在东京〈民报〉创刊周年庆祝大会的演说》,见《孙中山全集》,中华书局1981年版,第一卷,第325页。

且认为太平天国运动是"民族大革命之辉煌史",批评镇压太平天国的罗泽南、曾国藩、左宗棠、郭嵩焘等人"号称学者,终不明春秋大义"。[①] 与孙中山的这种理解形成鲜明对比的是,曾国藩在申述自己反对太平天国的理由时恰恰诉诸反对基督教、捍卫儒教的文教之辨。章太炎则明确批评清代今文经学对夷夏之辨的过度诠释:"援引《春秋》以诬史义,是说所因,起于刘逢禄辈,世仕满洲,有拥戴虏酋之志,而张大公羊以陈符命,尚非公羊之旧说也。"其核心的一点在于,"夫引异类以剪同族,盖《春秋》所深诛。"[②] 将这一点发挥到极致的当数刘师培的《攘书》。在《攘书·夷裔篇》中,刘师培在陈述"进夷狄于中国"之文教大义时说:"其曰用夏变夷者,所以使无礼义者化为有礼义耳。潞子之为善,楚庄之书爵,大同之旨,其在兹乎?!"之后笔锋一转,说:"然据此以荡华夷之界,则殊不然。"并在此语下注曰:"案近世儒者自庄、刘以来皆主大同之说,而定庵龚氏并欲荡华夏之防。《五经大义终始答问第七》云:'宋明山林偏僻,士多言夷夏之防,比附《春秋》,不知《春秋》者也。《春秋》至所见世,吴楚进矣,伐我不言鄙,我无外矣。《诗》曰:无此疆尔界,陈常于时夏。圣无外,天亦无外者也。然则何以三科之文,内外有异?答:据乱则然,升平则然,太平则不然。'此说最有流弊,援饰经文,献谀建虏,吾不能为定庵讳也。"[③] 在《攘书·鬻道篇》中,刘师培更是以窃道之名谴责入主中国而愿行华夏文教之夷狄,认为其并非"真知圣道之尊",不过是想"以汉土之法还治汉土耳";且以鬻道之罪针砭因重视文教之辨、忽视种族之辨而出仕异族政权的汉族士

---

① 孙中山:《〈太平天国战史〉序》,见《孙中山全集》,中华书局1981年版,第一卷,第258页。
② 章太炎:《中华民国解》,见《章太炎全集》(四),上海人民出版社1985年版,第254页。
③ 刘师培:《攘书》,载《刘申叔先生遗书》,民国二十五年宁武南氏校印,第18册,第3页。

大夫，实际上等于是在强调夷夏之辨的种族意义与文教意义同等重要，不可分割："嗟乎！夷狄之入我中国也，据其土地山河，窃其子女玉帛，久假不归，乌知非有，已可悲矣。其尤甚者，至并窃先王之至道。观于石勒立学，元魏习仪，北周之取法《周官》，女直之亲祀阙里，昧圣学之大经，徒饰笺注谶纬之言，为索虏愚民之术；以氈裘之虏，自拟中国之圣王，非唯窃其治统也，且并窃数千年之道术，不亦大可悲耶？！虽然，此皆汉土士大夫之咎也。中国贱儒，昧于中外之防，作夷狄戎蛮之羽翼，不惜窃圣贤之道，以文致虏酋为圣贤。……古人以鬻地与夷者谓之卖国，今以数千年道学之传视为徼利希荣之具，丧心失志，罪不容于死矣。"① 从夷夏之辨的传统框架内看，这种文教意义与种族意义并重的看法比较接近前引王夫之"仁以自爱其类，义以自制其伦"的观点，但又有过之而无不及。

民族革命论者的种族之辨虽然非常显著地起用了夷夏之辨的传统话语，而且在谈及历史时不乏对夷夏之辨的文教意义的关切，但是，他们对种族之辨的强调实际上并不是在夷夏之辨的传统框架内展开的，因为在当时的处境中，西人的入侵和西学的引进已经使华夏文教根基动摇且走向没落乃至沦丧。从地理关系上看，朝贡体系的解体与西方地理学知识所取得的话语权力已经使内在于华夏文教理想的华夏中心主义失去了意义；从文教理想上看，民权观念的方兴未艾与民族竞争的紧迫局势已经使孔孟之道遭受了前所未有的信仰危机。于是，种族之辨实际上是作为传统夷夏之辨的残留或剩余价值而被革命派人士运用到民族意识的唤醒和民族主义的宣传中的。一个最直接的表现是在建构民族历史时强调黄帝作为华夏始祖的地位，并提倡黄帝纪元。这一种族意义上的系谱学与传统夷夏之辨框架内文教意义上的道统说形成了鲜明的对比。这表明，重要的

---

① 刘师培：《攘书》，载《刘申叔先生遗书》，民国二十五年宁武南氏校印，第18册，第18页。

首先不再是追溯尧、舜、禹、汤、文、武、周公、孔、孟圣圣相传下来的大道，而是追溯作为华夏共祖的黄帝；换言之，重要的首先不是文教之祖，而是种族之祖。

以种族之防为第一要义，颠覆了传统夷夏之辨以文教立其极的做法，但也为重新安置文教传统的意义确定了一个新的支点。质言之，文教传统可以作为种族的历史而被重新纳入种族的概念之中，甚至再次达至文教与种族的统一。章太炎虽然一方面承认自己的民族思想受到"郑所南、王船山两先生的书"的深刻影响，但另一方面却认为"两先生的话""没有甚么学理"，而是"自从甲午以后，略看东西各国的书籍，才有学理收拾进来"①。借鉴西方的人种学、民族学思想，章太炎对民族概念提出了一个更为综合、因而也更为适当的理解："今夫血气心知之类，唯人能群。群之大者在建国家，辨种性，其条例所系，曰言语、风俗、历史。三者丧其一，其萌不植。"② 以言语、风俗、历史为民族之条例所系，超出了单纯地以血统为核心的种族之辨，从而为理解华夏民族的历史构成、建构华夏民族的历史叙事——这是民族认同的基础——提供了一个基本的理论框架。因此，不难理解，章太炎会非常明确地说："近世种族之辨，以历史民族为界，不以天然民族为界。"③ 以章太炎及其门弟子为中心的国粹派的思想实践实际上就是在这个脉络中展开的，所谓"以国粹激励种性"："为甚提倡国粹？不是要人尊信孔教，只是要人爱惜我们汉种的历史。这个历史，是就广义说的，其中可以分为三项：一是语言文字，二是典章制度，三是人物事迹。"④ 这

---

① 章太炎：《东京留学生欢迎会演说辞》，见《章太炎政论选集》（上），汤志钧编，中华书局1977年版，第269页。
② 章太炎：《訄书重订本·哀焚书》，见《章太炎全集》（三），上海人民出版社1984年版，第323—324页。
③ 章太炎：《驳康有为论革命书》，见《章太炎全集》（四），上海人民出版社1985年版，第173页。
④ 章太炎：《东京留学生欢迎会演说辞》，见《章太炎政论选集》（上），汤志钧编，中华书局1977年版，第276页。

样，种族之辨就不仅是直接指向民族—国家之建构的一种革命宣传话语，而且成为历史学研究的一个重大课题。正是在这个意义上，传统夷夏之辨的文教意义获得了重新被重视、重新被审视的可能。文教传统至少塑造了民族的历史，至少有助于民族认同的形成：作为民族的经历，无论如何评价这个经历，毕竟是一个共同的经历。以新的价值重新审视历史，既可以从中总结好的经验，以求取其精华，又可以从中吸取坏的教训，以为反省之资。① 如果在根本的立场上对塑造了民族历史的文教传统有着高度的肯定性理解和评价，并以之为贯穿整个民族历史的主线，那么，夷夏之辨的文教意义就可能通过重新估价而被重新唤回，成为民族意识和民族认同形成的主导性精神力量。②。

不过，以种族之防为第一要义，并不能召回夷夏之辨的地理意义，这是因为，尽管种族与地理存在特定的对应关系，而且中心—四方的观念在纯粹形式的意义上也不可能被解构，但是，华夏大地却不再被认为是世界的中心，也就是说，华夏中心主义无可避免地被解构了，无论是从自然—历史的地理学意义上，还是从文化—政治的地理学意义上。于是，对于以建国为宗旨的民族革命论者来说，在地理上构想一个作为民族—国家的现代中国就提到了日程上。也正是因为民族革命论者以种族之辨为建国的第一要义，所以，他们对新中国的地理构想主要涉及汉族生活的地区，就当时的实际情形而言就是十八省的范围，而对东北、新疆、蒙古、西藏等少数民族地区则措意不多。比如在作于1903年的《支那保全分割合论》一文中，孙中山论及中国的国土问题："支那国土统一已数

---

① 如果说前者代表国粹派的倾向，那么，后者可以用来刻画后来的国故派的倾向。在这个意义上，无论国粹派和国故派的立场分野在何处，二者都归属于同一个思想主题，即通过国史叙事形成国族认同。实际上也正是身为国粹派核心人物的章太炎最先使用了国故的概念。

② 比如说，钱穆在抗日战争时期讲授、书写的《国史大纲》就是这一思想层次上的作品。

千年矣，中间虽有离析分崩之变，然为时不久复合为一。近世五六百年，十八省土地几如金瓯之固，从无分裂之虞。以其幅员之广，人口之多，只闽粤两省言语与中原有别，其余各地虽乡音稍异，大致相若，而文字俗尚则举国同风。往昔无外人交涉之时，则各省人民犹有畛域之见，今则此风渐灭，同情关切之感，国人兄弟之亲，以日加深。是支那民族有统一之形，无分割之势。"① 按照这种构想，民族革命论者所要建构的新中国将是一个不折不扣的单一民族的国家。这代表了当时许多人的看法，其中一个重要的理由来自强国的动机，认为只有建立单一的民族—国家，才能形成统一的意志，才能实现强国的梦想，因而才是民族在列国竞争的世界局势中的"自存之道"。②

对于这一点，君主立宪派人士一直不以为然。康有为认为，单一民族国家论会导致中国的分裂，会使中国从一个大国变成多个小国，实为弱国、亡国之道；新的中华国在地理上应当继承清朝的疆域，因而需要继承清朝的法统。这是康有为主张不废清帝而行君主立宪的一个重要理由，也可以说是君主立宪派人士的一个共识。比如杨度，认为倡导民族主义会自然地引向五族分立说，从而使中国走上亡国之路："是五族分立说，乃亡国之政策，决不可行者也。何也？今日中国之土地，乃合五族之土地为其土地，今日中国之人民，乃合五族之人民为其人民，而同集于一统治权之下，以成为一国者也。此国之外，尚有各大强国环伺其傍。对于中国，持一均势政策，而倡领土保全、门户开放之说，以抵制瓜分之说。使中国能于领土保全之中，国民速起而谋自立，视其事之急，等于救人，等

---

① 孙中山：《支那保全分割合论》，见《孙中山全集》，中华书局1981年版，第一卷，第223页。另外，兴中会成立时提出的"驱除鞑虏，恢复中华"的纲领，实际上是对朱元璋提出的"驱除胡虏，恢复中华"的直接改写，表明其目的也是要建立一个汉族国家。

② 关于建立单一民族国家思想的介绍和分析，参见王春霞《"排满"与民族主义》，社会科学文献出版社2005年版，第33页以下。

于救火，竭数年之力，以整理其内政外交，建设立宪政体，完成军国社会，则中国之国家或可从此自立，不致再有覆亡之忧。"① 再如梁启超，通过发挥伯伦知理的观点，明确提出了对单一民族国家论的批评。伯伦知理指出，国家建构与民族并不一一对应，而是存在着多样性；且进一步提出，多民族国家"其弊虽多，其利亦不少。盖世界文明，每由诸种民族互相教育，互相引进而成。一国之政务，亦往往因他民族之补助而愈良。"梁启超评价这种"不以民族主义为建国独一无二之法门"的看法"其立论根于历史，案于实际"，而"以谓民族为建国独一无二之源泉"的单一民族国家论虽然也有其道理，但"持之过偏"，"推其意，一若地球上之邦国，必适从于民族之数而分立，此又暗于实际之论也。"② 换言之，如果在新的中国的建构问题上贯彻"根于历史，案于实际"的准则，那么，就不应该提倡以汉族单一民族建国的思想，因为中国的历史与实际都与单一民族国家的思路相左。但是，梁启超并没有彻底打破民族—国家体系的理论意图，而是要在这一占据主导话语权力的体系中为中国找到一个合适的安置。于是，他将排满复汉的民族主义称为小民族主义，而另提倡包含多个民族的大民族主义："大民族主义者何？合国内本部属部之诸族以对于国外之诸族是也。中国同化力之强，为东西历史家所同认。""合汉，合满，合蒙，合回，合苗，合藏，组成一大民族，提全球三分有一之人类，以高掌远跖于五大陆之上。"③ 至于国家内部的民族关系，君主立宪派则寄希望于文明同化。这也从一个侧面表明，君主立宪派的建国主张虽然强调不废清帝，但亦是以汉族为中心的，因为他们和民族革命派一样，认为汉族比其他民族更为开化，在中国这块土地上代表着文明

---

① 杨度：《金铁主义说》，见《杨度集》，刘晴波主编，湖南人民出版社1986年版，第302—303页。
② 梁启超：《政治学大家伯伦知理之学说》，见《饮冰室文集》，中华书局1926年版，第10卷，第36页。
③ 同上书，第38—39页。

的方向。实际上，君主立宪派与民族革命派之间的分歧主要表现在建国方略上，而在建国主张上则多有一致：首先，双方都以强国为目的，而且都认为行宪政申民权为强国所必需，尽管在如何建国更易走向强国之路的问题上看法相左；其次，双方都主张以汉族为中心建立国家，背后都有对文明的关切，尽管在"排满"是否必要的问题上看法相左；再次，双方都强调统一对中国的重要性，尽管在如何划定中国的疆域界限的问题上看法相左。

于是我们看到，民族革命派在与君主立宪派的辩论过程中，也逐渐修正自己的看法。比如章太炎，对于康有为、杨度、梁启超的建国言论他都有专文驳斥，① 但在发表于1907年《民报》十五号的《中华民国解》一文中，章太炎所构想的中华民国既不是一个仅限于汉族地区十八省的单一民族国家，甚至也不是一个仅限于汉、满、蒙、回、藏的"五族共和"国家，而是将过去帝国时代朝贡体系的地理范围也纳入版图考虑。② 他沿用传统夷夏之辨的概念，将境内各地分为"中国"、"三荒服"和"二郡一司"。"三荒服"指西藏、回部和蒙古；"二郡"指安南和朝鲜；"一司"指缅甸。然后通过发挥传统夷夏之辨中的文明同化论来提出他对中华民国的真实构想："若三荒服而一切同化于吾，则民族主义所行益广。自兹以后，二郡一司反乎可覆，则先汉之疆域始完，而中华民国于是真为成立。"③ 对于这里的"同化"是否涉及民族压制的问题，汪东进一步解释说，同化并非出于人为的强制，而且，如不能同化，则可行境内各民族的分立自治，以共御外侮。④ 实际上章太

---

① 康有为有《辨革命书》，章太炎有驳文《驳康有为论革命书》；杨度有《金铁主义说》，章太炎有驳文《〈社会通诠〉商兑》；梁启超有《中国积弱溯源论》，章太炎有驳文《正仇满论》。

② 以统一之势应对欧洲帝国主义的侵略仍然是这种考虑的一个基本动机因素，比如，章太炎明确提出了对"俄入蒙回，英人藏，法人滇粤"的担心。

③ 章太炎：《中华民国解》，见《章太炎全集》（四），上海人民出版社1985年版，第262页。

④ 汪东：《革命今势论》，载《民报》第17号，第53页。发表时署名寄生。

炎更多地使用"醇化"一词。因此，如果说"辨种性、申民权、建国家"是晚清民族革命论者的共同纲领的话，那么，章太炎在《中华民国解》一文中提出的实际上是一个更有高度、更为远大的建国纲领。这个建国纲领概而言之就是：建民族之国，行醇化之道，广文教之域。这里的民族实指汉族，这里的醇化意在自然，这里的文教系于国粹。也就是说，"辨种性、申民权、建国家"的共同纲领可以收摄于"建民族之国"而仅仅作为国家建构的第一步，国家建构的更高要求和更大目标则在于"行醇化之道，广文教之域"。这自然也就要求民族—国家的建构必须具有鲜明的文教意味，能够代表先进的文明教化，质言之，这样一个能够承担起"行醇化之道，广文教之域"的伟大使命的民族—国家（nation-state），必须首先是一个文教—国家（culture-state）。

　　文教—国家与民族—国家作为两个不同的建国理念，二者之间显然存在着很大的张力，但并非没有综合的可能。首先，文教—国家不当以辨种性为目的，但是，辨种性可以被认为是重新振兴文教的一个必要政治手段。具体说，当文教的希望首先落实于一个民族的时候，那么，这个民族的建国要求同时也就是文教的政治要求；如果这个民族还处于被压迫的境地，那么，以反抗压迫为主要关切的民族主义就不仅仅是民族的反抗，而且也是文教的反抗。其次，民权并不是文教—国家的最后目的，但是，民权可以被看作是文教应当维护的一个重要的人类社会指标，或者说文教为回应时代潮流以求自我完善的一个要点。文教一定有着一个理想性的、甚至是终极性的维度而无法完全落实于当下，民权则可以通过具体的政治安排而得到实际的保障。换言之，我们可以说一个未能合法保障民权的国家很难称得上是一个文教—国家，但是，一个民权得到合法保障的国家未必就是一个文教—国家。民权并不是人类生活的绝对价值，这是一个必然真理。再次，文教—国家的根本目的是弘扬文教以润泽人类的生命、成就人类的生活，就此而言是超越民族和国家的界限的。换言之，文教—国家以心怀天下的文教理想将文教落实于国家的形态，将国家作为文教的承担者。上文已经提到，梁启超洞察到了民族—国家体系往往与帝国主义同生共长，而文教—国家总是意在以文教理想化成天下。在这个意义上，国家的建构具有理想性乃至神圣性。

综合前面的分析可以知道，文教—国家的主张其实来自君主立宪派，而民族—国家的主张来自民族革命派。章太炎则是将这二者进行了辩证的综合，从而形成了一个既立足于民族主义、又超越了民族主义的民族—文教—国家（nation-culture-state）的建国理念。从实际的历史语境来看，这一独特的建国理念至少在形式上可以理解为以夷夏之辨为基础的传统王道政治的现代转换。具体来说就是，将民权置于民族主义之内，将文教置于民族主义之下，而将天下寓于国家。换言之，如果文教仅仅是或蜕变为民族的文教，也就是仅仅在文化民族主义的层次上被理解，那么，民族—文教—国家就仍然是一个民族—国家，因为这里的文教可以被民族完全涵盖。如果文教的意义和文教的理想被突显出来，显示其超越民族、超越国家的天下关怀，那么，民族—文教—国家就不同于一般所谓的民族—国家，而更像一个"小天下"，其对内、对外的政治理念就有可能在承认现实、尊重差异的前提下彰显出一种理想性的超越民族间、国家间之壁垒的环宇政治维度。

## 五 三民主义与民族—文教—国家的建国理念

章太炎虽然在与君主立宪派的辩论中提出了民族—文教—国家的建国理念，但是，作为民族革命派的一员干将，他仍然更多地强调民族而对文教少有措意。尤其是仅仅在国粹甚至国故的意义上理解文教实际上是将文教传统作了一种工具化的处理，而在这种工具化的处理中，文教传统的肢解化乃至碎片化几乎不可避免，因为现在是要按照新的标准从文教传统中区别出精华与糟粕。① 如此则文教传统很难被理解为一个活的传统，一个有能力继往开来的文化生命，而往往沦为民族的历史库存，通过新的立场和新的眼光的重新审视，从中找出一些可资利用的材料，以服务于国家建构的新事业。更有甚者，章太炎过于浓重的佛学背景使他对文教传统的理解不可能达到基本的公允，因而也不可能重新挺立文教的权威。当然，对于民族革命派而言，最紧要的还在于革命事业的具体实践对于国家建构中多个理念的实现具有时间上和次序上的要求。正因为如此，民族革命派对民族革命——既是民族主义的，也是民权主义的——的强调压倒了其它一切考虑，不仅是文教的意义不可能被突显，而且是对普通民众而言更为切实的民生问题也必须被置后。

民族—文教—国家的建国理念，也是孙中山三民主义理论所倡导的建国理念。与中华民国的建构相对应的是中华民族概念的形成及其演变。中华民族的概念出现于中华民国建立之前。梁启超在1902年的《中国学术思想之变迁之大势》一文中首次使用了作为一个历史—文教概念的"中华民族"，用来指称历史上的汉族。② 之后，章太炎、杨度等人也在许多重要的文章中使用了中华民族的概念，亦用来指称历史上的汉族。③ 但是，在中华民国建立之后，中华民族概念的外延很快发生了变化。1912年3月19日，革命派领袖黄兴、刘揆一等人领衔发起"中华民国民族大同会"，后改称"中华民族大同会"，这里的"中华民族"一词的含义已经不再专指汉族，而是包括当时中国国境内的所有民族。此后，包括中国境

---

① 后来的中国共产党也继承了这一思路，只不过"新的标准"被置换成了共产主义。最典型的话语是毛泽东在《新民主主义论》一文中提出的说法："剔除其封建性的糟粕，吸取其民主性的精华"。

② 梁启超：《论中国学术思想变迁之大势》，见《饮冰室文集》，中华书局1926年版，第5卷，第17页。另外，在1905年的《历史上中国民族之观察》一文中，梁启超也多次使用了"中华民族"，该文见《饮冰室文集》，中华书局1926年版，第35卷。

③ 比如，在章太炎的《中华民国解》、杨度的《金铁主义说》中，都使用了"中华民族"，且都用来指历史上的汉族。

内所有民族的中华民族概念逐渐广为流传。很明显，这个意义上的中华民族实际上是一个政治概念，而不同于梁启超等人所使用的历史—文教概念。换言之，包括中国境内所有民族的中华民族概念实际上产生于中华民国建立之后的国族认同，因为中华民国的疆域并没有限于民族革命派较早时候所主张的汉族十八省，中华民国从其建立之始就是一个以汉族为中心的多民族国家。1917年，李大钊在论及"新中华民族主义"时说："吾国历史相沿最久，积亚洲由来之数多民族冶融而成此中华民族，畛域不分，血统全泯也久矣，此实吾民族高远博大之精神有以铸成之也。今犹有所遗憾者，共和建立之初，尚有五族之称耳。以余观之，五族之文化已渐趋于一致，而又隶于一自由平等共和国体之下，则前之满云，汉云，蒙云，回云，藏云，及至苗云，瑶云，举为历史上残留之辞，今已早无是界，凡籍隶于中华民国之人，皆为新中华民族云。"[①] 李大钊的这一说法未必符合事实，但表达了一种关于国族认同的完美构想，在其中，各个民族既实现了政治上的结合，又完成了文化上的融合。

在这个问题上，孙中山的看法颇为独特，非常注重在过去、现在、未来的时间维度中理解不断自我成就着的中华民族。首先，他以王道和霸道的不同来区分造成民族和国家的不同力量："民族和国家是有一定界限的，我们要把他来分别清楚有甚么方法呢？最适当的方法，是民族和国家根本上是用甚么力造成的。简单的分别，民族是由天然力造成的，国家是用武力造成的。用中国的政治历史来证明，中国人说：'王道是顺乎自然'，换一句话说：自然力便是王道，用王道造成的团体，便是民族。武力就是霸道，用霸道造成的团体，便是国家。"[②] 其次，他提出"最文明高尚"的民族主

---

[①] 李大钊：《新中华民族主义》，见《李大钊文集》，中国李大钊研究会编注，人民出版社1999年版，第一卷，第288页。

[②] 孙中山：《三民主义》（演讲本），见《国父遗教三民主义总辑》，徐文珊纂辑，中华丛书编审委员会1960年版，第109—110页。

义是"以意志为归",并举瑞士民族、美国民族的例子作为这方面的典范:"民族主义之范围,有以血统宗教为归者,有以历史习尚为归者,语言文字为归者,夐乎远矣。然而最文明高尚之民族主义范围,则以意志为归者。如瑞士之民族,则合日耳曼、以大利、法兰西三国之人民而成者也。此三者各有血统、历史、语言也,而以互相接壤于亚剌山麓,同习于凌山越谷,履险如夷,爱自由,尚自治,各以同声相应,同气相求,遂组合而建立瑞士之山国,由是而成为一瑞士之民族。此民族之意志,为共图直接民权发达,是以有异乎其本来之日、以、法三民族也。又美利坚之民族,乃合欧洲之各种族而镕冶为一炉者也。自放黑奴之后,则吸收数百万非洲之黑种,而同化之,成为世界一最进步、最伟大、最富强之民族,为今世民权共和之元祖。"[1] 瑞士、美利坚首先都是政治国家的概念,所以,要理解作为民族概念的瑞士与美利坚,不可能完全离开作为政治国家的瑞士与美利坚。在这个意义上,新的民族的形成依赖于新的国家的建构,新的民族认同自然也依赖于新的国家认同,也就是政治认同,而新的国家的建构则以民权为其正当性基础。也就是说,尽管国家的建构是出于武力,但对民权的共同追求能够合理地在不同民族之间形成建构国家的意志,从而形成以民权为基础的国家认同,进而形成国族认同,进而促成新的民族的形成。具体到中国的语境上来,正如历史上的中华民族是以文教之自然力通过不断的民族融和而形成的一样,新的中华民族,或者说未来的中华民族,也应当且能够以王道的方式在以民权为基础的政治意志和国家认同的前提之下自然地形成。

所以我们看到,孙中山对于将中华民族现成化地理解为包括中国境内的所有民族的看法不以为然,而是充分认同梁启超等人所提出的历史—文教意义上的中华民族概念。他明确地说:"说民族主

---

[1] 孙中山:《三民主义》(手著本),见《国父遗教三民主义总辑》,徐文珊纂辑,中华丛书编审委员会1960年版,第483—484页。

义就是国族主义,在中国是恰当的","因为中国自秦汉而后,都是一个民族造成一个国家"。① 又说:"中华民族者,世界最古之民族,世界最大之民族,亦世界最文明而最大同化力之民族也。"② 对于中华民国建立之后有人提出的"汉满蒙回藏五族共和之说",孙中山指斥为"无知妄作","欺人之语"。③ 孙中山所理解的中华民族,不是一个现成的概念,而是一个未完成的谋划,是在以民权为基础的国家认同的前提下通过境内各民族的自然融合才能结出的王道之善果。正是在这个意义上,他提出"民族主义的积极目的"在于"努力于文化及精神的调洽,建设一大中华民族":"夫汉族光复,满清倾覆,不过只达到民族主义之一消极目的而已。从此当努力猛进,以达民族主义之积极目的也。积极目的为何?即汉族当牺牲其血统、历史,与夫自尊自大之名称,而与满蒙回藏之人民,相见以诚,合为一炉而冶之,以成一中华民族之新主义。如美利坚之合黑白数十种之人民,而冶成一世界之冠之美利坚民族主义,斯为积极之目的也。五族云乎哉?夫以世界最古最大最富于同化力之民族,加以世界之新主义,而为积极之行动,以发扬光大中华民族,吾决不久必能驾美迭欧,而为世界之冠,此固理有当然,势所必至也。"④

---

① 孙中山:《三民主义》(演讲本),见《国父遗教三民主义总辑》,徐文珊纂辑,中华丛书编审委员会1960年版,第108、109页。
② 孙中山:《三民主义》(手著本),见《国父遗教三民主义总辑》,徐文珊纂辑,中华丛书编审委员会1960年版,第483页。
③ 大约在1919年,孙中山写道:"更有无知妄作者,于革命成功之初,创为汉满蒙回藏五族共和之说。"见《三民主义》(手著本),见《国父遗教三民主义总辑》,徐文珊纂辑,中华丛书编审委员会1960年版,第484页。在1921年,孙中山对滇赣粤军发表演说时谈到:"所谓五族共和者,直欺人之语!盖藏、蒙、回、满,皆无自卫能力,发扬光大民族主义,而使藏、蒙、回、满,同化于我汉族,建设一最大之民族国家者,是在汉人之自决。"见《国父遗教三民主义总辑》,徐文珊纂辑,中华丛书编审委员会1960年版,第552页。值得强调的是,这些话都是在中华民国成立之后说的,换言之,是在国家认同已经具备的前提下说的。
④ 孙中山:《三民主义》(手著本),见《国父遗教三民主义总辑》,徐文珊纂辑,中华丛书编审委员会1960年版,第484—485页。

需要进一步分析的是孙中山这里使用的同化概念。一方面，在当时的处境下，他显然以汉族为同化其他民族的主体；另一方面，他又要汉族"牺牲其血统、历史"，以与其他民族"合为一炉而冶之"。那么，汉族赖以同化其他民族的基础是什么呢？答案只能是三民主义所倡导的文教理想之下的王道政治。换言之，三民主义的根本目标，就是文教理想之下的王道政治。在这个意义上，三民主义的王道政治既是现代的，也是传统的。就其为现代的而言，在于这一王道政治必以民权主义为基本标准；就其为传统的而言，在于这一王道政治深深地植根于古代文教。质言之，孙中山的基本主张其实是在民权主义的时代大势之下以民权主义为标准重新审视、复兴中国固有的文教传统。他不仅认为这是应该的，而且也认为这是可能的、必需的。所以这里的"汉族当牺牲其血统与历史"，实际上并不是要排斥中国固有的文教传统，而是要反对汉族沙文主义，以期民族融合。和许多既接受现代民权观念又认同中国文教传统的知识分子一样，孙中山既认为中国远在先秦时代就已经有了与民权思想若合符节的文教理想，又指出中国在两千年来从未找到真正实现这一文教理想的实际道路。这也从一个侧面表明，在孙中山的思想中，如果说以历史——文教意义上的中华民族为中心的民族主义是中华民国之正当性的历史基础的话，那么，民权主义就是中华民国之正当性的现实基础。正是在这个意义上，他说："中华民国之名称重点在一民字。"[①] 民权主义不仅在理论上保障了同一民族内不同个体的平等，而且也保障了不同民族之间的平等；不仅是国民认同的基础，而且也是民族团结、民族联合的基础。

但是，民权主义只是人民追求美好生活、幸福生活的政治手段，本身不可能具是内在目的，所以，如果说中华民国的远大政

---

① 孙中山：《"中华民国"之意义》，见《国父遗教三民主义总辑》，徐文珊纂辑，中华丛书编审委员会1960年版，第736页。

治使命就是以王道政治的教化能力为凭借而将境内多个民族融合为一个大中华民族的话，那么，作为这一王道政治之终极根据的文教理想就构成中华民国之正当性的终极基础。在中华民国建立以后，孙中山越来越强调这一点。在他看来，作为王道政治之终极根据的文教理想就是《礼记·礼运》里记载的孔子的大同理想，而三民主义中的民生主义主题，就着意于此。孙中山多次提到民生主义就是大同主义。在孙中山去世以后，戴季陶也非常有见地、有针对性地强调孙中山思想的"本体"就是民生主义，指出孙中山"所领导的国民革命，最初的动因、最后的目的，都是在于民生。"[①]

在此值得指出的是，在孙中山及其后继者们对《礼记·礼运》中的大同理想的理解中，也在很大程度上接受了康有为通过今文经学的观念组合而发挥出来的以大同为历史之最后归宿的历史哲学。孙中山曾说："人类进化之目的为何？即孔子所谓'大道之行也，天下为公'，耶稣所谓'尔旨得成，在地若天'。此人类所希望，化现在之痛苦世界，而为极乐之天堂者是也。近代文明进步，以日加速，最后之百年，已胜于以前之千年，而最近之十年，又胜以往之百年。如此递推，太平之世，当在不远。"[②] 蒋介石在补充孙中山关于民生主义的未完成的演讲时专门辟出一节论述"民生主义建设的最高理想"。他首先指出，"礼运篇所谓'大同'，就是总理一生革命的最高理想"；之后重复了康有为的"三世说"，也同样将升平世与小康相对应，将太平世与大同相对应，而以《礼记·礼运》中所说"幽国"、"疵国"、"乱国"为"我们建设大同社会首先要削平的各种变乱"，并将这一削平变乱的阶段与据乱世相对应；再之后通过对大同社会与小康社会的社会制度，尤其是经济制

---

① 戴季陶：《孙文主义之哲学的基础》，民智书局1925年版，第15页。
② 孙中山：《孙文学说》，见《国父遗教三民主义总辑》，徐文珊纂辑，中华丛书编审委员会1960年版，第70—71页。

度的分析得出结论说:"小康社会如不向大同世界再进一步,就是小康也是保不住的。"① 戴季陶也直接而明确地以目的论的叙事方式将《礼记·礼运》中的大同思想理解为"民国国宪之大本":"孔子叹大道之不行,而为门人讲述大同之事,弟子记之,我先人延次两夫子传之,为万世治道之渊源。然而二千年来,秉政者未之能行,治学者未之能弘扬也。国父中山先生继往开来,乃宗其旨,创为三民主义,以建民国,而进大同。是此一百零七字之经文,实我中华治平大道之薪传,而民国国宪之大本。"②

不过,更值得指出的是,孙中山及其后继者们所理解的大同理想与康有为《大同书》的一个显著差异就是对家庭、家族的肯定。孙中山强调中国人有很深的家族、宗族观念而没有国族观念,但并不因此否定家族、宗族,而是充分肯定家族、宗族作为个人与国家之间的"中间社会"的重要意义,并认为国族观念能够建立在家族、宗族观念的基础之上通过扩充而形成:"依我看起来,中国国民和国家结构的关系,先有家族,再推到宗族,再然后才是国族,这种组织,一级一级放大,有条不紊,大小结构的关系,当中是很实在的。如果用宗族为单位,改良当中的组织,再联合成国族,比较外国用个人为单位,当然容易联络得多。"③ 蒋介石虽然以康有为的公羊"三世说"解释《礼记·礼运》的大同小康说,但并没有接受康有为《大同书》中的去家思想,而是充分肯定家庭、家族的存在和意义。比如在刻画大同社会时他说:"儿童不会失去教养,壮年都能得到职业,男女都有配偶,老年都有归宿,家庭的生活安定,如有鳏寡孤独,疾病残废,也都受到国家的保护和社会的

---

① 蒋介石:《民生主义育乐两篇补述》,见《国父遗教三民主义总辑》,徐文珊纂辑,中华丛书编审委员会1960年版,第466—467页。
② 戴季陶:《〈礼运·大同篇〉书后》,作于1944年,见《戴季陶先生文存》,陈天锡编,中央文物供应社1959年版,第四册,第1429页。
③ 孙中山:《三民主义》(演讲本),见《国父遗教三民主义总辑》,徐文珊纂辑,中华丛书编审委员会1960年版,第174页。

扶助。"在论述小康社会时更说："家族为社会的基本组织。有安定的家族，就有安全的社会，同时，有安全的社会才有安定的家族。"①

不管怎么说，孙中山及其后继者们都明确表示，三民主义的目的，不仅在于建立民国，更在于促进大同。尤其是民生主义，虽然在具体解释中被更多地侧重于经济方面，但其实包含着一个相当高远、超迈的文教理想，在其中，不同的民族在共同追求进步和文明的过程中不断地融为一体。总而言之，孙中山的三民主义非常睿智地从时间维度上为现代中国的国家建构奠定了正当性的基础：民族主义着意于历史，民权主义着意于现实，民生主义着意于理想，换言之，民族主义的过去时、民权主义的现在时与民生主义的将来时共同构成一个整全的时间观念而为中国人的伦理生活开启了一个基本的存在境域。这个意义上的现代中国，既是政治的，更是文教的，既是民族的，更是超越民族的。而且从长远的角度来看，文教的意义显然更为重要。如果说晚清以来出现的民族—文教—国家理念是通过对传统夷夏之辨中文教意义重于种族意义这一要点的颠倒而达到的一种现代转化的话，那么，面向实际生活世界重新弘扬文教理想，重新恢复被过分地束缚于民族主义立场之下的文教传统，对于中国将来的社会建设就非常重要。

与康有为等人重构儒学普遍主义的努力形成鲜明对照的是，儒学的民族主义化成了现代以来儒学新开展的宿命。彻底检讨因儒学的民族主义化而导致的对传统文教精神的误解乃至扭曲，从目前来看仍然是一个异常艰巨的任务。就此而言，孙中山及其后继者们开创的革命儒学实际上是儒学民族主义化的典型版本。在回答共产国际代表马林问及其革命思想之基础时，孙中山说："中国有一个道统，尧、舜、禹、汤、文、武、周公、孔子相继不绝，我的思想基

---

① 蒋介石：《民生主义育乐两篇补述》，见《国父遗教三民主义总辑》，徐文珊纂辑，中华丛书编审委员会1960年版，第467页。

础，就是这个道统，我的革命，就是继承这个正统思想，来发扬光大。"① 戴季陶发挥这一说法，以孙中山为道统传人："中山先生的思想，完全是中国的正统思想。就是继承尧舜以至孔孟而中绝的仁义道德的思想。在这一点，我们可以承认中山先生是二千年以来中绝的中国道德文化的复活。"② 不过，戴季陶也明确指出，孙中山在继承道统、复活道统的同时，更有新的创制："先生的思想，可以分为'能作'与'所作'的两个部分。能作的部分，是先生关于道德的主张；所作的部分，是先生政治的主张。能作的部分，是继承古代中国正统的伦理思想；所作的部分，是由现代世界的经济组织、国家组织、国际关系种种制度上面着眼，创制出的新理论。因为世界的状况不同，所以能作的理论，虽然继承古人，而他的实际，合古人不能尽同。"③ 应该说，戴季陶的这一概括还是相当中肯的。于是问题就在于，首先，"能作的部分"，也就是孙中山关于道德的主张，在哪些方面或在何种意义上"合古人不能尽同"？其次，导致这些差异的现代世界的不同状况主要表现在哪些方面？换言之，如果承认孙中山在继承中国古代文教传统的同时又有所开展，那么，站在这一文教传统的内在立场上又该如何评价这种新的开展？

在此我仅以孙中山在《三民主义》中的民族主义第六讲所重新阐发的"中国固有的道德观念"入手去做一简要分析。孙中山从中国固有的道德观念中概括出忠孝、仁爱、信义与和平，认为这些中国固有的道德观念都是"驾乎外国人"的，尤其和平的道德，

---

① 这是蒋介石在《三民主义之体系及其实行程序》中的转述，戴季陶在《孙文主义之哲学的基础》中也有相近的叙述。关于这次谈话的纪要亦可参见《孙中山集外集》，王耿雄主编，上海人民出版社1990年版，第259页。蒋介石以为马林为瑞典人，戴季陶则说他是一个"俄国的革命家"，其实原名亨德利库斯·约瑟夫斯·弗朗西乌斯·玛丽·斯内夫利特（Hendricus Josephus Franciscus Marie Sneevfliet）的马林是荷兰人。
② 戴季陶：《孙文主义之哲学的基础》，民智书局1925年版，第43页。
③ 同上书，第7—8页。

"更是驾乎外国人",于是,"这种特别的好道德,便是我们民族的精神;我们以后对于这种精神,不但是要保存,并且要发扬光大,然后我们民族的地位才可以恢复。"① 在民族精神的层次上来理解这些中国固有的道德观念,意味着,无论这些道德观念原本属于何种层次的伦理生活世界,现在都被置于民族生活或国家生活的层次上加以理解。这一点明显地表现在孙中山对这些道德观念的具体阐述上。

首先来看忠孝。忠之美德在中国古代文教传统中主要对应于君与臣民之间的伦理关系。针对那种因非君而废忠的观点,孙中山说:"现在一般人民的思想,以为到了民国,便可以不将忠字。以为从前讲忠字,是对于君的,所谓忠君;现在民国没有君主,忠字便可以不用,……这种理论,实在是误解。因为在国家之内,君主可以不要,忠字是不能不要的。如果说忠字可以不要,试问我们有没有国呢?我们的忠字可不可以用之于国呢?我们到现在说忠于君,固然是不可以,说忠于民是可不可呢?忠于事又是可不可呢?……我们在民国之内,照道理上说,还是要尽忠,不忠于君,要忠于国,要忠于民,要为四万万人去效忠。为四万万人效忠,比较为一人效忠,自然是高尚得多,故忠字的好道德,还是要保存。"② 孝之美德在中国古代文教传统中主要对应于家庭或家族内部的代际伦理,可涵盖子孙后代对父辈以上乃至祖先的感恩与敬仰之情,所谓"慎终追远",但是,也有将孝之美德推广到社会、国家、天下等生活的各个领域的主张,在这方面最典型的就是《孝经》。孙中山在谈到孝之美德时提到的恰恰就是《孝经》,亦是在国民道德和国家强盛的层次上来理解孝之美德的:"讲到孝字,我

---

① 孙中山:《三民主义》(演讲本),见《国父遗教三民主义总辑》,徐文珊纂辑,中华丛书编审委员会1960年版,第185页。从这里的语脉来看是在讲和平,但也同样适用于忠孝、仁爱、信义。

② 孙中山:《三民主义》(演讲本),见《国父遗教三民主义总辑》,徐文珊纂辑,中华丛书编审委员会1960年版,第181—182页。

们中国尤为特长。尤其比各国进步得多。《孝经》所讲孝字,几乎无所不包,无所不至;现在世界中最文明的国家,讲到孝字,还没有像中国讲到这么完全;所以孝字更是不能不要的。国民在民国之内,要能够把忠孝二字讲到极点,国家便自然可以强盛。"① 言下之意,孝之美德不仅能够而且应该施行于作为民国之国民的个人对于国家乃至文教的伦理态度上,也就是说,不仅要孝于家,孝于族,更要孝于国,孝于祖先之道。

其次来看仁爱。仁爱之美德在中国古代文教传统中也是立足家庭,故注重爱有差等,但经过必要的推广、扩充,亦施行于社会、国家、天下。孙中山在谈到仁爱之美德时,不仅对于爱有差等无所措意,而以墨子的兼爱、耶稣的博爱为论说之根据,而且明确强调仁爱作为政治美德的一面:"仁爱也是中国的好道德。古时最讲爱字的莫过于墨子,墨子所讲的兼爱,与耶稣所讲的博爱是一样的。古时在政治一方面所讲爱的道德,有所谓爱民如子,有所谓仁民爱物,无论对于甚么事,都是用爱字去包括。"② 这里并不意味着孙中山严守无差等的兼爱或博爱而反对差等之爱,而是说,正因为他更多地重视作为政治美德的仁爱,家庭伦理意义上的差等之爱相对地就被忽略了。毋庸赘言,在作为政治美德的仁爱背后,依然是作为集体生活形式的国族。

再次来看信义。信之美德在中国古代文教传统中主要着意于家庭、家族之外——类似于我们现在所说的社会——的交友之道,所谓"朋友有信"。孙中山在谈到信之美德时,首先提到"中国古时对于邻国和对于朋友,都是讲信的",然后就从商业交易的例子展开对信的讨论:"依我看来,就信字一方面的道德,中国人实在比外国人好得多。在甚么地方可以看得出来呢? 在商业的交易上,便

---

① 孙中山:《三民主义》(演讲本),见《国父遗教三民主义总辑》,徐文珊纂辑,中华丛书编审委员会1960年版,第182页。

② 同上书,第182页。

可以看得出,中国人交易没有甚么契约,只要彼此口头说一句话,便有很大的信用,……所以外国在中国内地做生意很久的人,常常赞美中国人,说中国人讲一句话比外国人立了合同的,还要守信用得多。"① 信之美德从交友之道到交易之道,其侧重的不同反映出实际生活世界的结构变化,背后亦隐含着对于现代民族—国家形态的关切,因为民族—国家的边界,正是商业贸易中相当重要的一个边界。类似地,义之美德在中国古代文教传统中亦多侧重于个人,而孙中山则从国际关系的例子展开他对义的讨论,质言之,他更多地将义作为一种集体的美德而运用于对国际关系的分析中。

最后来看和平。这是孙中山最为强调的,因为和平之美德直接关切于民族—国家林立的世界秩序。他在当时的语境中刻画当时的世界,突显中国人出于天性的和平对于整个世界的意义:"中国更有一种极好的道德,是爱和平。现在世界上的国家和民族,只有中国是讲和平,外国都是讲战争,主张帝国主义去灭人的国家。近年因为经过许多大战,残杀太多,才主张免去战争,开了好几次和平会议,……但这些会议,各国人公同去讲和平,是因为怕战争,出于勉强而然的,不是出于一般国民的天性。中国人几千年酷爱和平都是出于天性,论到个人便重谦让,论到政治便不嗜杀人者能一之,和外国人便有大大的不同。"②

所有这些美德,都在民族精神的高度上被刻画,都服务于对民族性的理解,都是民族认同的话语实践。③ 在此或许应该区分民族认同的两个不同侧面:一是通过与其他民族的对比,在差异中呈现本民族的同一性,由此形成民族认同,是相对于其他民族而有本民族;一是通过强调民族存在的意义,使作为民族之一员的个人产生民族意识,是相对于个人而有民族。后者也就是梁启超在《新民

---

① 孙中山:《三民主义》(演讲本),见《国父遗教三民主义总辑》,徐文珊纂辑,中华丛书编审委员会 1960 年版,第 182—183 页。

② 同上书,第 184—185 页。

③ 这与"五四"新文化运动所鼓吹的国民性理论形成了鲜明的对比。

说》等著作中念兹在兹的国民道德，针对的是他所谓中国人"知有个人和天下，而不知有国家"的问题——孙中山的说法是，中国人"只有家族主义和宗族主义，没有国族主义"，关切的是作为国家成员的国民与国家之间的伦理关系的建构。而前者显然又可合理地服务于后者。这其实从一个角度说明，孙中山是将中国古代属于家、国、天下等多重伦理空间的道德观念改造为现代世界中属于民族—国家或者说国族这个单一伦理空间的道德观念。① 在我看来，这一改造在中国现代伦理学史上具有相当的典型性，使中国古代文教传统中属于美好生活之多重空间的诸多美德在现代不断地被按照各种版本的民族主义加以重述。当然，与民族主义相对的个人主义在这种美德的现代重述中也起了至关重要的推动作用，因为个人主义与民族主义正是源自西方现代政治思想的一对孪生兄弟，个人与国家正是西方现代政治思想的两个极点，而在这种重述中无法避免的恰恰是透过西方的力量和眼光看中国。因此说，要将颇具普世情怀的文教传统从民族主义化的现代宿命中解放出来，并切实有

---

① 另一个典型的例子是孙中山的《军人精神教育》，这是1921年12月10日他在桂林对滇赣粤军的演说词，见《孙中山先生演说集》，黄昌谷编，民智书局1926年版。在其中，孙中三以"扫除中国一切政治上社会上旧染之污、而再造一庄严华丽之新民国"的救国、爱国革命为主旨，展开对军人精神的陈述。虽然演说面向革命军人这一特殊群体，但其意义亦不限于军人精神教育，而是可以被扩展为更具普遍性的国民精神教育。实际上，戴季陶就是在这样的高度上来评价这篇演说词的："这一部书，是民国十年先生在桂林集合各军将校讲演的记录。是先生造成革命军人的基本教科书。如果我们再细细地领略先生的'三民主义就是救国主义'这一句话，我们就可以晓得，这一部书实在是先生造成国民革命的基本教科书，是先生伦理思想的最高理论。我们中国的国民，要能够完全接受先生的这一个理论，才是真正的孙文主义的信徒，才能作真正的国民革命工作。"随后他又概括这篇演说词的核心思想说："我们看了先生这一部书，明白先生全部的思想，可以用几句简单的话来完全表明他，就是：'天下之达道三，民族也，民权也，民生也。所以行之者三，智也，仁也，勇也。智、仁、勇三者，天下之达德也，所以行之者一也。一者何？诚也。诚也者，择善而固执之者也。'"见《孙文主义之哲学的基础》，民智书局1925年版，第6—7页。对比鲜明的是，在这里对《中庸》的改写中，《中庸》原来的"达道五"，也就是君臣、父子、夫妇、昆弟、朋友五伦，被置换成了民族、民权与民生的"达道三"，而《中庸》原来的"三达德"，虽目次皆仍，然其义转新。

效地使文教传统在实际生活世界中得到真正的复兴，还须首先对于由个人、国家以及在个人与国家的概念框架中产生出来的社会这个三极体系中所构成的西方政治思想图景展开全面的反思。

未

# 政治自觉、教化自觉与中华民族的现代建构

## 一 国家建构与民族建构

尽管世界上多数国家并非"一个民族、一个国家",但这并不妨碍民族—国家乃是"当今世界上最重要的政治形式"。[1] 现代中国的国家建构,也是围绕民族—国家这个理念展开的。摆在我们面前的一个极重要的历史事实是,1912年建立的中华民国,是现代中国国家建构的真正开端。这个新的国家,结束了中国历史上的王朝年代,翻开了中国历史的又一页,无论其诞生是多么偶然和曲折。这个新的国家是革命的产物,产生于由革命的理论话语所导致的革命的政治行动,不过其之所以能够建成则与清朝自身的瓦解分不开。1911年武昌事件后清政府颁布"十九信条",使康有为有理由将辛亥之变称为一次"禅让革命";而随后的清帝逊位诏书更是坐实了中华民国在连续与断裂的辩证法中继清而兴的正当性。1949年建立的中华人民共和国,认同自己是中华民国的继承者,以至于当时的中国共产党高层曾就是否沿用中华民国的国号等问题进行过严肃、认真的讨论,如按照毛泽东本来的意思,是要沿用中华民国

---

[1] 安东尼·吉登斯:《全球时代的民族国家》,郭忠华编,江苏人民出版社2010年版,第4页。

的国号，因为在他看来，中国共产党"反蒋不反孙"，中国共产党人是继承孙中山的遗志而建立一个新中国的。

我们现在考虑中国的国家建构问题，特别是关联于民族问题与教化问题，一个相对务实的态度是从中华民国的建立这个既定的历史事实出发。在中华民国建立之前，以康有为等人为代表的君主立宪派和以章太炎等人为代表的民族革命派就如何建立一个现代中国发生过激烈的争论，而在这些争论中呈现出来的问题意识和思想关切，是我们首先应当分析和总结的。

明确提出按照民族—国家理念建构一个现代中国的是自然是民族革命派。如在作于1903年的《支那保全分割合论》一文中，孙中山说："支那国土统一已数千年矣，中间虽有离析分崩之变，然为时不久复合为一。近世五六百年，十八省土地几如金瓯之固，从无分裂之虞。以其幅员之广，人口之多，只闽粤两省言语与中原有别，其余各地虽乡音稍异，大致相若，而文字俗尚则举国同风。往昔无外人交涉之时，则各省人民犹有畛域之见，今则此风渐灭，同情关切之感，国人兄弟之亲，以日加深。是支那民族有统一之形，无分割之势。"① 按照这种构想，民族革命论者所要建构的新中国将是一个在疆域上只包括被认为是汉族地区的十八省的民族—国家。这代表了当时许多人的看法，其中强国的动机被表述为一个主要的理由，即认为只有建立单一的民族—国家，才能形成统一的国家意志，从而才能实现强国的梦想，从而才是民族在列国竞争的世界局势中的"自存之道"。

在阐述他们的政治主张时，民族革命派虽然也诉诸传统的夷夏之辨，但主要还是以来自西方的现代民族观念为理论依据。如章太炎，虽然一方面承认自己的民族思想受到"郑所南、王船山两先生的书"的深刻影响，但另一方面却认为"两先生的话""没有甚

---

① 孙中山：《支那保全分割合论》，见《孙中山全集》，中华书局1981年版，第一卷，第223页。

么学理",而是"自从甲午以后,略看东西各国的书籍,才有学理收拾进来"①。借鉴西方的人种学、民族学思想,章太炎对民族概念提出了一个比较综合的理解:"今夫血气心知之类,唯人能群。群之大者在建国家,辨种性,其条例所系,曰言语、风俗、历史。三者丧其一,其萌不植。"② 实际上,来自西方的现代民族观念构成民族革命派理解传统的夷夏之辨的理论基础。

关于传统的夷夏之辨,概而言之有三层意义:教化意义、种族意义和地理意义。其中教化意义最为重要,种族意义和地理意义则相对比较松动,且在实际运用过程中三种意义之间往往构成张力。必须指出的是,将夷夏之辨彻底简化为教化之辨或彻底简化为种族之辨都是错误的,而且似乎前一种错误更具迷惑性而流布更广。导致这两种错误的主要原因在于在看待民族的构成时完全以静态的眼光,而没有注意民族形成的时间性维度。实际上,一方面,华夏民族作为教化理想的承担者,在这一理想彻底实现之前的任何一个时刻,都是一个有地理边界和人种限度的族群,就此而言,我们不能不重视夷夏之辨的种族意义;另一方面,华夏民族的地理边界和人种限度在教化理想被不断弘扬的过程中又会被时时扩展、超越——这也就是我们常说的华夏民族实经多民族融合而形成的原因所在,就此而言,我们又不能不推重夷夏之辨的教化意义。换言之,动态地观之,一方面民族因教化的程度而有界限;另一方面民族因教化的善果而得融合。顺此,我们可以将夷夏之辨理解为一个以华夏民族的客观存在为实际依托、以超越民族界限的普世教化为最高理想的民族融合理论:若突显其中的种族意义,夷夏之辨就意味着一个标准的民族观念;若突显其中的教化意义,夷夏之辨就呈现出超越民族界限、广拓文明之域的理想维度,且尊重差异、容纳多元也是

---

① 章太炎:《东京留学生欢迎会演说辞》,见《章太炎政论选集》(上),汤志钧编,中华书局1977年版,第269页。
② 章太炎:《訄书重订本·哀焚书》,见《章太炎全集》(三),上海人民出版社1984年版,第323—324页。

题中之义。

民族革命派实际上是以来自西方的民族观念为理论依据重新安排夷夏之辨的三层意义,从而形成他们对汉民族的理解。这一理解并没有废弃传统夷夏之辨的教化意义,只是将教化意义放置在种族意义之下重新安置,通过使教化传统成为民族的历史文化从而在一定意义上重构了夷夏之辨。这种做法在晚清那样独特的历史处境中创造了新的政治主体,但其缺点也是非常明显的。

君主立宪派如康有为、杨度等,都反对按照"一个民族,一个国家"的理念来建构一个现代中国。他们认为,既然中国当时的治理边界并不限于汉族地区,那么,按照"一个民族,一个国家"的理念来建构一个现代中国,势必会导致中国的分裂。质言之,如果是汉族作为政治主体建立一个以自身为边界的民族—国家而将本来已经在中国版图之内的其他民族排斥在外,那么,中国将从一个大国变成多个小国,在列国竞争的世界局势面前这实在不是什么强国之道,而是弱国乃至亡国之道。如杨度认为,倡导民族革命而引向五族分立说,会使中国走上亡国之路:"是五族分立说,乃亡国之政策,决不可行者也。何也?今日中国之土地,乃合五族之土地为其土地,今日中国之人民,乃合五族之人民为其人民,而同集于一统治权之下,以成为一国者也。此国之外,尚有各大强国环伺其傍。对于中国,持一均势政策,而倡领土保全、门户开放之说,以抵制瓜分之说。使中国能于领土保全之中,国民速起而谋自立,视其事之急,等于救人,等于救火,竭数年之力,以整理其内政外交,建设立宪政体,完成军国社会,则中国之国家或可从此自立,不致再有覆亡之忧。"[①] 因此,他们主张,应当以君主立宪的政治手段建设一个现代中国,就是说,新的中国需要继承清朝的法统。

---

① 杨度:《金铁主义说》,见《杨度集》,刘晴波主编,湖南人民出版社1986年版,第302—303页。

君主立宪派在阐述其政治主张时自然比民族革命派更愿意诉诸传统的夷夏之辨，因为正是夷夏之辨中的教化意义可以为一个包含多民族的现代国家的建构提供理论基础。最能体现这一点的是康有为。除了君主立宪这个核心的政治主张外，康有为在戊戌流亡后明确提出立孔教为国教的主张。在他看来，孔教从汉代以来一直是中国的国教，历史上中国的成立端赖孔教，所谓"散孔教则无中国"，因此，要建立一个包含多民族的现代中国，维系一个大一统的中国，立孔教为国教将是非常关键的一项政治措施。[1]

需要指出的是，君主立宪派虽然表面上反对以民族—国家的理念来构想一个新中国，但他们的国家建构理念与民族革命派的差别并没有想象的那么大。这或许是因为历史上形成的中国观念自然地蕴涵着一个民族观念这一点是双方不言而喻的一个共识。[2] 早先持君主立宪主张、后来深受民族革命派影响的梁启超就表达过一种看似折衷的观点，最能说明这一点。梁启超一方面援引伯伦知理批评单一民族国家论，"不以民族主义为建国独一无二之法门"，另一方面，他又提倡包含多个民族的大民族主义："合汉，合满，合蒙，合回，合苗，合藏，组成一大民族，提全球三分有一之人类，以高掌远跖于五大陆之上。""大民族主义者何？合国内本部属部之诸族以对于国外之诸族是也。中国同化力之强，为东西历史家所同认。"[3] 特别值得注意的是这里他对中国同化力的强调，意味着在梁启超这个大

---

[1] 详细的分析参见唐文明：《敷教在宽：康有为孔教思想申论》下篇，中国人民大学出版社2012年版。

[2] 如葛兆光在《宅兹中国》一书中针对大陆以外史学界解构中国的思想倾向试图代重建有关中国的历史叙述，被张隆溪评价为是对"历史上的中国以及中国性是否存在"这一质疑的"一个掷地有声的响亮回答"。值得注意的是，葛兆光特别强调宋代以来中国观念的变化与加强，基本上认为宋代以来中国就具备了一个民族国家的格局。参见葛兆光：《宅兹中国：重建有关"中国"的历史论述》，中华书局2011年版；张隆溪：《掷地有声：评葛兆光新著〈宅兹中国〉》，载《思想》第18辑。本文所引用的一些学者则强调秦汉时期对于中国性的塑造之功，详见下文。

[3] 梁启超：《政治学大家伯伦知理之学说》，见《饮冰室文集》，中华书局1926年版，第10卷，第38—39页。

民族主义的观念中,隐含着对教化力量的重视,质言之,要合汉、满、蒙、回、苗、藏等各个民族为一个大民族,除了必要的政治手段外,教化的力量将是主导性的。梁启超的观点实际上非常清晰地呈现出,君主立宪派的国家建构理念与民族革命派的民族—国家理念并非不可调和,顺着这个思路实际上可以说前者也是要建立一个现代的民族—国家,只不过这个民族不限于汉族,而是合中国境内的各个民族而为一大民族,至于是否革命、是否保留君主制、是否设立国教等差异,只是意味着双方在建国手段和具体措施上的差异。

双方的这个共识也表现在各自对于现代中国的国名构想中。双方都提出应以"中华"为新中国的国名:康有为在大约写作于1902年的《请君民合治满汉不分折》和《答南北美洲诸华商论中国只可行立宪不可行革命书》中提出,新中国的国名"莫若用'中华'二字";孙中山在1906年提出"中华民国"作为新中国的国名,随后1907年章太炎发表《中华民国解》,阐述自己对新中国的构想。①

如果我们承认"合中国境内各民族为一大民族"这个关切对于现代中国的国家建构是非常重要的,那么,君主立宪派的主张就值得认真对待。但这并不意味着民族革命派在国家建构观念上的缺点是无法弥补的,因为无论从内部还是外部两个视角看,现代中国的国家建构注定要采取民族—国家的形式,这一点基本上是确定的。毋宁说,君主立宪派在批评民族革命派时所提出的那个重要关切意味着他们关于现代中国的国家建构提出了一个非常重要的问题,即对应于国家的那个民族——可恰当地称为国族——的建构的问题。我们在此将国族层次上的民族建构(na-

---

① 《请君民合治满汉不分折》收入1911年出版的《戊戌奏稿》,黄彰健、孔祥吉和茅海建都已指出,此折为康有为后来撰写,孔祥吉认为撰写时间为康有为流亡日本以后,参见孔祥吉:《康有为变法奏议研究》,辽宁教育出版社1988年版。

tion‐building）区别于国家建构（state‐building），将国族层次上的民族建构理解为国家建构的一个重要环节或组成部分，就是说，国家建构不能仅仅采用政治手段，如果没有相应的国族层次上的民族建构，国家建构不可能真正获得成功。国族层次上的民族建构也被有些学者称为国家建构型的民族主义："这种民族主义旨在通过把一个多民族国家塑造成一个民族国家，使民族区域和治理单元的边界相一致。尽管间接统治作为一种治理手段能够对文化多样性保持宽容心态，但文化上的统一有助于促进直接统治的实施，并塑造其合法性。"[1] 实际上可以想见，世界上大多数国家在其现代建构过程中都会面临国族层次上的民族建构问题，既然纯粹由单一民族所组成的国家少之又少。在现代中国的语境中，国族层次上的民族建构问题自然就是中华民族的建构问题，也就是，直面中国的多民族现状，如何建构一个国族层次上的中华民族的问题。这一点无须讳言。

## 二 政治自觉与教化自觉

在1988年举办于香港中文大学的泰纳讲座上，费孝通发表了题为《中华民族的多元一体格局》的著名演讲。在演讲稿的一开始，费孝通就提出了一个核心观点："中华民族作为一个自觉的民族实体，是近百年来中国和西方列强对抗中出现的，但作为一个自在的民族实体则是几千年的历史过程所形成的。"[2] 更具体一点说，在这个演讲中，费孝通从中国境内各民族"大杂居、小聚居"的实际状况出发，运用人类学的方法，援引各种历史文献和研究成果，提出了一个具有鲜明政治关切的观点：中国境内的各个民族在

---

[1] 迈克尔·赫斯特：《遏制民族主义》，韩召颖等译，欧阳景根校，中国人民大学出版社2012年版，第74页。
[2] 费孝通：《中华民族的多元一体格局》，见费孝通主编：《中华民族多元一体格局》，中央民族大学出版社1999年版，第3页。

几千年漫长的交往过程中形成了"你中有我,我中有你"的、相互依存、不可分割的多元一体格局,其中汉族是一个起着凝聚作用的核心;而这个具有多元一体格局的民族实体的自觉则是近百年来的事,特别因为有西方列强这强大的他者才促使这个民族产生了明确的别内外的自我意识。①

那么,"中华民族从自在到自觉"这一讲法是否与我们前面提出的"中华民族的现代建构"这一国家建构的重要主题存在着龃龉呢?或许有人会提出,就国家建构这一主题而言,谈论中华民族从自在到自觉比谈论中华民族的现代建构更为恰当,因为前一种讲法隐含着中华民族是一个经过几千年的历史而形成的民族,而现代中国的建立恰恰是以这个历史民族为基础而建立的,这个思路恰恰符合通行的民族—国家的理念,至于作为中华民族之组成部分的各个民族,费孝通则是通过层级划分的方法做了恰当的安置,即相对于包括汉族在内的、作为其组成部分的各个民族,中华民族乃是比这些民族高一层次的民族。

其实,"中华民族从自在到自觉"的表述,正是中华民族现代建构的一种话语行动。如果说民族认同是一个民族形成的关键的话,那么,费孝通将中华民族的自觉断自近百年来就是将中华民族形成的关键时刻断自近百年来。我们也能够非常明显地观察到,费孝通的"民族认同意识的多层次论"与前述梁启超的大民族主义论具有直接的理论渊源。汪晖在引用了费孝通关于中华民族在近百年来与西方列强的对抗中从原来的自在状态转变为一个自觉的民族实体的论述后说:"正是因为中华民族是一个政治实体,而不是已经完成的事实,它就仍然处于一个形成和建构的过程之中,持久地依赖于一代又一代人的探索与实践。"② 显然他也是将费孝通的中

---

① 费孝通的表述不够严谨的地方在于,中国民族主义兴起的历史背景中更重要的他者除了西方列强,还有更早开始学习西方列强而成为东方强国的日本。
② 汪晖:《东西之间的"西藏问题"》,生活·读书·新知三联书店2011年版,第88—89页。

华民族从自在到自觉的观点放在国族层次上的民族建构这一主题上来考虑的。

对于中华民族现代以来的自觉,费孝通在演讲中主要着意于中华民族的民族意识在现代处境下的形成,即中国境内的各个民族"在共同抵抗西方列强的压力下"所形成的"共休戚、共存亡、共荣辱、共命运的感情和道义"。[①] 这个说法的缺陷一是略显笼统,不够具体;二是比较表面和片面,因为一个国族层次上的民族的自觉一定涉及保障各民族的国民共同生活的一些实质理念,而这些至关重要的实质理念才是"休戚与共"的民族联合意识能够产生和得以维系的基础。

在此,我想站在国家建构的角度从政治和教化两个方面刻画费孝通所提出的中华民族的自觉的问题。[②] 既然中华民族的自觉对应于现代中国的政治建构,那么,首当其冲的是中华民族的政治自觉,因为政治自觉直接关系到要建构一个什么样的国家的问题。

要把握和刻画中华民族的政治自觉,一个最能呈现其要点的独特角度正是民族问题。我们知道,晚清民族革命派以排满相号召。排满首先是一种反抗性的民族主义,而反抗性的民族主义往往与建立单一民族国家的政治诉求相联系。这也在一个方面解释了为什么晚清民族革命派所构想的现代中国是一个仅仅包括十八省的汉族国家。不过,虽然民族革命派在中华民国的建立过程中起到了不可磨灭的重要作用,但是,中华民国的实际建立并不是民族革命派所构想的那个只包括十八省的汉族国家。1912 年 1 月 1 日,孙中山发表《中华民国临时大总统宣言书》,提出合境内诸民族为一大民族

---

[①] 引自费孝通 1996 年给日本国立民族学博物馆(大阪)举办的"中华民族多元一体论"国际学术讨论会提供的书面报告,见费孝通主编:《中华民族多元一体格局》,代序,第 13 页。

[②] 我们这里提出"教化自觉"这一术语,而不采用"文化自觉"的说法,因为"文化"这个词在很多人的用法中太过宽泛乃至松垮,难以切中我们所关心的问题。

的民族统一主张："国家之本，在于人民。合汉、满、蒙、回、藏诸地方为一国，即合汉、满、蒙、回、藏诸族为一人。是曰民族之统一。"1912年2月12日颁布的《清帝逊位诏书》中也明确提出："仍合满、汉、蒙、回、藏五族完全领土为一大中华民国。"1912年3月11日南京临时政府公布的《中华民国临时约法》规定中华民国的领土是包括内蒙古、外蒙古、西藏、青海的二十二行省。1912年4月22日《大总统袁世凯命令》中则明确使用了"五族共和"的说法："现在五族共和，凡蒙、藏、回疆各地方同为我中华民国领土，则蒙、藏、回疆各民族，即同为我中华民国国民，自不能如帝政时代再有藩属名称。此后、蒙、藏、回疆等处，自应统筹规划，以谋内政之统一，而冀民族之大同。民国政府于理藩不设专部，原系视蒙、藏、回疆与内地各省平等，将来各该地方一切政治，俱属内务行政范围。现在统一政府业已成立，其理藩事务，著即归并内务部接管。"

需要指出的是，孙中山宣言中"合满、汉、蒙、回、藏诸族为一人"的主张与袁世凯命令中"五族共和"的主张并不一样。直观而言，前者重视"合"，后者强调"和"。虽然可以想见"尊重差异，容纳多元"都是二者题中应有之义，但是，前者显然更重视民族之间的"合"的过程，后者则更强调民族之间"和"的关系。最能体现这一差异的是孙中山对"五族共和"的真正看法。"五族共和"的理念来自晚清立宪派，在晚清的处境中多多少少与满族统治者的立场和角度有关。在中华民国建立初期，"五族共和"的理念被明确提出，特别表现在1912年1月11日在南京召开的各省代表会议上。该会议提出以"五色旗"作为中华民国的国旗，以象征"五族共和"的政治理念。对此，孙中山并没有提出批评，虽然他早在1906年就主张以"青天白日满地红"作为未来国家的国旗图案。从后来的论述可以清楚地看到，孙中山当时这么做完全是出于对形势的把握和策略的考虑，从根本上来说他并不认同"五族共和"的理念，而是以"五族共和"为"无知妄作"、

"欺人之语"。①

尽管存在着上述相当重要的差异，但也不难看到，无论是作为革命话语的反抗性的民族主义，还是以国家建构为目的的包容性的民族主义，还是渊源于君主立宪派的"五族共和"主张，都共享着一个非常重要的政治理念，即民族平等。在中国现代政治史上，相继执政的国民党和共产党都明确地将民族平等作为国家建构的一个基本政治理念。孙中山在1924年1月23日的《中国国民党第一次代表大会宣言》中说："国民党之民族主义，有两方面之意义：一则中国民族自求解放；二则中国境内各民族一律平等。"毛泽东在1940年3月11日的《目前抗日统一战线中的策略问题》中说："实行民族主义，坚决反抗日本帝国主义，对外求中华民族的彻底解放，对内求国内各民族之间的平等。"②

民族平等的思想基础是个人平等，个人平等的思想基础则是个人权利，即民权。民权涉及不同民族的个人在政治、经济和文化等社会生活的各个方面的基本权利。既然民族平等是以民权思想为基础的，那么，民族问题根本上是民权问题，无论民族问题具体表现在哪个方面。因此，一言以蔽之，中华民族的政治自觉即在以民权为基础的民族平等。民权的理念在理论上不仅保障了同一民族内不同个体的平等，而且也保障了不同民族之间的平等，不仅是国民认同的基础，而且也是民族团结、民族联合的基础。正是在这个意义上，孙中山说："中华民国之名称重点在一民字。"③ 至于后来共产党的基本立场，以毛泽东为代表，他对民族问题的一个核心看法

---

① 约在1919年孙中山写道："更有无知妄作者，于革命成功之初，创为汉、满、蒙、回、藏五族共和之说。"1921年孙中山对滇赣粤军发表演说时谈到："所谓五族共和者，直欺人之语！盖藏、蒙、回、满，皆无自卫能力，发扬光大民族主义，而使藏、蒙、回、满，同化于我汉族，建设一最大之民族国家者，是在汉人之自决。"见《国父遗教三民主义总辑》，徐文珊纂辑，中华丛书编审委员会1960年版，第484、552页。

② 引自国家民族事务委员会政策研究室编《中国共产党主要领导人论民族问题》，民族出版社1994年版，第21—22页。

③ 孙中山：《"中华民国"之意义》，见《国父遗教三民主义总辑》，第736页。

是，民族问题根本上是阶级问题。毛泽东的这一看法虽然可能包含着对抽象的民权思想的批评，但并不意味着对民权思想的反对，就其实际的理论意图和理论构想而言恰恰表现为对民权思想的推进。

国民党和共产党也都依据民族平等的基本理念进一步提出了与民族问题有关的政治安排。孙中山在《中国国民党第一次代表大会宣言》中说："国民党敢郑重宣言，承认中国以内各民族之自决权，于反对帝国主义及军阀之革命获得胜利以后，当组织自由统一的（各民族自由联合的）中华民国。"毛泽东1945年4月24日在中国共产党第七次全国代表大会上所做的政治报告（即《论联合政府》）中引用了孙中山的这段话，然后说："中国共产党完全同意上述孙先生的民族政策。共产党人必须积极地帮助各少数民族的广大人民群众为实现这个政策而奋斗；必须帮助各少数民族的广大人民群众，包括一切联系群众的领袖人物在内，争取他们在政治上、经济上、文化上的解放和发展，并成立维护群众利益的少数民族自己的军队。他们的言语、文字、风俗、习惯和宗教信仰，应被尊重。"[①]

1949年以后中国共产党执政的政府有关民族问题所做出的最重要的政治安排是在中国逐步建立起了民族区域自治制度。1949年的《中国人民政治协商会议共同纲领》中明确规定："各少数民族聚居的地区，实行民族区域自治，按照民族聚居的人口多少和区域大小，分别建立各种民族自治机关。"1954年9月召开的第一届全国人民代表大会，把民族区域自治制度载入了《中华人民共和国宪法》。1984年5月31日，在总结实施民族区域自治经验的基础上，第六届全国人民代表大会第二次会议通过了《中华人民共和国民族区域自治法》，自同年10月1日起正式实施。2001年修改的《民族区域自治法》明确规定"民族区域自治制度是国家的一项基本政治制度"。

---

① 引自《中国共产党主要领导人论民族问题》，第29—30页。

改革开放以来，特别是近年来，民族区域自治制度遭到了一些学者的质疑，比如马戎提出，1949年以后中国"参照了苏联的做法，在民族问题上也采取了把族群问题政治化和制度化的一整套措施"，而在建立和推行民族区域自治制度的过程中，"也不可避免地把我国的族群问题'政治化'，并在一定程度上推动一些族群向加强其'民族意识'的方向发展。"① 于是他建议对民族问题进行"去政治化"，将民族平等还原为公民平等，并借鉴美国式的文化多元主义理念"努力把族群问题向亚文化群体的方向上引导。"② 马戎的观点引起了激烈的争论，其中的一个焦点自然集中在如何评价1949年以来的民族区域自治制度上。③

针对马戎的观点，对民族区域自治制度所做出的最有思想品格、最具理论前沿因而也最强有力的辩护是由汪晖提出的。汪晖援引当代西方共同体主义者——特别是查尔斯·泰勒——的观点，以"多元文化社会中的承认的政治"来刻画现代中国国家建构中的民族问题，提出要在个人平等的基础上真正贯彻民族平等的政治理念，就应当对民族问题采取更为积极的政治安排，而不应当采取那种基于"程序性的权利自由主义"的"去政治化的政治"。④ 在他看来，民族区域自治制度是现代中国的一项"全新的创造"，产生于"帝国遗产、民族国家与社会主义价值的综合"，至少就其构想而言是充分考虑到中国社会多民族存在的实际状况而提出的一项旨

---

① 马戎：《理解民族关系的新思路——少数族群问题的"去政治化"》，见谢立中主编：《理解民族关系的新思路：少数族群问题的"去政治化"》，社会科学文献出版社2010年版，第23、24页。该文原发表于《北京大学学报》（哲学社会科学版）2004年第11期。

② 同上书，第16页。

③ 对马戎观点的一些批评见谢立中主编：《理解民族关系的新思路：少数族群问题的"去政治化"》。

④ 汪晖所使用的"去政治化"涉及改革开放以来中国社会的一系列政治变迁，是他刻画改革开放以来中国社会原来的阶级政治逐渐衰败的一个核心的批判性概念，与马戎所使用的"去政治化"并不相同，但二者在民族问题的看法上又有重叠。汪晖的说明见汪晖：《东西之间的"西藏问题"》，第104页。

在"通过承认差异来贯彻平等价值"的政治制度。① 针对从不同方向上对民族区域自治制度提出的那些批评,汪晖澄清说:"从制度形态上看,民族区域自治不同于统一的行省制之处在于,它以制度的方式突出了民族区域与其他区域在族群、文化、宗教、语言、习俗和社会发展方面的差异;从政治上看,民族区域自治论不同于民族自决论和民族国家内的联邦论(或苏联式的加盟共和国论),它并没有否定中华民族的一体性;从内涵上看,民族区域自治不同于族裔民族主义的政治原则,因为自治体并非完全建立在族裔范畴之上,而是建立在'民族区域'这一范畴之上。"②

这一澄清既然已经表明,民族区域自治制度是在国家主权的单一性这个大前提下提出来的,而且,自治的单位并不是民族,而是民族存在状况比较特殊的区域,那么,它或许在一定程度上可以消除因近年来出现的新形态的民族问题而对民族区域自治制度所提出的质疑和指责。有意思的是,一方面汪晖合乎历史实情地将民族区域自治制度关联于中国社会主义阶级政治的创制立法,另一方面在他对民族区域自治制度作辩护时则主要援引了西方当代共同体主义者关于"承认的政治"的观点。这背后隐含着对仅仅基于一般所谓的公民权利的平等观念的不满。根据我们熟悉的西方当代关于平等的政治理论,一个无需辞费的事实是,如果个人基本权利的清单不仅仅限于一般所谓的公民权利(civil rights),还应当包括经济权利、文化权利等所谓的社会权利(social rights),那么,民族区域自治制度就能够在诸如"经济平等是政治平等的保障"、"文化平等是政治平等的重要内容"等思想论述下得到有力的辩护。

但这并不意味着马戎的批评没有意义。从一个更为合理、更为全面的立场来看,马戎的批评揭示出,民族区域自治制度的一个巨大缺陷在于仅仅从政治层面看待并处理民族问题,而这将导致民族

---

① 汪晖:《东西之间的"西藏问题"》,第78页、第137页。
② 同上书,第78页。

边界的固化。实际上，汪晖也和马戎一样，对于以政治的方式和力量将组成中华民族的各个族群的边界固化、强化的做法有所警惕。这一点明显地表现在，汪晖虽然像费孝通一样不反对使用"民族"的概念来指称组成中华民族的各个族群，但他对民族区域自治制度的辩护的一个要点在于强调民族区域自治制度中的自治单位是"区域"而非"民族"。如果说马戎的"去政治化"的思路可以概括为"政治一体，文化多元"的话，那么，汪晖对民族区域自治制度的辩护的积极意义则在于提醒我们，在政治的层面或许存在一个兼顾一体与多元的更精微的思路，即，在强调国家主权的单一性的前提下尽可能充分地尊重差异。

还有一个观点也为汪晖和马戎所共享，即在国家治理的问题上承认文化多元主义主张的合理性。这个观点也为很多人所接受：无论是立足于现代国家理论的超文化诉求还是考虑到中国境内文化多样性的实际状况，在文化上充分地尊重差异似乎都有充足的理由。然而，这个观点并不如我们想象的那样无害，对于其中所存在的严重问题，大多数人还缺乏清醒的认识和足够的重视。实际上，正如在政治的层面存在一个兼顾一体与多元的更精微的思路，在文化的层面，也存在一个兼顾一体与多元的更精微的思路。在这个问题上目前最常见的一个流俗之见，正如在汪晖和马戎的思路中都隐含地承认的，是过分轻易地向文化多元主义投降。我们更应当思考的，是在承认文化多元的前提下的文化一体的可能性，是一种能够超越、容纳、成全多元文化的文化机制的可能性。如果我们聚焦于教化来理解文化中最严肃的内容，那么，这个问题也就是中华民族的教化自觉的问题。以下我将转向这个主题，希望通过思想史的梳理和分析，对一体与多元都给予充分的重视，揭示出一条兼顾一体与多元的更精微的思路。不过，这并不意味着教化自觉和政治自觉可以完全分开。实际上，上述汪晖的观点已经暗示出，在中华民族的政治自觉这个问题上仅仅谈论基于民权思想的平等观念这一点是非常成问题的。政治自觉和教化自觉以何种方式关联在一起，其实这是理解现代中国国家建构和民族建构的一个关键。因此，接下来关于教化问题的分析仍然关系到政治层面的重大关切。

在现代中国以革命为主调的国家建构和民族建构的话语中，中华民族的政治自觉自然是谈论得比较多的，相比之下，教化自觉在关于中华民族的现代论述中长期处于隐而不显的状态，在更晚近的当代论述中可以说是被完全忽略。我们仍从费孝通的《中华民族的多元一体格局》这篇演讲出发。

正如前面已经提到的，在这篇演讲中，费孝通提出，从历史上看，"中华民族多元一体格局存在着一个凝聚的核心"，即汉族。换言之，中华民族在成为一个自在的民族的过程中，汉族起了凝聚核心的作用，是民族融合的主导力量，且汉族本身的形成也表现为一个从多元到一体的过程："它在文明曙光时期，即从新石器时代发展到青铜器时代，已经在黄河中游形成它的前身华夏族团，在夏、商、周三代从东方和西方吸收新的成分，经春秋、战国的逐步融合，到秦统一了黄河和长江两大流域的平原地带。汉继秦业，在多元的基础上统一成为汉族。汉族的名称一般认为到其后的南北朝时期才流行。经过2000多年的时间向西方扩展，融合了众多其他民族的人。"[①] 关于汉族在中华民族从多元到一体的过程中如何成为凝聚核心的问题，费孝通从经济地理学的角度给出了一个说明："汉族主要聚居在农业地区，除了西北和西南外，可以说凡是宜耕的平原几乎全是汉族的聚居区。同时在少数民族地区的交通要道和商业据点一般都有汉人长期定居。这样汉人就大量深入到少数民族聚居地区，形成一个点线结合、东密西疏的网络，这个网络正是多

---

① 费孝通：《中华民族的多元一体格局》，见费孝通主编《中华民族多元一体格局》，第31页。实际上费孝通试图将多元一体论刻画为关于民族形成的一个普遍理论，即认为"由多元形成一体很像是民族这个共同体形成的普遍过程"。引自费孝通1996年给日本国立民族学博物馆（大阪）举办的"中华民族多元一体论"国际学术讨论会提供的书面报告，见费孝通主编《中华民族多元一体格局》，代序，第15页。

元一体格局的骨架。"①

更进一步,费孝通简要地分析了汉族成为民族融合之主导力量、成为中华民族之凝聚核心的原因。他认为"主要是出于社会和经济的需要":"如果要寻找一个汉族凝聚力的来源,我认为汉族的农业经济是一个主要因素。看来任何一个游牧民族只要进入平原,落入精耕细作的农业社会里,迟早就会服服帖帖地主动地融入汉族之中。"② 于是我们可以观察到的一个历史事实是:"秦以后中国在政治上统一的时期占三分之二,分裂的时期占三分之一,但是从民族这方面说,汉族在整个过程中像雪球一样越滚越大,而且在国家分裂时期也总是民族间进行杂居、混合和融化的时期,不断给汉族以新的血液而壮大起来。"③

费孝通的这个分析明显地突出了经济因素,对政治因素则未能充分重视,尽管他明确提到"政治的原因也不应当忽视"。关于政治因素对于历史上中国主体民族的形成和民族融合的意义,费孝通仅仅留意于政治干预对于民族融合的效果,对此效果他基本上持否定态度:"直接政治干预的效果是不大也不好的,因为政治上的歧视、压迫反而会增强被歧视、被压迫的人的反抗心理和民族意识,拉开民族之间的距离。从历史上看,历代王朝,甚至地方政权,都有一套对付民族关系的观念和政策。固然有些少数民族统治者,如北魏的鲜卑族,入住了汉族地区后奖励和甚至用行政手段命令他们自己的民族和汉族同化,但大多数的少数民族王朝是力求压低汉族的地位和保持其民族的特点。结果都显然和他们的愿望相反。政治的优势并不就是民族在社会上和经济上的优势。满族是最近也是最明显的例子。"④ 政治因素对于中国历史上主体民族的形成和民族

---

① 费孝通:《中华民族的多元一体格局》,见费孝通主编《中华民族多元一体格局》,第32页。
② 同上书,第34页。
③ 同上书,第33—34页。
④ 同上书,第33页。

融合显然有比费孝通所留意到的政治干预更积极的作用。概而言之，秦汉以来大一统的帝国政治模式，对于历史上汉族的形成和中华民族多元一体格局的形成都是至关重要的。这是费孝通的演讲未能充分重视的。

与费孝通的这个分析形成鲜明对比的，是抗日战争时期顾颉刚在对边疆问题的实际关切下展开的关于中华民族的论述。总体来看，在国家建构这个重大关切和与之相关的一些重要方面，顾颉刚的论述都是费孝通的先驱。首先，中华民族多元一体正是顾颉刚的主要论点。他不仅承认中华民族在起源上的多元性，而且强调中华民族正是在历史上漫长的一体化过程中形成的；其次，他重视汉族在历史上中华民族形成过程中所起的主导作用，即是以汉族为中华民族的凝聚核心；再次，费孝通有中华民族从自在到自觉的刻画，在顾颉刚那里可以看到类似的刻画："'中华民族是一个'，这话固然到了现在才说出口来，但默默地实行却已有了二千数百年的历史了。"①

与费孝通后来关于历史上中华民族形成的论述最大的不同，在于顾颉刚更强调政治因素在中华民族历史形成过程中的重要作用："到秦始皇统一，'中华民族是一个'的意识就生根发芽了。从此以后，政权的分合固有，但在秦汉的版图里的人民大家是中国人了。……为什么会这样？就因为我们从来没有种族的成见，只要能在中国疆域之内受一个政府的统治，就会彼此承认都是同等一体的人民。"②

顾颉刚的这一观点显然有激于抗日战争时期中国实际的政治处境。顾颉刚曾谈到自己之所以要写《中华民族是一个》等文章，"完全出于时代的压迫和环境的引导"，具体来说当时的民族问题有五次引起他的特别注意。第一次是他应商务印书馆之请编辑一部

---

① 顾颉刚：《中华民族是一个》，见《宝树园文存》卷四，中华书局 2011 年版，第 96 页。

② 同上书，第 95、96 页。

《初中本国史教科书》，因为留意到中国民族长久的生命力与"奄奄待尽的衰态"之间的巨大反差，思考民族衰老与少壮的辩证法："中国民族的生存年龄太长久了，为什么别的古老的民族早已亡却而中国却能支持下去，这一定有一个理由在内。我想起这应是常有浅化而强壮的异族血液渗透进去，使得这个已经衰老了的民族时时可以回复到少壮，所以整部的中国历史的主要问题就是内外各族的融合问题。而追求内外各族所以能够融合无间的原因，就为中国人向来没有很固执的种族观念。明明是两个不同的种族，明明是很有仇恨历史的两个种族，但只要能一起生活于一个政府之下，彼此就都是一家人，大家可以通婚，大家可以采取了对方的长处而改变自己的生活型式，因此中国民族就永远在同化过程之中，也永远在扩大范围之中，也就永远在长生不老之中。"[①]

第二次是他有感于去北京朝拜班禅的蒙古人那虔诚的宗教热情和健壮的身体，从而写了《我们应当欢迎蒙古人》一文，其主旨与前一次相同，即希望蒙古人的种种优点能够被汉族吸收进来。如果说前两次都是着重于民族因融合而能有的善果，那么，后面三次则是有感于当时与民族问题有关的政治问题和社会冲突：1931年"九一八事变"后伪满洲国在"民族自决"的口号下成立；1933年察哈尔德王在"民族自治"的口号下宣布内蒙自治；"卢沟桥事变"后因国民军驻防西北而发生的回汉大冲突。在对这些与民族问题有关的政治问题和社会冲突的思考中，顾颉刚提出了两个要点，一个是关于如何理解民族的概念，一个是关于如何理解同化的含义。关于民族的概念，顾颉刚正是从民族意识立论的，突显了其中的政治意味，认为文化、语言和体质等因素不是民族形成的关键："民族是一个有团结情绪的最大的人民团体，只要能共享安乐同受患难的便是；文化、语言、体质方面倘能诉和无间

---

[①] 顾颉刚：《我为什么要写"中华民族是一个"》，见《宝树园文存》卷四，第109—110页。

固然很好,即使不能,亦无碍其为一民族。"① 接着他即以汉族为例来说明这一点:"想起汉人的来源,拿来比拟,就觉得再切合不过。汉人的文化虽有一个传统,却也是无数文化的混合,汉人的体质虽有特殊之点,却也是无数体质的糅杂;他们为了具有团结的情绪和共同的意识,就成了拆不开的团体了。"② 关于同化,顾颉刚强调融化的相互性,认为同化并非一方压倒另一方,背后仍是前述民族衰老与少壮的辩证法:"汉人体质中已有不少的蒙、藏、缠回的血液,现在的蒙、藏、缠回也正日在同化的过程之中;将来交通方便往来频繁以后,必有完全同化的一天。所谓同化,固可把他们同化于我们,但也尽可把我们同化于他们,因为这是融化为一体的表现而不是东风压倒西风的表现。至于现在,虽没有完全同化,然而一民族中可以包含不少的部族,当然同列于中华民族而无疑。"③

顾颉刚以民族意识来界定民族的做法其来有自,实际上是现代以来比较通行的一个看法。比如梁启超就曾说:"民族成立之唯一的要素在'民族意识'之发现与确立。何谓民族意识?谓对他而自觉为我。'彼日本人,我中国人。'凡遇一他族而立刻有'我中国人'之一观念浮于其脑际者,此人即中华民族之一员也。"④ 这个流行的看法加上当时比较突显的民族问题使得顾颉刚特别强调民族概念的政治意味,以至于他建议不要以"民族"来称谓作为中华民族之组成部分的各个族群,此即他提出"中华民族是一个"的确义。

顾颉刚的观点在当时遭到了一些从人类学角度研究民族问

---

① 顾颉刚:《我为什么要写"中华民族是一个"》,见《宝树园文存》卷四,第113页。
② 同上。
③ 同上。
④ 梁启超:《中国历史上民族之研究》,《饮冰室合集》之8,专集之四十二,中华书局1989年版,第1—2页。

题的学者的批评，其中一个有力的批评者正是费孝通。① 费孝通认为顾颉刚误以国家（state）为民族（nation），强调民族就是"根据文化、语言、体质的分歧而形成的团体"，因而不必否认中国是一个多民族国家。② 在回答费孝通的批评时，顾颉刚仍坚持强调民族概念的政治意味："现在一般人都以为在一个政府统治之下的一班人民所形成的一个团体是 state，应译为'国家'；语言、文化和体质（血统）上相同的一班人民是 nation，应译为'民族'。这个解释我认为颇有商量的余地。State 固然一定译作国家，但 nation 有时也该译作国家。例如 Nationalism 可译为民族主义，也可译为国家主义；Internationalism 则译作国际主义；League of Nations 则译作国际联盟；所以它和 state 是一样的含有政治意义。这二字的分别，state 是指一个政治的组织，nation 是指一群有组织的人民。……nation 不是人类学上的一个名词，乃是国际法上的一个术语。"③ 从二者都同意以民族意识来界定民族这一点来看，二者的观点都有一定道理。民族意识是一个民族形成的主观方面，与这个主观方面相对应的客观方面可能是不同的：民族意识可能基于语言、文化、体质方面的共同性而产生，也可能基于不同语言、文化、体质的人群在政治上的联合而产生。顾颉刚执后者而费孝通执前者。按照我们前面对国家建构与民族建构的刻画，很显然，与费孝通的批评性观点相比，顾颉刚更注重国族层次上的民族

---

① 关于这场争论的更详细的刻画，见黄天华《民族意识与国家观念——抗战前后关于"中华民族是一个"的论争》，载《一九四〇年代的中国》（下），社会科学文献出版社 2009 年版。

② 费孝通：《关于民族问题的讨论》，此文作为附录收入顾颉刚：《宝树园文存》卷四，第 133—140 页。对比一下可以看出，忽略时代背景方面更具体、更细微的差异，马戎提出的理解民族关系的新思路——少数族群问题的去政治化——实际上非常接近顾颉刚的观点，而主要从民族学、人类学的角度对马戎的观点提出的一些批评又非常接近当年费孝通对顾颉刚的批评。

③ 顾颉刚：《续论"民族"的意义和中国边疆问题》，见《宝树园文存》卷四，第 123 页。

建构问题。①

顾颉刚有激而发的观点清晰地呈现出政治因素——特别是秦始皇统一六国后所确定的郡县制帝国的政治架构——在历史上中华民族的形成过程中所起的重要作用，与后来费孝通论述中华民族多元一体格局时强调经济因素形成鲜明对比。只要我们充分考虑二者立论的历史背景，就可以理解各自为什么会强调不同的因素：顾颉刚在立论时所关切的是外族侵略下国家统一的问题；费孝通在立论时国家统一基本上已经不成问题，新的时代主题是中国如何能够团结各个民族走出一条工业化的成功道路。

在我看来，顾颉刚和费孝通关于中华民族的论述虽然出于不同的关切呈现出各自的特点，从而也各有偏颇，但是，更为严重的问题在于，二者都对教化在中华民族的历史形成过程中所起的主导性作用几乎完全忽视。费孝通在谈到汉族作为中华民族的凝聚核心时，也提到汉族具有极强的包容性和融合力，但他没有去探究这种颇具特点的民族性在文化上的根源是什么。② 顾颉刚在论述"中华民族是一个"时，也屡屡提到文化的作用，也屡屡强调文化融合的重要意义，特别是在他援引孙中山的思想来说明他的观点时，不过，对于文化在中华民族的历史形成中所起的主导性作用，顾颉刚也缺乏清晰的认识和足够的重视。

孙中山曾以王道和霸道来区分民族与国家的形成，并认为"中国自秦汉而后都是一个民族造成一个国家"。顾颉刚引用了孙中山的观点，以说明自秦以后"中华民族早达到充足的 nationhood"。③ 孙中山在民族关系问题上也是一个融合论者，且明确以

---

① 从某种意义上说，费孝通后来提出中华民族多元一体格局的理论是这场争论的补白，既然这一理论思考的主题正是国族层次上的民族建构问题。

② 费孝通后来谈"文化自觉"，主要是应对全球化的问题，并不是在国家建构和民族建构的主题上展开的。

③ 顾颉刚：《续论"民族"的意义和中国边疆问题》，见《宝树园文存》卷四，第127页。

汉族文化为主导，虽然他也曾明确提出过要反对大汉族主义。相比之下，大概是因为"五四"新文化运动的影响，顾颉刚更在意汉族文化的缺陷，因而看起来对汉族文化的评价更低。于是我们看到，在阐述民族衰老与少壮的辩证法时，顾颉刚也更多地强调了汉族衰老的一面和其他族群少壮的一面，而对于汉族何以能够屡屡以其衰老之躯吸收来自异族的新鲜血液这一点则几无论述。①

关于各族的文化差异，顾颉刚主要是从不同生活方式的意义上来理解的，就是说，并不认为其中有优劣之分。而关于不同生活方式的文明程度的问题，他则关联于时代的变迁，所以才有各族可能互相同化的论调。正是基于这样的观念，顾颉刚对孔子的夷夏之辨做了一种历史主义的、从而也是相对主义的解释，尽管他也正确地强调了夷夏之辨中的文化因素，并将之关联于中国人的民族特性："再看孔子说的，'微管仲，吾其被发左衽矣'，他以为如果没有管仲的'九合诸侯，一匡天下'之功，蛮夷的势力侵入中原，他们虽尚能保存其种族，但是生活习惯定要改从蛮夷了，这是很可悲的一件事。可见在孔子的见解中，看保存文化比保存种族还要重要。因为这个缘故，中国人自来只有文化观念而没有种族观念。韩愈文中曾用《春秋经》的义例，说'诸侯用夷礼则夷之，夷狄而进于中国则中国之'，这句话最能表现这个理想。……试问春秋时人为什么看重中原的文化而鄙夷边族的文化？可以说，只为中原的文化程度高超，政治经济有组织，文学艺术都有很好的表现，农业的成绩更使田畴日辟，人民可以定居，而边族停滞

---

① 如在《我们应当欢迎蒙古人》一文中，顾颉刚说："我近年来读了一点历史，觉得汉族人真是天生的败类，自己不学好，又要拖人下水。照他这样的懒惰与衰老，本来早已应该灭种。只因四围常有新起的民族更番侵入，使得他屡屡得到一种新血液，借此把他的寿命苟延下去。不幸四围的新民族没有文化，他们虽是在武力上可以打胜汉族，但因仰慕汉族的文化之故，实际上不啻投降，所以他们不久就完全同化于汉族了。好好的一班强盛的民族，却先后同化于衰老与没出息的汉族之下，使得汉族的寿命得以苟延至数千年之久，汉族的文化得成为东方文化的正统，于是这班强盛的民族便一例的衰颓了。这样一想，汉族是何其侥幸，他种民族又何其冤屈呢！"见《宝树园文存》卷四，第24—25页。

于低级的文化，入寇时只会乱抢乱杀，满足了他们的欲望之后又散开了，所以孔子们要保存文化乃是保存当时最高级的文化，保存在当时认为最合适的文化。文化原是生活的方式，应当随时制宜，又随地制宜的。"① 按照这种解释，作为《春秋》大义的夷夏之辨不仅没有了种族意义，其教化意义也被彻底抽空了实质内容而只剩下一个顺时而变的精神机制，并美其名曰"我们早有很高超的民族主义"。②

平心而论，无论是顾颉刚，还是费孝通，在国族层次上的民族建构问题上都试图贯彻民族平等的理念而对汉族和其他族群采取平置的处理，甚至在具体论述上更多地留意于其他族群。③ 这样一来，他们对汉族自身的政治和文化成就反倒缺乏应有的理论关注，从而在理论上说明汉族何以成为历史上中华民族的凝聚核心时就难免有很大缺陷。④

---

① 顾颉刚：《如何可使中华民族团结起来——在伊斯兰学会的讲演词》，见《宝树园文存》卷四，第60、61页。
② 顾颉刚：《中华民族的团结》，见《宝树园文存》卷四，第49页。
③ 王铭铭说，费孝通的《中华民族的多元一体格局》意在重写中国史，即以"多元混杂的民族史"为核心内涵重写中国史，这一做法在现代以来可追溯至梁启超，中经吴文藻的"中国民族与国家不对称说"而在费孝通这里表述为中华民族多元一体论。见王铭铭：《超越"新战国"：吴文藻、费孝通的中华民族理论》，生活·读书·新知三联书店2012年版，第77、83页。实际上，顾颉刚早已明确提出"不专以汉族为本位，而以中华民族全体之活动为中心"重写中国史的主张。见《如何可使中华民族团结起来——在伊斯兰学会的讲演词》、《考察西北后的感想》、《我为什么要写"中华民族是一个"》、《中国边疆问题及其对策》等文，俱见《宝树园文存》卷四。
④ 费孝通后来对此似乎有模糊的反思："如果我联系了史老师的ethnos论来看我这篇'多元一体论'，就可以看出我这个学生对老师的理论并没有学到家。我只从中国境内各民族在历史上的分合处着眼，粗枝大叶地勾画出了一个前后变化的轮廓，一张简易的示意草图，并没深入史老师在ethnos理论中指出的在这分合历史过程中各个民族单位是怎样分、怎样合和为什么分、为什么合的道理。现在重读史老师的著作发现这是由于我并没有抓住他在ethnos论中提出的，一直在民族单位中起作用的凝聚力和离心力的概念。更没有注意到从民族单位之间相互冲击的场合中发生和引起的有关单位本身的变化。这些变化事实上就表现为民族的兴衰存亡和分裂融合的历史。"引自费孝通1996年给日本国立民族学博物馆（大阪）举办的"中华民族多元一体论"国际学术讨论会提供的书面报告，见费孝通主编：《中华民族多元一体格局》代序，第16—17页。此处的"史老师"是指费孝通在清华时的老师史禄国（Shirokogoroff）。

现在我们说，汉族之所以具有极强的包容性和融合力，之所以能够成为中华民族的凝聚核心，其文化上的根源就在于在漫长的历史中造就了汉族的那个有着自己所主张的普世价值、也因此而具备了强大的接纳和吸收能力的教化传统，即儒教。我们将现代以来中国人对这一点的认识称为中华民族的教化自觉。① 如前面所提及，现代以来中华民族的教化自觉，长期处于隐而不显的状态，但我们仍然能够找到明确的起点，并刻画相关的线索。

充分认识到儒教在历史上中国的形成和发展过程中起到主导性作用、在历史上中国主体民族的形成和发展过程中起到主导性作用并试图在现代中国的国家建构和相应的民族建构的主题上考虑这一点的，是康有为。这是我们关于中华民族的教化自觉所能回溯的一个明确的起点。康有为多次表达过，无论过去还是将来，孔教皆关乎中国之存亡，自然也是历史上中国主体民族形成的主导性的精神力量。② 比如在1913年写作的《拟中华民国宪法草案》中，康有为如此阐述"有孔教乃有中国，散孔教是无中国"的道理："夫古文明国，若埃及、巴比伦、亚述、希腊、印度，或分而不能合，或寡而不能众，小而不能大，或皆国亡而种亦灭。其有万里之广土，四万万之众民，以传至今日者，惟有吾中国耳。所以至此，皆赖孔教之大义结合之，用以深入于人心。故孔教与中国结合二千年，人心风俗浑合为一，如晶体然，故中国不泮然而瓦解也。若无孔教之大义，俗化之固结，各为他俗所变，他教所分，则中国亡之久矣。夫比、荷以教俗不同而分，突厥以与布加利牙、塞维、罗马尼亚、希腊诸地不同教而分立，亦可鉴矣。故不立孔教为国教者，是自分亡其国也。盖各国皆有其历史风俗之特别，以为立国之本，故有孔

---

① 儒教并不是一般所谓的"宗教"，我们在这里用"教化"来称谓之。
② 康有为主要使用"孔教"的概念，而很少使用"儒教"的概念。尽管他的"孔教"概念包含着他对这个教化传统的特殊理解，不过在讨论中国历史上国与教的关系时，我们可以不考虑其特殊理解。

教乃有中国，散孔教是无中国矣。"①

康有为深刻地洞察到，儒教实际上是古代中国的立国之本，中国之所以能够有如此悠久的生命力，儒教实起了根本的作用，中国文化所表现出的极强的包容性和融合力，其根本原因也只能从儒教这个教化传统的特点去寻找。正是基于这些洞见，他提出保留君主制且立孔教为国教，以建构一个宪政共和的现代中国。② 在晚清保皇派与革命派就现代中国的国家建构等问题进行激烈争论的历史语境中，康有为的这个看法其实在一定程度上也逐渐被作为其对手的一些革命派人士所接受。其中最典型的是章太炎。章太炎在1907年写作《中华民国解》时已经明确意识到在现代中国的国家建构过程中教化的力量仍将具有相当的重要性。

民国以后立孔教为国教的运动正是在康有为的思想指导下展开的。遗憾的是，关联于当时共和政治的重重危机，立孔教为国教的运动最终失败了，随后迎来了知识界的新文化运动。新文化运动以反儒教为主调，正如很多研究者已经指出的，新文化运动乃是对辛亥以来共和危机的一种直接反应，因此，其政治涵义是非常明显的。质而言之，新文化运动的政治后果之一，就是将儒教排除在现代中国的国家建构这一重大主题之外。

---

① 见《康有为全集》第十集，中国人民大学出版社2007年版，第82页。
② 更详细的分析见唐文明：《敷教在宽：康有为孔教思想申论》，中国人民大学出版社2012年版。

申

# 儒教美德伦理传统的衰落与复兴

## 一 儒教传统中美德本位的伦理思考与人性论信念

伦理思考并非只是少数理论家的专门事务，而是每个普通人都能做且经常做的事务。普通人的伦理思考属于其伦理生活或伦理实践的一个重要组成部分，而从事伦理理论工作的专家被安置在学院制度中，目的是对社会性的伦理生活进行系统性、公共性的反思。这种设置自然有其意义，然而，伯纳德·威廉斯却提醒我们，要高度警惕伦理思考中的理论化倾向，他所着意的，是理论化的伦理思考可能会因为反思的过度摧毁伦理知识从而损害我们的生活。[①] 伦理知识往往不是来自书本，而是来自生活，因而很大程度上是来自我们身在其中的教化传统。[②] 于是，公共领域的反思往往表现为对教化传统的反思。恰恰是在这一点上，我们能够为伦理理论进行一定程度的辩护：如果一种伦理理论作为一个模型被建构起来，只是为了反思我们身在其中的教化传统，而并未有取代这些教化传统的企图，那么，只要运用得当，即使这种反思非常过度也可能有助于我们更为深切地认识我们身在其中的教化传统。就此而言，启蒙主

---

① 威廉斯：《伦理学与哲学的限度》，陈嘉映译，商务印书馆2017年版，第179页。

② 我这里使用"教化"一词，笼统地指涉各种严肃的、旨在指导人的生活的文化与宗教传统。

义的错误其实在于企图用哲学来扫荡一切教化传统,最终目的是用哲学来取代教化,以哲学的方式重新建构原本来自教化传统的伦理知识和伦理信念。

哲学的这一历史性失败似乎仍未引起足够的重视,在此不能详论。就本文所关切的主题而言,首先我们必须认识到,系统化的伦理思考亦见诸儒教传统,然而并非"哲学"的,就一般赋予"哲学"这个词的含义而言。① 换言之,当我们发现儒教传统中有一种美德本位的伦理思考时,不能将这种思考等同于威廉斯所批评过的伦理理论。这一点只要援引威廉斯关于伦理理论的定义就可以明白看出:"伦理理论是关于什么是伦理思考和伦理实践的理论说明,这种说明或者意味着存在某种一般的检测,可用来确定基本的伦理信念与原则是否正确,或者意味着不存在这样的一般检测。"② 教化传统中的伦理思考往往被归于圣哲或先知,包含着大量与实际生活密切相关的厚实概念,其中也不乏在历史的反思过程中不断被生产并存留下来的解释性概念,但这些解释性概念仍要被运用于伦理实践,从属于教化传统的历史开展,成为人们伦理知识和伦理信念的重要来源,并非像伦理理论那样,旨在发明一些用于检测实际伦理信念和伦理原则的概念工具。③

与义务本位和效益本位的道德思考直接聚焦于人的行为不同,美德本位的伦理思考最显著的一个特点是聚焦于人的品格。故而,美德本位的伦理思考总是将重心放在人格修养问题上,而非像前二者那样将重心放在行为准则上。从理论层面看,人格修养问题往往以某种人

---

① 冯友兰曾区分了两种系统化:一种是见诸中国传统思想中的实质的系统化,一种是出于哲学的要求的形式的系统化。无需多言,实质的系统化无论对于个人还是群体的伦理思考都是有意义的,即使认定冲突是人类生活中无法消除的一个重要因素。
② 威廉斯:《伦理学与哲学的限度》,第88—89页。译文有改动。
③ 这方面最典型的莫过于宋儒发明的"理"的解释性概念。在儒教的原始经典中,"理"并不是一个地位显赫的词汇,经过理学家的阐发,"理"在经典诠释中成为最重要的解释性概念,并极大地影响了后来浸淫于儒教中的中国人的伦理信念和伦理知识。

性论为前提，或如麦金太尔在分析亚里士多德的伦理思想时所指出的，美德本位的伦理思考必然以基于人性论的三重构架为前提：

> 偶然所是的人性（处于未受教化状态的人性）最初与伦理学的训诫相左，从而需要通过实践理性和经验的指导转变为实现其目的而可能所是的人性。这一构架的所有三个要素——未受教化的人性概念、理性伦理学的训诫，以及实现其目的而可能所是的人性概念——其地位和功能都必须相关乎另外两个要素才能理解。①

一般认为，宋代儒学将儒教经典中的人性思想发挥到了极致，因此，我们以宋代儒学的集大成者朱子为例来简要说明儒教的人性论。朱子以宇宙生成论层次上的理气思想阐发《中庸》和《孟子》中的人性言说，认为人与万物的产生都是禀受天地之理以为本性，禀受天地之气以为形体，于是就有了天命之性与气质之性的区分：一方面，人与万物皆禀受天地之理以为本性是指天命之性，亦称义理之性，是纯然至善的，是一切德行的根源；另一方面，人与万物皆禀受天地之气以为形体，此天地之气也是纯然至善的，但由于不同种类与不同个体在禀受天地之气时有偏正、昏明、浊清之别，所以造成了不同种类与不同个体在本性上的差异，此即气质之性。②于是，人与万物之所以呈现出种类和个体的差异，主要在于气质之性而非天命之性。换言之，就万物之同异而言，儒教是以天命之性言其同，以气质之性言其异。至于天命之性与气质之性之间的关联，最重要的一点是要明确，气质之性并非完全脱离天命之性的另外一个性，而是天命之性必然通过气质呈现出来的实际状态，所谓

---

① 麦金太尔：《追寻美德》，宋继杰译，译林出版社2011年版，第67页。
② 现代叙述者常常因气质有正偏、清浊、明昏之异而将恶的来源直接归诸于气，从而忽略天地之气无非浩然之气、本来也是纯然至善这一层意思。

"此理堕于形气之中",或者说,天命之性为性之本来相,气质之性为性之现实相。①

对性之本来相与现实相的区分,为儒教传统中美德本位的伦理思考提供了一个非常牢固、清晰的基础,能够成为儒门信徒在人性与自我理解上的厚实概念。简而言之,儒学作为成圣成贤之学,其目的就着意于将作为现实相的气质之性恢复到作为本来相的天命之性,用理学家的概念来说,就是变化气质以复其初。不难看出,在天命之性与气质之性的区分中确立自身位置的儒学或儒教,恰恰能够将自身纳入麦金太尔所总结过的美德本位的伦理思考所对应的三重构架:气质之性作为人性的现实相,指向未经教化的人性的不完美状态,说明了教化的必要性与出发点;天命之性作为人性的本来相,指向经过教化的人性所能达到的完美状态,说明了教化的目的与归宿,儒学或儒教则致力于如何能够将人性恢复到原初的完美状态,说明了教化的方法与道路。

如果说以理气来刻画人性意味着在宇宙论的视野里理解人性,那么,"性即理"思想的提出意味着在人性论的视野里看待宇宙,这构成儒教人性论的另一个重要面向。这里的"理"指天理,既落实于人,也落实于物。天理落实于物即为物理,就其对于物的构成性作用而言又称为物性。至于人,一方面,天理落实于人的实际生活为伦理,指向由家、国、天下同时构建的人的独特身份;另一方面,作为万物之灵的人也承担着照管万物的使命,所以,对物理的探究与把握,对物性的领会与尊重,也是天理落实于人的重要内容。"性即理"的思想意味着万物皆在人的照管之中,人文化成本来就是宇宙运行的一个内在维度。

因此,一方面是禀受天地之理、天地之气的人,一方面是人文化成的宇宙,这构成了儒教所谓三才之道的基本教义。不过,如若

---

① 本来相与现实相这一对概念来自荒木见悟《佛教与儒教》,廖肇亨译,联经出版事业股份有限公司 2008 年版。

由此仅以自然主义来概括三才之道，则不能不说犯了一个重大错误。实际上，朱子已经明确意识到，只有天地之心这个宗教性观念，才能够将儒教独特的宇宙论与人性论真正统一起来。① 从宇宙这一方面来说，万物皆因天地之心而生，所谓天地之大德曰生；从人这一方面来说，天命之性分而言之为仁、义、礼、智四德，合而言之即仁，而仁正是天地之心。天地之心超越于万物与人，又内在于万物与人，是三才之道的原始根据。

成德之教来自圣人的创设，对于普通践行者来说，成德之教也是为己之学，因为美德的成就无非就是自我的成就。于是，对于儒教来说，一方面，深入内心的修行工夫必不可少；另一方面，既然修行必须在共同生活中进行，那么，相应的教化制度以及如何将教化寓于社会制度之中就是一个重要主题，此即经典中所说礼乐刑政的问题。至于威廉斯提出的那个看起来异常尖锐的批评，即以现代人的眼光看，亚里士多德的伦理思想中所呈现出来的"践行者的视点与外部观点的相互契合"已然坍塌的问题，似乎在儒门成德之教与为己之学的双重表述中也必须面对。② 在这一点上，其实我们恰恰可以从麦金太尔的视角来重新看待。简而言之，通过共同生活的叙事而经验地建构起来的厚实自我不仅反对那种从具体性中抽离出来的、幽灵般的现代自我，而且不认为厚实自我的来源仅仅取决于自我任意的选择，相反，共同生活的叙事对于身在其中的践行者而言具有客观性和真实性，从而构成一个并非来自任意选择的厚实自我，或如儒教经典中所言，人之为人，总有无所逃于天地之间者。

## 二 现代性与儒教美德伦理传统的衰落

麦金太尔已经清晰而雄辩地证明了，与古典时代相比，现代性

---

① 朱子当然没有使用过"宗教性"这个词，但他对天地之心的阐发足当以"宗教性"来理解。
② 威廉斯：《伦理学与哲学的限度》，第67页。

最重要的一个特征是对自然目的论的拒斥，且正是这一拒斥使得启蒙以来的道德谋划"必定失败"。① 他的分析要点仍紧扣前面论述过的人性论的三重构架，在此值得详细援引：

> 世俗社会对新教与天主教神学的拒斥和科学、哲学对亚里士多德主义的拒斥的共同后果，却是消除了任何有关"实现其目的而可能所是的人"的概念。既然伦理学的全部意义——无论作为理论的金律还是实践的训诫——就在于使人能够从他目前的状态过渡到其真正的目的，因此在消除任何本质人性的观念从而放弃任何目的概念之后，所留下的是一个由两种残存的、其关系已变得极不清楚的要素所组成的道德构架。一方面是某种特定的道德内容：一系列丧失了其目的论语境的命令；另一方面，是某种有关未经教化的人性本身的观点。既然道德命令，都植根于一个旨在校正、提升与教化人性的构架之中，那么，这些道德命令就显然无法从有关人的本性的真实陈述中被推演出来，也不可能以其他方式通过诉诸其特性来证明其合理性。②

对自然目的论的拒斥既是实践上的，也是理论上的，意味着原来以转化人性为要务的伦理教化被彻底抽掉了根基，残留的伦理指令在原来的语境被完全改变之后要么变得毫无意义，要么需要重新定位。不过，既然现代道德哲学将拒斥自然目的论作为一个基本前提，那么，无论如何花样翻新，重新定位都不可能成功，何况现代性的历程并不止于废黜自然目的论。当一个号称从等级制和目的论的重负中彻底解放出来的自我以现代性最重大成就的面目出现时，道德谋划就在启蒙的强劲号角声中获得了一个新的起点，道德哲学因而也被彻底改变了。

---

① 麦金太尔：《追寻美德》，第65页。
② 同上书，第69—70页。

麦金太尔精彩地刻画了西方世界中美德传统的衰落史，而类似的衰落也发生在中国，虽然时间上晚了两个世纪。不难注意到，尽管对中国现代性的兴起有种种不同看法，但大多数人都会同意，来自西方的现代科学观念的引进所带来的思想冲击可能是最大的，是中国现代性历程中的一个重大事件。以牛顿物理学为起点的现代科学反对亚里士多德的物理学，这个自然观念上的巨大变革不仅改变了人对待自然万物的态度，而且也改变了人对自身种类以及人类社会的理解和认识。从思想史的角度看，中国智识阶层全面接受现代科学的思想洗礼是从晚清开始的，在新文化运动中则以异常激进的方式呈现出来，提出了科学可以解决人生观问题的激进看法和以科学代宗教的激进谋划。

现代科学观念的引入对儒教的宇宙论和人性论都带来了巨大的冲击。就宇宙论而言，万物都有得自天地赋予的本性的看法不再被认可，现代科学所主导的世界观将万物都变成了纯粹的材料，有待于在技术的征召中发挥其功用，用马一浮的话来说就是"夷天地为物质"。人性的观念也因此而被改变。纯然至善的天命之性不再被认可，相应地，气质之性有时似乎还被有限地承认，但已完全不是原来语境中的观念了。人性往往被理解为人的自然属性，此处的"自然"当然是被牛顿物理学洗礼后的自然，从而指向现实的、未经教化的粗糙状态。若将这个新的自然人性观念等同于宋代儒学语境中的气质之性则是一个不折不扣的巨大错误，因为正如上面所分析过的，宋代儒学中气质之性的观念是以天命之性为前提的，而这个新的自然人性观念却不仅不包含这样的前提，还从一开始就反对任何类似的前提。[①]

现代性的另一个重要观念也是被新文化运动的弄潮儿们高度意识

---

[①] 对人性的另外一种看法是将之理解为人的社会属性，或者是在漫长的社会生活历程中积淀下来的一个历史效果。我将在下文分析，麦金太尔在建构其美德理论时其实是采取了这一进路。

到的,此即作为政治观念的民主。但在此不宜将民主仅仅理解为与君主制相对的那种新的政治形式,毋宁说这里的民主既是宏观政治概念,更是微观政治概念,作为一种被标榜的价值弥漫在现代生活的各个领域:首先是一个民主化了的个体,然后是各种各样民主化了的社会制度,无论是家庭、社会团体还是国家。与作为微观政治的民主概念相对应的是一个被认为摆脱了所有存在重负的独特的现代自我:

> 这种不具有任何必然的社会内容和必然的社会身份的、民主化了的自我,可以是任何东西,可以扮演任何角色、采纳任何观点,因为它本身什么也不是,什么目的也没有。①

民主化了的自我观念在理论和实践中都要求将人实际生活的种种纽带全部斩断,也就是说,这种民主化了的自我在思想观念上必须通过斩断人伦才能获得。晚清时谭嗣同倡导"冲决网罗",命意即在于此,在新文化运动中,为了获得这个斩断人伦的所谓独立自我,弄潮儿们甚至喊出了"家是万恶之源"的狂言妄语。人伦是儒教的核心价值,如宋儒即以伦理为天理,而现代的独特自我则从根本上拒斥人伦,以至于我们看到,现代儒学也不得不弃人伦而取心性,转而挪用康德的道德哲学而将自家经典中的自我重新改造成一个适合现代生活的自律的自我,以与政治领域中的权利观念相配套。② 在这样一种历史性的巨变过程中,儒教的美德伦理传统不可避免地衰落了。

在中国的现代性历程中,儒教美德伦理传统的衰落还有一个独特的面向,即浸淫了儒教思想的社会制度的全面崩溃。余英时在《现代儒学的困境》一文中正是基于这种观察而提出著名的儒学游魂说:"近百余年来,中国的传统制度在一个个地崩溃,而每一个

---

① 麦金太尔:《追寻美德》,第40页。
② 参见唐文明《隐秘的颠覆:牟宗三、康德与原始儒家》,生活·读书·新知三联书店2012年版。

制度的崩溃即意味着儒学在现实社会中失去一个立足点。等到传统社会全面解体，儒学和现实社会之间的联系便也完全断绝了。"① 关于在前现代的中国支撑着儒教传统价值体系的社会制度，王汎森以君主制、儒教礼仪、经典教育、科举制和法律制度"五个支柱"来概括，并以众所周知的事实描述了这五个支柱在中国的现代性历程中全部崩溃的准确时间："1905 年废除科举考试；1911 年君主制崩溃；1912 年，教育总长蔡元培宣布学生不必祭孔，经学不再是必修课程；同年，大清律例也被废除。"②

如果我们从现在的眼光以教化为中心对这些社会制度加以分类，那么，经典教育和儒教礼仪自然会被归入教化制度，而君主制、科举制和法律制度则会被归入与教化制度密切相关的政治制度。但就传统中国社会而言，经典教育和儒教礼仪其实也是通过公共性的社会制度来运作的。正是在这一意义上，我们在一定程度上能够接受余英时的历史判断："传统儒学并无自己的制度或组织，而是以一切社会制度为托身之所。"③ 既然以政治制度来保障教化制度是儒教在传统中国社会中制度落实的独特途径，那么，当政治制度遭遇古今之变而被彻底颠覆后，教化制度也随之崩塌，成德之教无处托身就是一个必然处境。

## 三 现代社会的道德病理学与儒教美德伦理传统的复兴

麦金太尔通过一种独特的两歧性来刻画现代社会的核心特征：一方面是以情感主义为特征的民主化了的自我，这是我们再前面已

---

① 余英时：《现代儒学论》，上海人民出版社 1998 年版，第 232 页。
② 王汎森：《傅斯年：中国近代历史与政治中的个体生命》，王晓冰译，生活·读书·新知三联书店 2012 年版，第 2 页。如果考虑到乡村社会，那么，土地制度的改变和宗族制度的废除是重要方面。
③ 余英时：《现代儒学论》，第 233 页。

经分析过的，另一方面则是出于工具理性考量的科层管理制度。麦金太尔洞察到，以提高效率为目的的科层制与情感主义自我的民主化了的道德行为无疑会构成巨大的张力，甚至双方的对立"尖锐得不能再尖锐"，但二者实际上处于共谋关系：

> 当代社会世界分叉为两个领域，一边是一个所有目标皆为既定并且不能受到理性仔细审查的组织化领域，另一边是一个以价值的判断和争论为其核心要素、但其中的问题又不能得到合理的社会解决的私人领域；这种两歧性在个体自我与社会生活的各种角色和典型角色的关系中得到了内在化，找到了其内在的表现形式。
>
> 这一两歧性本身就是发现现代社会核心特征的重要线索，并且使我们可以避免被现代社会自身的内部政治争论所欺瞒。这些争论常常以各自表现为种种不同的学说形式的个人主义与集体主义之间的假定的对立为基础，一方是自认为倡导个人自由的主角们，另一方则是自认为倡导计划和管制以及科层制组织所能带来的种种好处的主角们。但事实上，最关键的是争论双方一致同意的东西：我们只有两种社会生活模式可供选择，其一是由个人的自由和任意选择占主导地位，其二是由科层体制占主导地位，从而可能限制个人的自由和任意选择。假使这种深层的文化一致性的确存在，那么，现代社会的政治学在自由与各种集体主义控制形式之间摇摆就毫不奇怪了：这种自由无非是对个人行为不加规范，而集体主义控制形式则只能被用来限制专门利己的无政府状态。其中任何一方的胜利，其后果常常立刻产生巨大的意义；但是，正如索尔仁尼琴深刻指出的，从长远的观点来看，这两种生活方式最终都不可容忍。因此，在我们所生活的社会中，科层体制与个人主义既是对手又是伙伴。①

---

① 麦金太尔：《追寻美德》，第43—44页。

我尝试用"现代社会的道德病理学"这个术语来描述麦金太尔对现代社会道德状况的诊断：一方面是对个人自由的病理学诊断，一方面是对社会控制的病理学诊断。[①] 由自由带来的不确定之痛导致社会控制的必要性，因社会控制带来的受操纵之痛又呼唤自由的价值，现代社会就在这两极之间不停地摇摆而不思革新或无力自拔。这两极都从根本上拒斥美德伦理传统，这是理解美德伦理传统为何在现代社会沦丧的要点所在。

不过，《追寻美德》并非关于美德传统的一曲单纯的挽歌，因为麦金太尔相信，"为美德提供语境的社会形式的目的论特征"，并不一定要依赖于亚里士多德式的"形而上学的生物学"。在他看来，与美德传统息息相关的某种社会目的论由来已久，扎根于人类生活的实际经验，亚里士多德的自然目的论作为一种理论形式，只不过是将这种实际经验以独特的方式概括在其中了。换言之，虽然我们现在不再能够接受亚里士多德式的自然目的论，但我们仍然能够通过理解去理论地重构为美德提供语境的社会目的论。

麦金太尔通过三个层次重构了为美德提供语境的社会目的论，从而提出了他的美德理论。首先，他以内在美善概念来界定实践，又以被如此界定了的实践概念来界定美德：

> 我想用"实践"来意指任何融贯的、复杂的并且是社会性地确立起来的、协作性的人类活动形式，通过它，在试图获

---

[①] 我使用这个术语受到霍耐特的启发和影响，但我用这个术语来描述麦金太尔对现代社会道德状况的诊断与霍耐特在使用时的意思有很大不同。霍耐特基于黑格尔对康德的批评，指出在认可个人自由的前提下为了避免个人自由的病理学，应当认真对待黑格尔的法哲学，如他以这个视角解读黑格尔时说："《法哲学》的实际出发点根本就不是要构建另一种不同的正义理论，而首先是要感受生活世界的缺陷或者自己当前的'痛苦'。"也就是说，霍耐特仍然着意于现代社会的自我完善，他认为通过将黑格尔的法哲学再现实化，可以解决现代社会的道德病理学，而麦金太尔则对现代社会有一个根本性的批判，以雄辩的论证宣布了现代社会的道德病痛根本上不可能得到解决，除非我们抛弃现代性的一些基本观念。参见霍耐特《不确定性之痛：黑格尔法哲学的再现实化》，王晓升译，华东师范大学出版社 2016 年版，第 72 页。

> 得那些既适合于这种活动形式又在一定程度上限定了这种活动形式的优秀标准的过程中,内在于那种活动的美善就得以实现,结果,人们获取优秀的能力以及人们对于所涉及的目的与美善的观念都得到了系统的扩展。①
>
> 美德是一种获得性的人类品质,对它的拥有与践行使我们能够获得那些内在于实践的美善,而缺乏这种品质就会严重地妨碍我们获得任何诸如此类的美善。②

这当然不仅仅使我们联想到亚里士多德。内在美善用来表达某一类型的人类行为的目的,而美德被关联于此类行为,是其目的得以实现的凭借。以这样一个实践概念来界定美德,实际上是从功能性的角度阐明了美德的意义,为美德的践行确立了一个目的论的支点,构成美德能够存活于其中的社会目的论的第一层。

考虑到单个实践的内在美善所具有的局限性,也考虑到与实践的多样性对应的美善的多样性可能使我们面对悲剧性的处境,美德的践行还必然要求人将自己的生活设想为一个统一体,这就需要一个关于人生目的的整体性观念,以便克服仅从实践层面界定美德的不完全性:

> 除非有一种目的,它通过构成整体人生的美善(被设想为一个统一体的人生的美善)而超越实践的有限美善,否则,不仅某种毁灭性的专断将侵犯道德生活,而且,我们也将无法充分地澄清某些美德的语境。③

人生目的的整体性观念将对应于诸多实践的诸多目的收拢于一,

---

① 麦金太尔:《追寻美德》,第 238 页。
② 同上书,第 242 页。
③ 同上书,第 257 页。

并向人的行为提出了更高的要求,因而再次从功能性的角度阐明了美德的意义,构成美德能够存活于其中的社会目的论的第二层。

与人生目的的整体性观念相关的是人格同一性问题。麦金太尔反对经验主义者如洛克、休谟等人单纯依据心理状态或心理事件去解释人格同一性,也拒斥西方哲学或神学传统中对自我的形而上学解释,而是将人理解为一种叙事的动物,由此提出一个叙事性的自我,进而将人生的统一性归为叙事的统一性,以此解释人格同一性观念。

一个叙事性的自我就是一个承载着特殊性的自我,而且自我必须在这些特殊性中发现其道德身份,换言之,

> 特殊性永远不能被简单地抛在一边或抹杀掉。摆脱特殊性进入那属于人本身的全然普遍准则的领域,这种观念无论以18世纪康德哲学的形式出现还是以现代某些分析的道德哲学的面貌出现,都是一种幻象,并且是一种伴随着沉痛后果的幻象。当人们过于轻易、过于彻底地将事实上是其部分的、特殊的事情与某种普遍原则的事情相等同时,他们常常得不偿失。

> 因此,我之所是主要地就是我说继承的东西,一种以某种程度呈现在我的现在之中的特定的过去。我发现自己是一个历史的一部分,并且一般而言,无论我是否喜欢它,无论我是否承认它,我都是一个传统的承载者之一。当我方才描述实践概念的时候,应该注意到,实践总是有其历史,而且,在任何特定时刻,一个实践是什么,取决于一种通常是代代相传的理解模式。因此,就诸美德维系实践所需的各种关系而言,他们必须维系的不仅有与现在的关系,而且还有与过去甚至将来的关系。不过,各种特殊的实践借以传承并重塑的那些传统,永远不能独立于各种更大的社会传统而存在。①

---

① 麦金太尔:《追寻美德》,第280—281页。

从叙事性的自我引出了传统，这构成了美德能够存活于其中的社会目的论的第三层。在麦金太尔看来，这一层是亚里士多德所未曾思想过但从中世纪的道德实践与理论史中呈现出来的。传统之所以重要，是因为合理性的标准本身就是一个依于传统的概念，换言之，无论是单个实践的目的，还是整体人生的目的，其意义都来自于我们身在其中的传统。传统作为意义的来源，规定了我们对于实践的理解和我们的人生叙事。

于是，一个完整的美德概念必须将社会目的论的这三层含义都包括进来：

> 诸美德发现，它们的意义和目标不仅在于维系获得实践的各种内在美善所必须的那些关系、维系个人能够在其中找到他的美善作为他的整个生活的美善的那种个体生活形式，而且在于维系同时为实践和个体生活提供其必要的历史语境的那些传统。①

通过重建一种不依赖于古典自然观念的社会目的论，麦金太尔重新从功能性的角度阐明了美德的意义。换言之，在他看来，美德伦理的复兴，必须恢复对美德意义的功能性理解，但要恢复这种功能性理解则不必恢复自然目的论，只要重新确立实践的地位、重新将人生构想为一个统一体、进而重新认识到传统的重要性，就可以达到。

在《依赖性的理性动物》一书中，麦金太尔对于自己先前建构的社会目的论进行了一个修正，即强调人的动物性以及与动物性相关的脆弱性和依赖性对于美德诉求的重要性，具体来说，他特别指出，我们要获得独立的实践推理能力，必须具备承认依赖性的美德，而之所以要承认依赖性，恰恰是基于对于人的动物性的充分考虑与恰当理解。既然麦金太尔将人界定为叙事的动物，那么，这一

---

① 麦金太尔：《追寻美德》，第282—283页。

修正其实是一种补充。质言之，既然人是叙事的动物，那么，人的叙事本身就必然包含对于人的动物性的内容，而这恰恰构成了美德所需要的社会语境的一部分。

可以看到，在建构自己的美德理论时，麦金太尔自始至终都拒斥了亚里士多德的自然目的论观念。于是，一个问题就是，麦金太尔所建构的这种必然依赖于传统的社会目的论如何关联于他在一开始就提出的为美德理论奠基的人性论的三重构架？换言之，在这种新的社会目的论中，是否包含一种完美人性的观念？很显然，如果缺乏一种完美人性的观念，那么，这种社会目的论也难免于麦金太尔自己提出的对启蒙谋划的类似批评。这个问题促使我们看到，麦金太尔的社会目的论包含着一种基于共同生活的传统而被合理界定的完美人性的观念。基于共同生活的传统来界定完美人性，实际上就是对人性采取社会、历史的理解。正是在这个意义上，我们可以说，麦金太尔用对人性的社会、历史的理解来置换了亚里士多德伦理学中基于自然目的的完美人性观念，作为他的美德理论的基石。以教化的视角来看待这个问题就是，美德来自教化，教化来自社会，社会又依赖于传统。

在我看来，由于严格遵守人文学的方法论，也由于立足欧美社会的实际处境，麦金太尔在建构他的美德理论时并没有将他背后的全部预设呈现出来。因此，在我们试图借鉴麦金太尔的思想资源来重新思想儒教美德伦理传统的复兴时，就必须挖掘得更深。麦金太尔愿意为自己贴上一个"托马斯主义的亚里士多德主义"的标签，如果我们认真看待这个标签，那么，一个可能的问题是，如果追求美德是处于共同生活传统中的人的自觉，那么，美德的成就是否需要恩典的帮助？或最终要靠恩典？这似乎是一个天主教传统内部的奥古斯丁式的问题。对于遵循天主教传统的人士来说，答案当然不可能是否定的。这其实说明，对于生活在天主教传统中的人来说，三重构架中完美人性的观念这一重，至少有部分功能是被恩典所代替的。

在思考儒教美德伦理传统的复兴问题时，将这一点落实下来，就可以得到以下认识。首先是在经典的引领下，回到我们的实际生活经验，获得一种对自我的理解。自我不是原子式的孤独个体，而是人伦中的自我。如果需要解释这一自我观念在经典及其历史中的根据，那么，朱子的看法仍非常妥当：人同时禀有天地之理与天地之气。于是，对自我的理解中最重要的一点仍然在于其人性论前提：人人皆禀有天命之性。既然天命之性从来就不是一个科学的观念或一个基于科学观念的宇宙论观念，那么，其实我们无需考虑其与现代科学的宇宙论如何协调的问题。质言之，天命之性是儒教信仰的核心内容，是天地给予人的纯粹馈赠，也是造化的莫大恩德。其次是基于这样的自我理解重构我们对共同生活的理解。社会不再被构想为一个个人通过契约方式结合起来的逐利场，而是一个扎根于自身传统的生活的共同体。不用多说，儒教的人伦观念在构想这样一个社会观念时具有根本性的支撑作用。考虑到人格尊严的重要性，我们将重新构想一个基于儒教精神的伦理社会的理论主题刻画为人伦的规范性重构，也就是说，基于人格尊严观念而重构五伦。这里面变化最大的自然是君臣一伦，需要更为详细的处理。天命之性和伦理社会的理念为美德的修养提供了必要的语境，再加上具有可操作性的修养方法，特别是理学家所重视的工夫论，儒教美德伦理传统的复兴就有了明确的方向。

人伦的规范性重构首先呈现为双向的批判维度：一方面是批判包括家庭、各种社会团体和国家在内的旧制度缺乏平等承认、不尊重人格尊严的现象，另一方面，也是更重要的，是基于对现代社会独特的病理学诊断而提出批判，概而言之批判因个人自由的滥用和出于社会控制的理性考量而破坏人伦的现象。批判的目的当然是为了重构。在重构的过程中，除了将美德伦理的思考方式和相关的实践贯彻在各种社会制度之外，还有一个重要的问题，就是教化制度的重建。

对于这个问题，我们仍然回到余英时的《现代儒学的困境》一文稍作分析。只要具备思想史的眼光，就不难意识到，这篇短文的主要内容其实可以恰当地概括为:胡适与康有为的对峙。为了说明旧制度的全面崩坏,余英时多次引用了康有为,甚至认为"康有为当年想仿效基督教而建立孔教会也不无所见",虽然他觉得"这是不可能的事"。① 和新文化运动期间的很多同情儒学的学者一样,余英时将制度化儒学的死亡看作是"儒学新生命的开始"。正是在运思到这里时,他提到了胡适的一个看法:

> 三十年代胡适在芝加哥讲"儒教的历史",曾说:"儒教已死,儒教万岁。我现在也可以是儒教徒了。"这个想法恐怕今天不少同情儒学的人也许会加以赞许。②

胡适的看法其实曾被张申府等人恰当地概括为"打倒孔家店,救出孔夫子"。如果要问余英时所谓的儒学新生命的开始究竟意味着什么,我相信,可能没有人能说清楚,特别是对余英时来说,对哲学化儒学的排斥使得他连哲学化儒学的教化功能也无法认可。于是,儒学只在整理国故的意义上还派得上用场。换言之,在余英时那里,儒学游魂说不仅是一个历史判断,而且包含着价值判断:儒学不应当重新考虑任何制度化的形式,既然现代社会的种种制度不需要基于儒学来建构,而像基督教那样独立的教化制度对于儒学来说也不可行。在新文化运动已经一百年后的现在,如果我们认真对待儒学过去一直具有教化功能这一重要特征而再次面对这个问题,可能合理的看法反倒是,胡适在三十年代宣布"儒教已死"恰恰反衬出康有为以及后来的马一浮尝试建立独立的教化制度这一思路的正确性。既然美德伦理传统仍然离不开人性论的支持,而要发挥其教化功能尤其需要人性论说,那么,建立独立的教化制度就是儒教美德伦理传统复兴的关键。

---

① 余英时:《现代儒学论》,第233页。
② 同上。

酉

# 儒教伦理与腐败问题

众所周知，儒教素重人伦观念，特别是父子之伦。近年来有学者联系现实对儒教的人伦观念提出了激烈的批评，一些儒教学者也作出了回应。① 虽然将这场争论命名为"五十年来国内最有深度的中国伦理争鸣"② 或许正说明中国伦理学界的浅薄，但这个问题的确触动了很多人的心结。以下就这场争论所涉及的一些我认为重要的问题谈谈我的粗浅看法。

## 述　旨

这场争论涉及的经典文本主要有三章，分别是《论语·子路》"叶公语孔子曰"章、《孟子·尽心上》"桃应问曰"章和《孟子·万章上》"象日以杀舜为事"章。首先我们应当了解在古代的经典解释传统中对这三章的理解是什么样的，因为这是进一步讨论问题的前提。③

---

① 相关讨论见郭齐勇主编：《儒家伦理争鸣集——以"亲亲互隐"为中心》，湖北教育出版社2004年版。

② 这大概代表邓晓芒的看法，见邓晓芒：《儒家伦理新批判》，重庆大学出版社2010年版，封面。

③ 本节所列，主要是历代注家对这三章主旨的核心理解。在经学史的脉络里更为详细的讨论见陈壁生：《经学、制度与生活——〈论语〉"父子相隐"章疏证》，华东师范大学出版社2010年版。

**"叶公语孔子曰"章**："叶公语孔子曰：'吾党有直躬者，其父攘羊，而子证之。'孔子曰：'吾党之直者异于是。父为子隐，子为父隐，直在其中矣。'"

何晏《论语集解》云："此章明为直之礼也。"《春秋公羊传·文公十五年》何休注引孔子"父为子隐，子为父隐，直在其中矣"之语，认为其意旨是"所以崇父子之亲也"。皇侃《论语义疏》引范宁云："夫所谓直者，以不失其道也。若父子不相隐讳，则伤教破义，长不孝之风，焉以为直哉？故相隐乃可谓直耳。"又引江熙云："叶公见圣人之训，动有隐讳，故举直躬欲以訾毁儒教，抗衡中国。夫子答之，辞正而义切，荆蛮之豪，丧其夸也。"朱熹《论语集注》云："父子相隐，天理人情之至也。故不求为直，而直在其中。"

**"桃应问曰"章**："桃应问曰：'舜为天子，皋陶为士，瞽瞍杀人，则如之何？'孟子曰：'执之而已矣。''然则舜不禁与？'曰：'夫舜恶得而禁之？夫有所受之也。''然则舜如之何？'曰：'舜视弃天下犹弃敝蹝也。窃负而逃，遵海滨而处，终身䜣然，乐而忘天下。'"

赵岐《孟子正义》云："此章言奉法承天，政不可枉；大孝荣父，遗弃天下；虞舜之道，趋将若此；孟子之言，揆圣意者也。"朱熹《孟子集注》云："此章言为士者但知有法，而不知天子父之为尊；为子者但知有父，而不知天下之为大。盖其所以为心者，莫非天理之极，人伦之至。学者察此而有得焉，则不待较计论量，而天下无难处之事矣。"

**"象日以杀舜为事"章**："万章问曰：'象日以杀舜为事，立为天子，则放之，何也？'孟子曰：'封之也，或曰放焉。'万章曰：'舜流共工于幽州，放驩兜于崇山，杀三苗于三危，殛鲧于羽山，四罪而天下咸服，诛不仁也。象至不仁，封之有庳。有庳之人奚罪焉？仁人固如是乎？在他人则诛之，在弟则封之。'曰：'仁人之于弟也，不藏怒焉，不宿怨焉，亲爱之而已矣。亲之欲其贵也，爱之欲其富也。封之有庳，富贵之也。身为天子，弟为匹夫，可谓亲爱之乎？''敢问或曰放者，何谓也？'曰：'象不得有为于其国，天子使吏治其国，而纳其贡税焉，故谓之放。岂得暴彼民哉？虽然，欲常常而见之，故源源而来，不及贡，以政接于有庳，此之谓也。'"

赵歧《孟子正义》云：此章"言恳诚于内者，则外发于事。仁人之心也。象为无道极矣。友于之性，忘其悖逆。况其仁贤乎？"朱熹《孟子集注》引吴棫云："言圣人不以公义废私恩，亦不以私恩害公义。舜之于象，仁之至，义之尽也。"

## 析　　理

这三章的共同点在于皆为对话体，作为对话主角的孔、孟并没有抽象地说理，而是就某一可能的事件或事态发表评论，阐发自己的观点。为了更好地把握孔、孟在对话中所要表达的观点，避免不必要的误解或过度诠释，进一步的义理分析是必要的。

关于对"叶公语孔子曰"章的理解，有以下三点是需要注意的。其一，叶公显然对"其父攘羊，而子证之"的"直行"是认同的，这意味着叶公的话实际上隐含着对孔子所倡导的人伦观念的质疑。上引江熙之言，其实已经将这一点揭示出来了；而且，江熙在夷夏之辨的高度上理解这一章（所谓"訾毁儒教，抗衡中国"），是很合适的。其二，叶公所举的这个例子的确堪称"奇行"（王夫之语）。可以想见，即使在叶公所在的楚地，"其父攘羊，而子证之"的行为也是比较少见的，或者说，是不合于普通的习俗的，所以才被人称道为"直者"。这一点亦由"攘羊"罪行程度之轻微鲜明地衬托出来。一般而言，偷羊的罪行就不算大，而攘羊则更为轻微：历代注家都解"攘"为"有因而盗"，即"凡六畜自来而取之曰攘也"。其三，孔子就类似事件而言"父子相隐，直在其中"，是取"执两用中"之法阐明"直"之中道，避免在对"直"的把握上的过与不及。就此而言，上引何晏以此章言"为直之礼"和朱熹以"天理人情之至"论此章，皆为切中肯綮之解。此外，刘宝楠《论语正义》引程瑶田《论学小记》中的一段话，也表达了此意："人有恒言，辄曰一公无私。此非过公之言，不及公之言也。此一视同仁，爱无差等之教也。其端生于意、必、固、我，而其弊必极于父攘子证，其心则陷于欲博大公之名。天下之人，皆枉己以行其私矣，而此一人也，独能一公而无私。果且无私乎？圣人之所难，若人之所易。果且易人之所难乎？果且得谓之公乎？公也者，亲亲而仁民，仁民而爱物。有自然之施为，自然之等级，自然之界限。行乎不得不行，止乎不得不止，时而子私其父，时而弟私其兄，自人视之，若无不行其私者。事事生分别也，人人生分别也，无他，爱之必不能无差等，而仁之不能一视也。此之谓公也，非一公无私之谓也。《仪礼·丧服传》之言昆弟也，曰：'昆弟之道无分，然而有分者，则辟子之私也。子不私其父，则不成其子。'孔子之言直躬也，曰：'父为子隐，子为父隐，直在其中。'皆言以私行其公，是天理人情之至也。自然之施为、等级、界限，无意、必、固、我于其中者也。如其不私，则所为公者，必不出于其心之诚。然不诚，则私焉而已矣。"

基于以上的分析，必须避免一种误解，就是将这一章中孔子的话抽象为一个一般性的实践原则，比如采取这样的一般性表述：父亲应当隐瞒儿子的罪行，儿子应当隐瞒父亲的罪行。这种抽象是过度的，首先在于其忽略了原来文本中"直者"的身份。叶公语中"吾党之直躬者"，其身份显然是民，而孔子顺此语脉提到的"吾党之直者"，其身份自然也只能被理解为民，只有在这个前提之下，才能说，父子相隐得天理人情之至，也就是得"直"之中道。其次，更重要的是，将这一章中孔子的话抽象为一个一般性的实践原则实际上是对儒教伦理思想的一种康德式扭曲的后果。我们知道，在西方伦理思想中，康德是义务论（deontology）的典型代表，其基本概念是义务（obligation），更具体地说是道德法则（moral law)。就其历史文化的渊源而言,康德式的义务论是犹太—基督教传统中律法主义的神命论的现代翻版。① 义务论的思想重心在行为,因而重视普遍的实践法则,而美德在以义务为本位的情况下就被理解为"对法则的敬重"。相比之下,儒教伦理思想基本上属于美德伦理学,其重心放在成就人的美德上,从不假普遍性之名提出抽象的实践法则,理由大致有二:一、抽象地谈论普遍的实践法则没有意义,远离了人的实际生活;二、凭借美德,人能够在时机化的特殊处境中找到最恰当的选择,做出最恰当的行为。② 在当下的许多讨论中,义务论与美德伦理学之间的巨大差别往往被有意无意地忽略了,从而使得这些讨论在一开始就建立在对经典的误读的基础上。

关于对"桃应问曰"章的理解,亦有三点需要注意。其一,这一章与"叶公语孔子曰"章的一个显著的不同,就是舜除了为人子之外还有一个天子的身份。正是由于这个双重身份,使得舜在瞽瞍杀人这一假设的处境中面临选择的两难。孟子揆舜之意,而有"窃负而逃,遵海滨而处,终身訢然,乐而忘天下"之说。其二,对这一章的整体理解不应忽略皋陶的意义。孟子认为,不仅皋陶会秉公执法,而且舜不会禁之,因为"皋陶为士"乃"有所受之"。在"夫舜恶得而禁之?夫有所受之也"句下,赵岐注曰:"夫天下乃受之于尧,当为天理民。王法不曲,岂得禁之也。"焦循《孟子正义》曰:"赵氏以舜之天下,受之于尧,故不得禁皋陶执杀人之罪人。惠氏士奇《春秋说》云:'夫有所受之也。恶乎受之?曰:受之舜。杀人者死,天之道也。皋陶既受之舜矣,而舜复禁之,是自坏其法也。自坏其法,不可以治一家,况天下乎?且受之舜,犹受之天。受之天者,非谆谆然命之也,谓其法当乎天理,合乎人心

---

① 麦金太尔在《追寻美德》一书中对这一点有非常透彻的分析。
② 更详细的分析见唐文明《隐秘的颠覆:牟宗三、康德与原始儒家》,生活·读书·新知三联书店2012年版,第二章"自律的挪用"。

而已.'"其实无论是赵歧所撰章指,还是朱熹所作注解,都没有忽略这一点:前者所谓"奉法承天,政不可枉"与后者所谓"为士者但知有法,而不知天子父之为尊",皆是重视皋陶的意义。但亦不可将皋陶与舜的行为过分割裂开来,因为——正如几家注解所云——皋陶为士是受之于舜,而舜为天子则是受之于尧,归根结底是受之于天。其三,对于孟子所描述的皋陶与舜的可能行为,仍应在孔、孟所倡导的中道思想的语脉中加以理解。以朱熹的解释而言,"盖其所以为心者,莫非天理之极,人伦之至",兼指皋陶与舜,是说二人都能行乎中道。在此亦不可将之抽象为一个一般性的实践法则。

关于对"象日以杀舜为事"章的理解,需要说明者有三。其一,正如很多学者已经指出的,在孟子说舜封象于有庳的语境里,封建制度是具有正当性的,而"封建制度具有正当性"这一点,显然不属于儒教之为儒教的核心义理,比如柳宗元就说:"封建,非圣人之意也,势也。"其二,此章的主旨实际上是孟子对舜登天子之位后如何对待曾谋害自己的弟弟象的情况一个澄清。针对流传的舜登天子之位后放象的说法,孟子解释说,舜其实是封象于有庳的,但是他深知自己的弟弟难以担当治理之重任,于是"使吏治其国,而纳其贡税焉",就是说,使"象不得有为于其国"。也正是因为如此,才有了舜放象的流言。其三,诚如吴棫所言,舜对于象,的确可以说是仁至义尽了。站在儒教立场上来说,这可以说是正解。这里仍然意味着说,舜对待象的行为是合乎中道的。

不难注意到,对这三章的义理主旨的解释都提到了"至":"天理人情之至"、"天理之极,人伦之至"、"仁之至,义之尽",这意味着,必须在"行乎中道"的意义上才能恰当地理解这三章。

## 驳 难

批评者提出的主要责难是说儒教伦理与腐败有一定的关联。具体一点来看,这个责难可以说有三个版本。第一个版本是说上述《孟子》一书中提到的两个例子,即舜"窃负而逃"和"封象有庳"的例子,都属于"名副其实的腐败行为"。① 既然舜在儒教传统中一直被尊为圣人,那么,这一版本可以被合适地称为"圣人腐败论"。第二个版本是从对上述三章中提到的三个例子的抽象中得出的,即从中抽象出一个"亲亲相隐"原则,认为这个原则意味着儒教所倡导的实际上是一种血缘伦理原则,而血缘伦理原则是一个导致腐败的原则。② 既然这里将"亲亲相隐"概括为儒教伦理思想的核心原则,那么,这一版本可以被合适地称为"伦理原则腐败论"。第三个版本相比前两个版本,在立论上要弱一些,但其责难的力度一点儿也不小,特别是因为其具有鲜明的现实关切。这一版本声称,儒教伦理应当为当今中国社会中严重的腐败现象负责,因为儒教伦理"会在文化心理结构的深度层面上,为某些把特殊性团体情感置于普遍性群体利益之上的腐败现象的产生,提供一座适宜的温床"③。既然这里把问题聚焦于儒教伦理对中国人的文化心理的影响,那么,这一版本可以被合适地称为"文化心理腐败论"。需要指出的是,虽然在批评者那里,这三个版本会被认为是一致的,甚至会被认为是一回事,但三者的意义还是有明显的差别。特别是第三个版本,就其本身的表述而言,属于社会心理学或文化批判层面上的断言。

对于第一个版本所提出的责难,即所谓"圣人腐败论",问题是比较容易澄清的。首先,孟子口中舜"窃负而逃"的例子很难称作腐败。这一点表现在,舜既没有假天子至尊之位以包庇瞽瞍,

---

① 刘清平:《美德还是腐败?析〈孟子〉中有关舜的两个案例》,载《哲学研究》2002年第2期。邓晓芒:《儒家伦理新批判》,重庆大学出版社2010年版,第13页。

② 刘清平和邓晓芒都持这样的观点。邓晓芒对刘清平观点的概括和辩护见《儒家伦理新批判》,重庆大学出版社2010年版,第13页。

③ 刘清平:《美德还是腐败?析〈孟子〉中有关舜的两个案例》,载《哲学研究》2002年第2期。

又没有禁阻皋陶的执法,而是在两难中选择弃天子之位而践孝子之行。前面已经提到,"桃应问曰"章与"叶公语孔子曰"章的一个显著的不同,就是舜在为人子之外还有一个天子的身份。质言之,只要有为官者的身份,面对类似的事情,单纯的"隐"就不可能符合中道了。[①] 另一个类似的例子是楚昭王时期循吏石奢的故事:"石奢者,楚昭王相也。坚直廉正,无所阿避。行县,道有杀人者,相追之,乃其父也。纵其父而还自系焉。使人言之王曰:'杀人者,臣之父也。夫以父立政,不孝也;废法纵罪,非忠也;臣罪当死。'王曰:'追而不及,不当伏罪,子其治事矣。'石奢曰:'不私其父,非孝子也;不奉主法,非忠臣也。王赦其罪,上惠也;伏诛而死,臣职也。'遂不受令,自刎而死。"(《史记·循吏列传第五十九》)石奢之所以"不受令,自刎而死",就是因为为人子与为人臣的双重身份使他陷入选择的两难。其次,正如许多学者已经指出的,孟子口中舜封象有庳的例子在当时封建制度具有正当性的历史语境中也很难被称作腐败行为。我想补充的一点实际上已见于上文:封建制度主要是出于制度安排上的合宜性而获得其正当性的,而这一点并不属于儒教的核心义理。

对于第二个版本所提出的责难,即所谓"伦理原则腐败论",其错误也比较容易指出。首先,孔子口中的"父子相隐"的例子不可能被划入腐败行为之列。按照对腐败的一般理解,为官者利用职权、以权谋私的行为才可以叫做腐败行为。而在"父子相隐"的例子中,叶公与孔子谈话中的"直者"都没有为官者的身份。其次,正如前面义理分析部分提到的,将上述三章所涉及的三个例子抽象为一个一般性的实践原则,是以义务论的方法和立场扭曲地理解本来属于美德伦理学的儒教伦理思想的一个后果。这其中的诠

---

① 《春秋·公羊传》对"亲亲相隐"的解释又有所不同,参见陈壁生《经学、制度与生活——〈论语〉"父子相隐"章疏证》,华东师范大学出版社2010年版,第121页以下。

释的暴力不可不察，而很多的指责正是基于这种暴力的诠释。再次，即使不考虑因单纯聚焦于行为而导致的法则主义误解，严格来说，在理论层面上，儒教伦理精神并没有局限于批评者所谓的血缘伦理。儒教特别注重家庭对于人的生活的重要意义，并在这个基础上倡导能够成就人的美好生活的种种美德，但这并不意味着儒教采取了一种特殊主义立场。儒教所倡导的普遍主义落实在伦常观念的普遍性上，简言之，像父子、兄弟、夫妻、朋友，以及特定政治制度中的君臣，这些人伦都是普遍存在于人类生活中的，是"彝伦"。以我们大家都熟悉的经典来说，子夏所说的"四海之内皆兄弟"，孟子所说的"老吾老以及人之老，幼吾幼以及人之幼"，都是儒教超出血缘伦理的明证。

对于第三个版本所提出的责难，即所谓"文化心理腐败论"，牵涉的问题很多，需要仔细辨析。如果上文对前两个版本的反驳是成功的，那么，对于第三个版本的恰当理解就只剩下一种可能，即，尽管儒教文化传统中的圣人并不是"腐败的典范"，尽管儒教并没有坚持一种导致腐败的伦理原则，但儒教伦理理念和伦理精神在落实过程中容易产生一种流弊，即容易因一家之私的观念而引发腐败行为。就此而言，我们还可以合理地解释说，因为大多数人都不是圣人，不可能行乎中道，甚至也谈不上是贤人君子，很容易将儒教伦理精神曲解为一种家庭私利主义，从而在实际行动中凸显出血缘伦理的局限性。我想，这大概就是"文化心理腐败论"的立论地带了。

首先我们不应否认，这种现象不仅存在，而且在当今的中国社会还是一个非常值得重视的、的确与文化心理有关的不良现象。为官者因其家庭观念而为子女、配偶、兄弟姐妹乃至亲戚以权谋私，这种腐败现象在当今中国社会很是常见。其次，必须明确，这种腐败现象正是儒教明确反对的，其理据之一恰恰在于，公共领域中的公平和正义对于成就每个家庭的人伦秩序是必需的。也就是说，亲亲观念和以亲亲观念为基础的推己及人主张不仅蕴含着仁民爱物的道德扩充，而且蕴含着公平正义的政治要求。再次，对这些与人伦亲情有一定关联的腐败现象的反思必须适度。如果这种反思达到了这样一种"深度"，如现在这些批评者所主张的，儒教伦理是导致上述这类腐败行为的精神根源，那么，一方面，这一主张所蕴涵着的独特的思想后果可能是连批评者自己都没有想到且不愿接受的，另一方面，从道德推理的角度看，这也实在算不上什么有学理的批评，反倒是嫌涉一种近代以降其来有自——前有"五四"，后有"文革"——的思想归罪术。

我尝试着通过如下论证和分析来说明这一主张的思想实质及其在推理上的荒谬性。对腐败行为的界定和理解以公与私的观念为前提。就此而言，腐败行为即是以权谋私的行为，其反面则是对公共权力的公正行使。于是，我们很容易看到，在这种与注重人伦观念的文化心理有关的腐败现象中的那个"私"，就是所谓一家之私。如果就此推论说，人伦观念是导致这类腐败行为的精神根源，那么，这实际上意味着说，导致腐败行为发生的原因是因为有"私"的观念。顺此继续推论，我们就触到了这一主张的思想实质：它所提倡的实际上是反对任何"私"的观念的大公无私。要是不以大公无私的看法为然，那么，对此类腐败现象的一个适度的反思应当流连于这样一个地带：腐败行为之所以发生，是因为为官者在行使公共权力时只考虑他自己的一家之私。进而言之，腐败行为发生的原因不在于为官者有一个"私"的观念，而在于"公"的观念的不立。换句话说，对于腐败现象的反思可能有两种，一种是以大公无私为出发点，认为任何一种"私"的观念都会成为腐败行为发生的精神根源；另一种并不以大公无私为出发点，认为并不是因为"私"的观念导致腐败，而是因为在有"私"的观念的同时缺乏"公"的观念或是在行为选择中"私"的观念压倒了"公"的观念。

对于前一种反思，我们还可以有这样的分析性推论：如果说与一家之私的观念有一定关联的腐败行为的存在能够使我们得出

"人伦观念是导致腐败行为的精神根源"的结论的话,那么,按照同样的逻辑,与一己之私的观念有一定关联的腐败行为的存在——这一点我想没有人会否认——就能够使我们得出"个人主义(甚至是康德式的个人主义)是导致腐败行为的精神根源"的结论。不过,我倒是乐于相信,这些批评者如果能够仔细审察自己的看法的话,或许会愿意接受后一种反思。而包含在后一种反思中的核心看法是,在强调私不胜公的同时也重视公不废私。在上引程瑶田的话中,其实就明确地表达了类似的看法:"父子相证"背后的精神可能是"一公无私",而"一公无私""非过公之言,不及公之言也";"父子相隐"背后的精神则是私不胜公、公不废私,故而可谓行乎中道,得天理人情之至。如果接受了后一种反思,就意味着"人伦观念是导致腐败行为的精神根源"的断言是完全错误的,是一种典型的归罪之论,因为这一断言意味着在对腐败现象进行伦理反思时偏离了"私"与"公"的关系这一恰当的地带,而是将批判的矛头错误地对准了"私"的观念本身,的确可以说是"差之毫厘,谬以千里"。

此外,如果要探究当今中国社会严重的腐败现象的根源,我想大约批评者们也不会反对,应当将考察的重点放在中国的政治制度上,像批评者那样将当今中国社会严重的腐败现象归罪于儒教伦理的做法客观上会有转移视线、转嫁罪责之效,至少可以说是"丢了西瓜,捡了芝麻"。

不过,话又说回来,正如我在前面也提到的,这种苛刻的批评虽然足以混淆视听,但亦不是毫无意义。在中国社会,无论是过去还是现在,为官者为了自己的子女、配偶、兄弟姐妹、乃至亲戚以权谋私的腐败现象始终是一个真实的、值得我们认真对待的问题。而且我也相信,将来也是如此。这首先提醒我们,必须建立有效而健全的政治制度,因为这是防止腐败问题最直接、最靠谱的保障;其次,在道德建设层面,倡导一种公私兼顾的平实的伦理观念或许是合适的、值得欲求的。而主张"道在日用伦常中"的儒教传统所珍视的家庭伦理，正是这样一种公私兼顾的平实的伦理观念。至于这种注重一家之私的伦理观念与注重一己之私的个人主义的伦理观念孰优孰劣的问题，在此无法详细展开。但在我看来，即使是个人主义者，只要出乎一己之诚，大多也会承认，系于个人情感的家庭伦理对于一个社会的稳定、繁荣和发展是具有积极意义的。

戌

# 实际生活经验与思想的路标
## ——评张祥龙的儒学研究

一

用现象学方法研究儒学，这是张祥龙给那些被专业壁垒严重限制的中国哲学史研究者留下的一个粗略印象。如果从一个稍近距离的圈内人位置观察，可以看到，试图在这条道路上运思的学者不止张祥龙一人，但坚持不懈并形成一系列独创性论说的目前大概只有他一人。然而我们必须马上注意到，在这条运思之路上，其实还是从之者稀。如果在此断言张祥龙的儒学研究已经为我们确立了一些思想的路标，那么，就目前的情况来看，这些路标似乎还是坐落在某个灯火阑珊的地段，上面的指示也因环境的昏暗而显得暧昧不清，正如同一条偏僻之路上的一些小站，只有少数人因为某些特别的原因才在这一地段上下车。如果因此而进一步说，这些路标遭遇了学院共同体不应该的忽视，那么，就必须指出它们应该得到承认的客观理由，也就是，它们的意义和重要性。这是我们在一开始就必须提出的问题。

作为一种方法和思想态度的现象学，呼吁回到实际生活经验，去展开存在论层次的哲理言说，这就在诠释学与存在论之间，建立了一个紧密的连接。在这样一个紧密的连接中，诠释学与存在论都发生了根本性的改变。① 实际上海德格尔已经明确指出，存在论就

---

① 如以海德格尔的《存在与时间》为例，诠释学变成了存在诠释学（ontological hermeneutics），存在论变成了基础存在论（fundamental ontology）。

是诠释学。正如张祥龙详细分析过的，这是一个思想的新识度，而人的思维的意向性特征无疑为这个新识度奠定了一个客观基础，但更重要的是形式显示的方法能够在须臾不离的时机化境域中将归拢于一处的意义呈现出来，从而应和人之于存在的湍流经验。[①] "实际生活经验"本身就是被形式显示的方法规定了的一个说法，换句话说，它并不意指人的生活经验的实际内容，而是凭着实际性（facticity）这个现象学独特的词汇指向能够形式地显示出来的、关乎人的存在意义的根本经验。

"从现象学到孔夫子"，这是张祥龙对其儒学研究方案的鲜明概括。通过十多年的课程讲授，张祥龙已经以此一方案对先秦到宋明的儒学史进行了统贯的阐释。[②] 然而，必须指出，张祥龙看重现象学在儒学研究方法上的启发，却并非简单地套用现象学的行话来诠释儒学。换言之，"从现象学到孔夫子"中的"从"与"到"始终是两个不同的环节，始终保持着一定的距离和紧张；他的方法论也不能简单地归入以西释中的行列，毋宁说，中西思想的相互激荡与诱发才更恰当地表达出他的根本性意图和结构性视野。[③]

关乎人的存在意义的根本经验在人类实际生活中的一个典型就

---

[①] 张祥龙：《本体论为何是诠释学？》，《从现象学到孔夫子》，商务印书馆2001年版，第94—122页。

[②] 《从现象学到孔夫子》之前是《海德格尔思想与中国天道》（生活·读书·新知三联书店1996年版），之后是《孔子的现象学阐释九讲：礼乐人生与哲理》（华东师范大学出版社2009年版）、《先秦儒家哲学九讲：从〈春秋〉到荀子》（广西师范大学出版社2010年版）和《拒秦兴汉和应对佛教的儒家哲学：从董仲舒到陆象山》（广西师范大学出版社2012年版）。

[③] 海德格尔的现象学之思在一定程度上受到中国思想的启发，这是张祥龙花很多功夫仔细研究的一个主题，目前所见最早的中文论文是《胡塞尔、海德格与东方哲学》（《中国社会科学》1993年第6期），在其中，张祥龙分析了胡塞尔与海德格尔对于东方哲学的不同看法。另外，关于这个主题，特别参见《海德格尔思想与中国天道》第一章第二节："海德格尔的道缘"、第十七章第三节："海德格尔所理解的'道'"，《思想避难：全球化中的古代哲理》第五部分之十九："海德格尔论老子与荷尔德林的思想独特性"（北京大学出版社2007年版），《德国哲学、德国文化与中国哲理》第三部分之七："海德格尔与中国哲学：事实、评估和可能"（上海外语教育出版社2012年版）等。

是信仰者的超越性经验（experience of the transcendence）。张祥龙指出，海德格尔1920—1921年在弗莱堡大学讲授的"宗教现象学导论"课，是我们理解海德格尔现象学之思的一条重要线索。由此或可窥见，海德格尔的现象学之思，无论是早期的实际性诠释学，还是后来的基础存在论，都可能与人的超越性经验密切相关。换言之，海德格尔很早就坚持现象学优先于神学的哲思立场，这一点并不妨碍我们充分且恰当地认识到他的现象学之思与神学之思的密切关系。其实我们已经看到，现象学与神学的关系从来就是一个非常重要、未被忽视的主题，以至于后来在法国有所谓"现象学的神学转向"。诚如张祥龙在评论杜瑞乐的《儒家经验与哲学话语》一文时指出的，对于那些从事哲理思考的信仰担当者而言，重要的是在哲思与信仰之间保持一种"根本性的、创造性的紧张"，从而在哲学与宗教之间构成一个相互激荡、相互诱发的思想机制。① 这一点对于我们理解张祥龙的儒学研究方案也有很大启发。如果充分注意到儒教与各种宗教之间的家族相似，乃至将儒教与各种宗教都归为广义的教化传统，那么，对于从事哲理思考的儒教担当者而言，在儒教与哲学之间保持那种根本性的、创造性的紧张就非常必要。从这个视角可以看到，张祥龙其实开创了一门儒教现象学（Confucian phenomenology）。②

现象学对概念化思维的批评和回到实际生活经验的呼吁对于反思现代以来的儒学研究方法具有重要的意义。在现代大学体制中，儒学研究主要被放在了中国哲学这一学科。系统化则是中国哲学首要的学科意识，或用冯友兰的清晰概括来说，是要在中国思想原有的"实质的系统化"的基础上开展出其应有的"形式的系统化"。

---

① 张祥龙：《思想避难：全球化中的古代哲理》，第210页。
② 另一个可能的概括无疑是"现象学儒学"（phenomenological Confuciology）。这两个表述就其微妙意味而言或有不同，但应当指向同一件事。当然仍需说明，张祥龙重视的是儒教与现象学之间相互激荡、相互诱发的思想机制，而非一边倒的诠释关系，如我前面已经指出过的。

所谓形式的系统化，实际上就是传统西方哲学的运作方式，即，以概念为基础，通过推理、论证和思辨形成一个体系。张祥龙多次指出过概念化思维在理解中国古代思想上的不恰当性，呼吁重视中国古代思想自身的言说方式，如立足于"象"而展开的言说和立足于"道"而展开的言说。① 海德格尔的现象学虽然是张祥龙获得这种反思的一个重要的启发者，但海德格尔毕竟还是立足于"是"（Being）展开其言说的。象说与道说这两种中国古代思想自身的言说方式，尚待进一步深入探究，但无疑张祥龙已经通过他的工作在这个关键之处划出了一个非常清晰的标识，显示出了一个值得运思的方向。

张祥龙的儒学研究特别重视一个"时"字，也是受到现象学将时间领会为存在之境域这一基本思想的启发。回到实际生活经验的呼吁，以及相关的形式显示的方法，其实都与时间性问题有关。对时间境域的揭示是避免概念化地理解"象"与"道"的保障，而领会者的参与又是时机化地呈现"象"与"道"的条件与内容。张祥龙曾以航船的航船性为喻来说明这种思想和言说方式的特点，"它要在不停靠航船时来理解这航船的航船性，并参与那就在大海航行中进行的航船修理、改造乃至重建"。② 在海德格尔那里，对时间性的强调能够说明存在论为何是基础存在论。在中国古代思想传统中，时间性问题的重要性表现在不能离人心而论天道，语言的意义也只能呈现于天道与人心的关联结构中。我们常以天人合一概括中国思想的特质，但到底如何理解天人合一，以往的研究大都未能深究。张祥龙对中国古代思想中时间性问题的揭示其实已经为理解何谓天人合一找到了正确的方向。落实到儒学研究，这个问题也

---

① 专门论述象说和道说的篇章如《从现象学到孔夫子》中第二部分之十四、十五、十六和《德国哲学、德国文化与中国哲理》第四部分之十。这些篇章也明白显示出张祥龙的一个重要研究主题是语言。

② 张祥龙：《概念化思维与象思维》，《德国哲学、德国文化与中国哲理》第四部分之十，第166页。

涉及义理与工夫的关系问题。① 不用多说，我们马上就能想到，工夫问题在过去概念化思维占主导地位的研究中是如何不受重视。于是，凭着对于古典传统的高度尊重和新的思想方法的清晰把握，我们有更充足的理由针对现代儒学研究传统提出一个更为尖锐的质问：没有工夫，何谈义理？②

在现象学方法的激发下，张祥龙还提出了一个非常独特的观点，就是反对以普遍主义来看待儒家思想。在他的概括中，命题化的表达方式与普遍化的理论诉求是一切普遍主义主张的两大特征。③ 从中可以看出，普遍主义，以及与之相对的特殊主义，其实都是概念化思维框架内的产物。如果说抽象地谈论普遍高于特殊并非高明之举，以辩证法来看待普遍与特殊的关系才更为恰当，那么，必须指出，这仍然是概念化思维框架内的运作。换言之，辩证法是概念化思维的极致或最后形式，在其中，虽然已经引入了时间性，但概念化思维并没有被真正克服。普遍主义的弊端除了对内导致僵化的理解之外，还表现为对外的霸权要求。张祥龙将他对普遍主义的分析运用到对儒家思想的理解以及不同文明之间如何打交道的问题上，得出了非常重要且意味深长的结论。在他看来，一方面，澄清并捍卫儒家思想的非普遍主义特征，是一个事关儒家再临之合适道路的重大问题；另一方面，应当"反对任何普遍主义的文化侵略和同质化扩张"，这是解决文明之间可能冲突的重要思想基础。④

---

① 其实儒、道、释三教皆如此。
② 不能离开工夫谈义理应当成为儒教诠释学的一个基本原则，且这个基本原则的应用范围很广，比如说，经典中记载的舜超乎常人的孝行，如果采取"孝子之心"这个设身处地的带入性视角，仍有可能得到理解，虽然也很艰难；如果采取一种彻底的理性旁观者视角，则根本不可能得到理解。
③ 张祥龙：《先秦儒家哲学九讲：从〈春秋〉到荀子》，第15页。张祥龙第一次论述这个主题是在《儒家哲理特征与文化间对话——普遍主义还是非普遍主义》一文中，该文载《求是学刊》2008年第1期，后收入《复见天地心：儒家再临的蕴意与道路》，东方出版社2014年版，前后两版文字稍有差异。
④ 张祥龙：《复见天地心：儒家再临的蕴意与道路》，第44页。

## 二

特别重视孝的价值，这是张祥龙给许多真诚服膺儒学的研究者留下的深刻印象。本来，只要认真了解一下儒教文明的经典与历史，人们大都能注意到，孝是儒教文明的核心价值，乃至于用"孝的文明"来刻画儒教文明也不为过。但是，关联于实际生活的巨大变迁，现代以来中国思想界的主流观点都对孝持强烈批判态度，以至于在以转化求适应的现代儒学传统中，孝的价值并未受到应有的重视。对历史脉络的这样一个简单刻画，或许有助于我们认识到，张祥龙对孝的重视意味着儒教文明的自觉在1949年以后的独特历史阶段迈向了一个新的深度。这大概也能解释，当张祥龙强调孝的价值时，为何很多儒门同道会有那么强烈的共鸣感。

然而，张祥龙并非只是简单地重申孝在儒教文明中曾经有过的重要地位，而是力图通过新的研究方法说明孝在未来的儒教文明乃至人类文明中应有的重要地位。具体来说，他对于孝的研究是在前述儒教现象学或现象学儒学的新平台上展开的，因而所作出的贡献也是前所未有的。在此我不顾挂一漏万、悟浅笔拙之失，略加阐明、发挥。

在张祥龙的孝的现象学研究中，《孝意识的时间分析》无疑是最重要的一篇文章。[①] 海德格尔指出，过去、现在与将来能够形成"一个统一的现象"而作为关乎人的实际生活经验的构成性境域，端赖将来开放出一个让过去现在化的可能性。将来自然是海德格尔论述时间问题的重心，但过去的将来性与过去的现在化这两个相关的合法表述暗示了，过去在海德格尔的时间性概念中也占据一个重

---

[①] 这篇论文最初宣读于2005年8月在山东威海举办的"哲学、宗教和科学：传统与现代的视野"学术研讨会，发表于《北京大学学报》2006年第1期，后收入《思想避难：全球化中的古代哲理》和《复见天地心：儒家再临的蕴意与道路》两书，不同版本文字有差异。

要位置。实际上，将来所开放出的可能性只是为本真过去的再次呈现而给出的一个崭新时机。这就是为什么说，"真正的过去或源头总在将来与我们相遇"。① 既然此在凭着与存在的关系而归属于存在，本真过去又作为存在的天命而展现，那么，这个奠基于此在结构的将来最终也归属于存在的天命，或者说，由将来所给出的崭新时机最终也归属于不断再临的本真过去。②

张祥龙的独创性发明是透过海德格尔对时间性的揭示去分析亲子关系中的慈孝经验，呈现时间在慈孝经验中的构成性意义，并由此批评海德格尔等西方思想家的相关缺失。③ 慈是朝向将来的时间性表征，孝是朝向过去的时间性表征，二者共同构成作为此身此在的人的生存机制。④ 既然"反身而诚"、"诚身有道"的说法表明诚指向切身性，那么，对于作为此身此在的人而言，诚就是朝向现在的时间性表征。既然现在是本真过去在将来所给出的崭新时机中的不断当前化，那么，诚身的经验就不可能脱离慈与孝的经验。这就意味着，此身此在的切己领会不可能脱离亲子关系中的慈孝经验，慈孝经验其实是人之为人最根本的经验。⑤

---

① 海德格尔：《在通向语言之路上》，转引自张祥龙：《孝意识的时间分析》，《思想避难：全球化中的古代哲理》，第256页。

② 张祥龙也论及海德格尔时间性分析中的过去因素，但他仍然立足《周易》"彰往察来"的时间观批评海德格尔对过去缺乏应有的重视。

③ 张祥龙所说的"亲子关系"是指父母双亲与子女的关系，在儒教经典中被认为是最根本的一伦。

④ 我在硕士学位论文中曾提议在基础存在论的层次上用"此身此在"或"身在"来修正海德格尔的"此在"，用以刻画实际生活经验中的人，此文直接使用之。

⑤ 既然人一出生就为人子女，长大后又可能为人父母，那么，就父母与子女对于人的构成性意义而言，父母因其处于本源的位置而比子女更为优先。在一个更为悠长的世代观念中，子女的意义能够被合情合理地纳入源自父母的构成过程，于是有"不孝有三，无后为大"之说。父母之慈直接体现于生育过程中，而孝作为对父母之慈的直接应答比日后自己对子女的慈更为优先，其中的一个要点还在于，既然我的父母具有唯一性和独特性，而我的子女可能是众多的，那么，孝就比慈更能呈现我之为我的唯一性和独特性。这或许可以解释儒教经典为何强调孝而不是慈。一个常见的看法是，孝相对于慈的艰难使得对孝的强调更加必要，但这个来自经验的事实显然算不上一个充足的解释。

就此而言，此身此在本来就是一个伦理概念，本来就指向伦理经验。它既不是个体主义的也不是共同体主义的，相反，个体与共同体都基于这种活生生的伦理经验才能成立。正如我们曾经熟悉的，慈与孝的伦理经验沟通了将来与过去，呈现着祖先与后代在我们实际生活中的本真意义。如果说连接祖先、后代与我们的是一种特别的继承关系的话，那么，这种继承必然不能停留于因循墨守，而是以日新为德。分而言之，朝向将来与朝向过去，意味着两种不同的伦理指向；合而言之，将来与过去汇聚于现在，只是同一条生活的河流。或者如张祥龙所说，"孝与慈是同一个时间结构中相互依存、相互构成的两极"。[①] 这或许也表明，单纯面向陌生者的伦理经验并未回到伦理经验的事实本身，亲密者的陌生性与陌生者的亲密性都是我们实际伦理经验中的重要内容。

慈与孝也不是互为条件，而是互相激发，互相成就，正如将来与过去通过汇聚于现在而彼此应答。这里所要反对的，不仅是一些社会科学家自以为是的对慈与孝的功利主义解释，也有一些伦理学家津津乐道的对慈与孝的情感主义解释。时间性分析已然表明，慈与孝是此身此在最本然、最真实的体验，是良知良能最直接、最明白的呈现。张祥龙如是描述孝的经验中所包含的过去的意义："它首先意味着我或我们在还没有意识的过去，受到了恩惠，而且是无法用任何对象化尺度来衡量的恩惠：我的被生成（被怀胎、被分娩），被哺养，被照顾，被牵挂，被教育，被栽培。它们对于我来说几乎是发生性的，我正是由于它们而存在，而有此身，而是今天这个样子；但也正因为如此，它们对于我是久远的、沉默的、无微不至而又不显眼的、随时都可能再施恩（再次参与我生命的构成）的。"[②] 如果说慈的主旨是赠与，孝的主旨就是感恩，而人正是在

---

[①] 张祥龙：《孝意识的时间分析》，《思想避难：全球化中的古代哲理》，第261页。

[②] 同上书，第259页。

这不断的赠与和不断的感恩之中成就自身的生活。换言之，慈表达的是为人父母者赠与时的无限慷慨，孝表达的是为人子女者在领受恩典时的无限感激。慈与孝作为关乎人的存在意义的根本经验，具有终极关切的意义，同时也是对于整个宇宙的终极体验，隐含着一种伦理的宇宙论（ethical cosmology）：人生于天地之间，当时时怀着无限的感激之情，领受天地无限的慷慨赠与，亦即，领受来自天地的无限恩典。①

对慈孝经验的时间性分析带来很多思想上的后果，在此列举其二。首先，既然慈孝经验是人之为人最根本的经验，那么，就我们现在所关心的人伦与个体的关系而言，不难想到，是人伦先于个体而非相反。这一结论对于古今中外形形色色的个体本位主义无疑具有釜底抽薪的作用，反倒是与宋儒以人伦为个体之天理的看法更为接近。② 其次，既然慈孝经验是人之为人最根本的经验，那么，就我们现在所关心的父子一伦与夫妇一伦的关联而言，是父子先于夫妇而非相反。③ 张祥龙特别指出人类学的研究已经为这一看法提供了佐证："从现实的生成顺序看，有夫妇才有亲子；但从人类学、哲学人类学或人类形成史的发生结构上看，有亲子才有夫妇。"④ 从人类学的视野看，这其实意味着，是家庭先于婚姻而非相反。换言之，婚姻其实是被家庭所构造的，夫妇一伦其实是被父子一伦所

---

① 在我看来，这无疑就是张载《西铭》一篇的主旨，因为这里的观念正是，天地乃人与万物之父母，所谓"乾称父，坤称母"。

② 同样出于对回到实际生活经验的现象学方法论的坚持，张祥龙似乎对宋儒的"天理"概念充满警惕。如果将这种警惕扩展为一种根本性的批评，在我看来对宋儒是不公平的。在宋儒的思想中，父慈子孝与鸢飞鱼跃，无非天理之流行。恰恰是用那种概念化思维理解宋儒思想时容易忽略天理之流行义。不过，至少从戴震开始，儒学内部就有了一个企图废黜天理的思想倾向，在遭遇古今之变的现代，这个倾向更为斩决，一直延续到当下。如何处理这个事关儒学之未来的重大问题，颇为复杂，本文自然无法深入。在《隐秘的颠覆：牟宗三、康德与原始儒家》（生活·读书·新知三联书店2012年版）的第三部分，我曾针对牟宗三在这个问题上的缺失有所论述。

③ 这里我使用儒教经典中"父子之伦"的说法，而没有使用张祥龙的"亲子关系"的说法，其含义相当。

④ 张祥龙：《家与孝》，生活·读书·新知三联书店2017年版，第97页。

构造的。不消说，如果由此思及婚姻的意义，定会扫清那些关于婚姻与家庭的流俗之见。

张祥龙更将对慈孝经验的时间性分析延伸到人类学的相关讨论中，这构成最近出版的《家与孝：从中西间视野看》一书的一个重要主题。一方面，已往的人类学研究能够为人类这种最深层次的慈孝经验提供一些佐证，正如前面已经提到的；另一方面，更重要的是，张祥龙基于人类这种最深层次的慈孝经验对已往的人类学研究进行了审视乃至质疑。正是从这样一个"可贵的观察视角"上，张祥龙提出一个人类学研究的新愿景："孝这个人类现象迄今还没有成为一个重大的人类学问题，也没有成为一个重大的哲学问题。这种状况应该改变，因为它是人类的内时间意识的集中体现，从中可以窥见人性的最独特之处。不理解孝，人类学就还在颇大程度上残缺不全，哲学家们讨论的人性和人的存在结构就是少根之木。"[①] 不难看出，一种现象学人类学（phenomenological anthropology）的思想方向在这样一个新愿景里已经清晰地呈现出来了。[②] 无疑这又是一个思想的路标，已经从人文科学领域扩展到了社会科学领域。

对孝的重要性的揭示来自与西方的比较性视野和西方的哲学方法，反过来又成为张祥龙诱发西方思想、质疑西方思想并在此基础上重新理解、重新审视西方文明的一个立足点。紧紧抓住孝的经验，向西方文明的方方面面提出质询和探问，这是张祥龙儒学研究的一个重要组成部分。在此我略举二例。在《"亚伯拉罕以子献祭"中的"亲亲"位置》一文中，张祥龙以亲子关系为问题意识，分析亚伯拉罕的以子献祭，得出"亚伯拉罕的献祭由世上最炽热

---

① 张祥龙：《孝道时间性与人类学》，《家与孝》，第90—91页。
② 张祥龙也明确地表达了现象学人类学的方法论，但他没有使用"现象学人类学"这个提法，而是使用了一般意义上的"哲学人类学"："以上哲学人类学的研究，所运用的是'朝向事情——即现有人类本性的形成——本身'的方法。"《家与孝》，第107页。

跌宕的激情所造就,……那激情就是亲子之爱"的结论。① 这一研究显然极大地深化了我们对于亚伯拉罕以子献祭的理解。在《康德论亲子关系及其问题》一文中,张祥龙论述了康德在亲子关系问题上的洞见与缺失。② 在张祥龙之前,大概很少有人会很认真地将康德论亲子关系作为一个重要的研究主题。实际上,在我看来,张祥龙已经通过对西方文化和西方思想的一系列出色研究,开创了一个西学研究的新范式。将这一新范式刻画为从原来的以西释中反转为以中释西是笼统的或不确切的,在此重要的是重新设定议题的能力,也就是说,不是方法的反转,而是价值和问题意识的反转。放在中国现代人文学科产生与发展的历史脉络里看,获得这种重新设定议题的能力至关重要,背后是对自身文明的深度信服和对他者文明的恰当尊重。实际上,张祥龙一直致力于提倡这样一种能够促进中西文明平等交流的夷夏观念:"现在和未来都特别需要思想和文化上的夷夏之辨、夷夏之防和良性的夷夏之交"。③ 可以看到,他的这一宣称并非对已往夷夏之辨观念的简单重申,他的研究也未流于比较作业中常见的东方主义或反过来的西方主义,而是时时秉持"以西济中"的方略以期吸收并消化既被平等看待又被高度重视的西方文化。④

## 三

呼吁建立儒家文化保护区,这是张祥龙给那些关心儒家文化如何复兴的热心人士留下的奇特印象。我还清楚地记得当年他第一次

---

① 张祥龙:《家与孝》,第15、16页。这篇文章曾发表于《中国现象学与哲学评论》第十三辑,上海译文出版社2014年版,后作为第1章收入《家与孝》。
② 这篇文章曾发表于《河北学刊》2011年第3期,后收入《德国哲学、德国文化与中国哲理》第二部分。
③ 张祥龙:《思想避难:全球化中的古代哲理》序言,第5页。
④ 张祥龙:《建立儒家文化保护区的理由与方式》,《思想避难:全球化中的古代哲理》,第19页。

提出这一主张时北京大学的一些师生对此事的议论纷纷。如果这也是他为我们设立的一个路标，那么，这似乎是一个更加让人难以忘记又不易捉摸的路标。在此，恰当的理解只能来自恰当的提问方式：对实际生活处境有了怎样的把握，或者说，对现代性的认识达到了怎样的深度，才使他提出了这样一个在大多数人看来极其不合时宜的实践主张？

在《全球化的文化本性与中国传统文化的濒危求生》一文中，张祥龙发人深省地分析了儒家文化传统濒临灭绝的严重现实。[①] 他提议通过四个指标来观察一个文化的死与活、健康与危殆等生命状况："团体式传人的状况，所依据的社会生存结构的现状，基本价值取向为人认同的程度，独特语言的流行情况"。[②] 按照他的分析，以儒家为主的中国传统文化在当下中国人的实际生活中的具体表现恰恰可以用四个缺失来概括：精神团体的缺失、社会结构的缺失、价值认同的缺失和话语运用的缺失。于是，他得出结论说："以儒家为主的中国传统文化已陷入了严重的生存危机，可说是'文命危浅，朝不虑夕'，而且从目前的发展趋势上看，总的形势还在不断恶化。"[③] 这种对实际处境的把握也关联于张祥龙对现代中国的历史认识，如他在这篇文章中明确指出的，"清末士人们意识到中国面临'三千年未有之大变局'，这个生存危机不但没有过去，而且就其文化含义而言，今日变局之险恶有过之而无不及。"[④]

在分析这种"洪水将要没顶的严酷形势"的来历时，张祥龙

---

① 该文首刊于《南开大学学报（哲学与社会科学版）》2002年第5期，后作为第一部分第一章收入《思想避难：全球化中的古代哲理》。
② 这是张祥龙在《复见天地心：儒家再临的蕴意与道路》一书序言中的概括，第3页。
③ 张祥龙:《思想避难：全球化中的古代哲理》，第9页。
④ 张祥龙:《思想避难：全球化中的古代哲理》，第5页。在这样一个对现代中国的独特的历史认识中，最显著的一点无疑是他对新文化运动的批判，矛头特别指向新文化运动所导致的思想专制，参见《深层思想自由的消失——新文化运动后果反思》，《复见天地心：儒家再临的蕴意与道路》第二部分第五章。

从全球化这个高度发达的现代性形态一直回溯到古希腊:"西方古代哲学和科学与中国古代哲理思想的最大的一个不同就是,它认为最真实的东西是具有普遍性和确定性的存在者和数学——观念规律,而不是可变世界的具体现象和变化方式。自那时起,这个观念化、数学化和普遍化的'存在'就不断地,有时受挫、但更多的时候是成功地,向全世界扩展,以各种调整过的方式复制自己的基因。罗马的法学、基督教的神学、近代的主体化或理想个体化的哲学与政治学、经济学、政治经济学,乃至'英特耐雄纳尔'(国际共运),都不过是这个'纯粹存在者'不断克服现象界的时空局限,打破各种文化异质性的藩篱,以钢铁的、电子的、太空的、意识形态的等形式来实现自己一统世界的本性的过程。一句话,全球化不自今日始,甚至也不自近代(文艺复兴、启蒙运动、工业革命)始,而是自古希腊以来西方数学—科学—哲学—神学的普遍化、观念对象化的文化基因成功扩张的结果与过程。"[1]

不用多说,我们在此又清晰地看到海德格尔的深刻影响。海德格尔的现象学之思不仅破除概念化思维的固结,而且顺此清算以往一切基于概念化思维展开的哲学论说,彻底宣告形而上学的终结。对形而上学的彻底清算又服务于他对现代性的根本批判:众所周知,他将现代刻画为一个技术成为最高主宰者的时代,而概念化思维和形而上学都从属于技术取得这种最高主宰者地位的历史。张祥龙将现代性和全球化的问题归结为"数学因素",并将其根源回溯到柏拉图,正是来自海德格尔对现代性独特而深刻的诊断。[2]

也正是在海德格尔这样的引领之下,张祥龙就儒家文化的复兴提出了一个他称之为"思想避难"的筹划:"为什么要谈论'思想避难',而不是'思想改进'、'思想转变',甚至是'思想发展'?

---

[1] 张祥龙:《思想避难:全球化中的古代哲理》,第4页。
[2] 海德格尔对数学因素的分析见《物的追问》,赵卫国译,上海译文出版社2010年版,第62页以下。"数学因素"是孙周兴的译法,见《海德格尔选集》(下),上海三联书店1996年版,第850页。赵卫国直译为"数学的东西"。

那是因为这被思考者超出了思想可以从容应对的程度。或者说，这去思考危难的思想，如果不离开它习惯了的地方和转变思考方式，就可能无法再有生命力或提示能力，也无法躲开某种险恶力量的控制。时间已经很紧迫，我们无法'相信未来'。"① 较早提出来的建立儒家文化保护区，显然从属于思想避难这个直面实际处境的整体筹划。关联于上述四个缺失，建立儒家文化保护区的主张主要对应于社会结构的缺失。在评论蒋庆有关儒教复兴的看法时，张祥龙还提出"重建儒教的中行路线"的主张，则是对应于精神团体的缺失。② 精神团体的缺失与社会结构的缺失关系到肉身与土地的问题，只有解决了这前两个缺失，价值认同与话语运用这后两个缺失才可能得到解决。因此，可以看到，关于儒家文化复兴的具体道路，张祥龙提出了系统而鲜明的主张。

乍看之下，重建儒教的中行路线自然比建立儒家文化保护区更为可行，然而，就这二者在张祥龙思想中的意义而言，后者其实更为重要。在此我想强调的是这一主张的警示作用。实际上，毋宁说，这里的主张越不可行，其警示作用就越大；而只有从这个具有高度警示性的主张中，我们才能真正领会到张祥龙的思想境地。换言之，建立儒家文化保护区更多是一个警示性的路标，它避开大多数被人们认为可行的路线，其实是要警示人们，选择那些表面上看起来的平坦大道不过是死路一条。想一想，如果重建儒教——无论是上行、下行还是中行路线——是可能的，而建立儒家文化保护区是不可能的，那会是一个怎样的状况与结果？

实际上我们已经到了思考这个问题的地带。现代儒学普遍忽略

---

① 张祥龙：《面对迷蒙未来》，《思想避难：全球化中的古代哲理》序言，第1页。
② 所谓"重建儒教的中行路线"，是相对于"让儒教进入政治权力中心"的上行路线和"在民间成立儒教社团法人"的下行路线而言的，具体来说，就是通过"复活和维护被严重摧毁和损坏了的家庭与家族的生存"从而"让儒教的礼、德教育扎根于亲子关系或家庭家族关系之中"。见张祥龙：《"重建儒教"的危险、必要及其中行路线》，《思想避难：全球化中的古代哲理》，第280页。

人伦的价值，这是被时代潮流裹挟的后果。① 如果考虑中国人的实际生活，呈现出来的情况则更为复杂。一方面，我们看到的是巨大的变迁，无论是政治生活方面，还是家庭与社会生活方面；另一方面，我想大多数人仍会同意，父母与子女之间的那种最真挚的情感一直到现在仍是中国人生活中最甜美的蜜。我们甚至还可以预期，在中国人越来越自信、越来越积极的自我认识和自我反思中，人伦的价值会获得越来越高的重视程度。然而，仅仅通过在情感的层面高度肯定人伦的价值，就能够带领我们克服现代性的危机吗？

不要忘记，问题的根源还在于技术的主宰。如果现代性加诸自然之上的那个技术的锁链（Gestell）不被去除，一切仍将无济于事。单纯的人伦觉醒并非拔本塞源之论。正是在这一点上，我们没有理由乐观。如果我们注意到，按照某种古典的理解，人伦其实是自然的一部分，那么，我们应当想到，技术的锁链不被去除，人伦的觉醒根本上来说也不可能。② 在此有必要重申前面提及的伦理的宇宙论：家的意象本来就意味着对天地的笃实信仰，孝的情感本来就意味着对天地的无限感恩。这正是我们生活的神圣性的崇高来源。③

然而，在中国，有多少人认真对待过海德格尔的观点呢？又有多少人在骨子里还是认为海德格尔对现代性的诊断不过是耸人听闻呢？一方面，即使是渲染他的农民形象，被戴上一顶"黑森林浪漫主义"的帽子，这些喜欢拿海德格尔与纳粹说事的西方批评者乐于谈论的主题，在中国也鲜有人提及；另一方面，一些声称从海

---

① 在《隐秘的颠覆：牟宗三、康德与原始儒家》中，我特别阐发了这一点，包括其在政治哲学上的后果。

② 无疑，在技术主宰时代诞生的现代民族国家与资本主义市场，作为两种最强悍的社会制度，都包含破坏人伦的巨大潜能。

③ 在《海德格尔与儒家哲理视野中的"家"》一文中，张祥龙以儒家传统中关于家的思想为参照，分析了海德格尔对家的言说。可以明显地看到，海德格尔对家的言说主要是为了阐明大地的意义。该文曾发表于《中国现象学与哲学评论》第十六辑，上海译文出版社2015年版，后收入《家与孝》第二章。

德格尔那里获得了重要灵感的现代性批判者在转向政治问题时又太着急地将这种批判与现实政治作了某种不恰当的勾连，制造了一些注定要破灭的希望的幻象。从这两端中突显出来的正是张祥龙异常清醒、毫不妥协的决绝态度：形形色色的现代性，都没有出路！只还有一部《周易》能救渡我们！

一百多年来，新的命运通过西方强加在了中国人头上，中国人也越来越心甘情愿地接受这命运的遣送，并从中感受到越来越多、越来越深的诱惑。在这样一个特殊的历史时刻，张祥龙为我们设置的思想路标，正静悄悄地闪着光。海德格尔曾经引用尼采的一段格言来说明现代欧洲人的历史性此在在思索自己时的艰难，而作为现代中国人的我们，在思索自己时所面临的，毋宁说是双重的艰难。在此，也让我们一起聆听这个来自伟大思想者的提醒与激励，以坚定我们继续深思和笃行的共同决心：

> 非凡的自我思索：不是作为个人，而是作为人类意识到自身。让我们思索自己，让我们回想过去：让我们走上小路与大路。[①]

---

[①] 尼采：《权力意志》（上），孙周兴译，商务印书馆2013年版，第415页。海德格尔在《物的追问》中引用了这段话，见中译本第39页。译文有改动。

亥

# 比较的陷阱与软性暴力

读余英时著《论天人之际》，其中所论，有大不以为然处，涉及比较研究之方法问题。今撮其要，略说三点。

## 内向超越

虽然余英时曾写过《钱穆与新儒家》，对新儒家多有批评，但"内向超越"概念的提出，与新儒家有极大关系。新儒家的用词是"内在超越"，余英时则言"内向超越"，一字之异或有新的考虑，但连续性还是一目了然。从具体论述的展开看，余英时论内向超越与新儒家论内在超越至少有两点不太一样。其一，二者都从比较的视野中获得此概念，但在比较对象的侧重上不同：新儒家提出内在超越，比较的对象主要是希伯来传统中的犹太—基督教文化，所以其中的超越概念，宗教的意味很强；余英时在论外向超越时，则是把柏拉图作为一个典型，所以比较的对象主要是希腊传统中的"理论文化"。其二，新儒家获得内在超越的概念，主要来自他们对宋明儒学的理解和解释，虽然依照宋明儒学的经典诠释学其文本的最后根据还是落在先秦；余英时则主要从先秦思想史论证内向超越，虽然间或在一些关键点上也引用宋儒的理解。

就第一点而言，其实涉及全书的主题。在此，我们遭遇的其实是现代以来中国学术界一个不容回避的老问题：直面以希腊文化和希伯来文化交汇而成的西方，如何刻画中国文化的特质？从重视差异的角度将中国文化放在"雅典还是耶路撒冷"的语境中直观地看,若以希腊传统为参照,会觉得中国文化更接近希伯来传统;若以希伯来传统为参照,又会觉得中国文化更接近希腊传统。内在超越也好,内向超越也好,都是在这个理论的夹缝中提出来的。就是说,外向超越或外在超越的具体所指其实有两个,而在与这两个的比较中,"天"的对应物是不一样的,一个意指无中生有的神,一个虽然也指向作为造物主的神,但最后其实是通过美善的理念(Idea of the Good)落在了具有目的论意义的自然上。

然而我要说,无论是内在超越还是内向超越,都是比较作业中对差异的一个松垮的刻画。从根本上来说,比较的空间是无限的,比较的陷阱也是无限的,因为从某种意义上说,物与物之间的同与异都是无限的(古人早有"万物毕同毕异"之论)。而且,求异甚至比求同更为危险,特别是在所比较的他者具有重要意义的情况下。当我们在他者的镜像中观看自己时,表面上是要呈现自己的独特性,其实完全在他者镜像所预先设置的光影结构中,从中看到了什么,遮蔽了什么,都在这个结构的掌控之下。就是说,缺乏节制的求异之心会引导我们误入另外一种歧途,在这歧途上我们为了"追求"自己的独特性而失去本来看重、也应当看重的东西。

余英时论内向超越的这个特点也使我想起了李泽厚。通过援引西方古典学家的观点,即以希伯来为"罪感文化"而以希腊为"耻感文化",李泽厚在比较的视野中提出,中国文化本质上是一种"乐感文化"。我们看到的同样是一个不为无见但又不够厚重的观点。这类看起来寄托了时代情怀、颇有问题意识的观点,其实就是一些思想小清新,究其根源,问题仍出在比较的方法论上。[①] 但我这里想要强调指出的,并不是对比较的一个常见的控诉:用来自他者的美杜莎之眼粗暴地把自己看硬、看死。在比较所设置的空间

---

[①] 余英时论内向超越的第二个特点也让我想起李泽厚:想想李泽厚是怎么论证中国文化的实用理性精神的。

里，可能有一个宽松的环境，但由于是将某些内容抽离出来，既不能够整体地考虑其原有的语境，又不愿意将这些内容放在一个有可能贯通过去与未来的、鲜活的时机意识中，于是比较所得出的结论看似有理，其实是僵化的。与比较的那种直观的暴力相比，这或许可以叫做比较的软性暴力。说得更白一些吧。如果我们觉得"乐感文化"或"内向超越"是对中国文化特质的不错的概括，那么，这其实是表达了中国文化的局限。我们应当去探究中国文化中的"乐"、"耻"、"罪"，中国文化中的"人"、"神"、"物"，看这些核心概念以何种方式构成了怎样的思想与脉络，而不是停留于那种被比较的眼光温柔地砍伐过后呈现出来的非真非假的松垮影像。

从具体涵义上说，内在超越论或内向超越论的一个显著特点是诠释的不够节制。余英时重视先秦思想史上"心的发现"，这当然是重要的，但他忽略了这个问题的另一面，即在人心中呈现的那个"神明"或"道"并不是心所创造的，就是说，心灵锻炼和心理技巧只是呈现原则，而非创造原则。这本来与巫文化有直接联系：余英时虽然强调中国文化脱胎于巫文化，但并没有认真对待这一点。既然心是呈现原则，那么，在心中所呈现出来的那个"神明"或"道"根本上来说就不是人心锻炼的结果，这样，"内向超越"的说法在其涵义上就不免落空。至于这个呈现原则是否也来自"神明"或"道"，不同的回答带来理解上更细致的不同。如果回答是肯定的，那么，更不能说这个"神明"或"道"与人力有很大关系了。

最后我要指出内在超越论或内向超越论产生的背景。很明显，这种论调其实是为现代人本主义张目，企图将神圣性与世俗性拉平，最后收获的是世俗性而不是神圣性。说白了，这种无节制的诠释其来有自，是启蒙话语的一部分。

## 巫文化

在解释中国古代思想起源的问题上注重巫文化，这是个我们并不陌生的思路。远的不说，上世纪90年代以来，比较知名的学者如李泽厚、陈来都专门论述过这个问题。奇怪的是余英时并没有参考这两位的著作。特别是陈来的《古代宗教与伦理》，其中一个主要观点正是将三代文化分别刻画为巫觋文化、祭祀文化与礼乐文化。余英时引用了陈来此作的后续之作《古代思想文化的世界》而不及前者，不知道为什么。陈来认为礼乐文化阶段意味着已经突破了宗教而进到了伦理的层面，如果说这个看法有诠释过度的嫌疑的话（恰当的刻画或许是像雅斯贝尔斯所使用的表述那样，是"宗教的伦理化"），那么，余英时认为礼乐文化与巫文化相表里的看法则是另一个方向上的过度诠释。实际上，我们这里看到的是这本书中最大胆、最惊人的一个观点。说礼乐文化起源于巫文化不失为一个大多数学者公认的、平实的观点（有哪个文化与巫没关系呢？），但说礼乐文化与巫文化相表里就不仅是用语不严谨的问题了。为了证成孔子是中国"轴心突破"的一个开端式人物，余英时不得不把礼乐文化与巫文化拉近、甚至等同，这种立论真是让人吃惊。在常常被引用的帛书《要》篇那一段话中，孔子自述自己与巫史的不同，认为前二者分别是"赞而不达于数，数而不达于德"，而他自己是"德行焉求福，仁义焉求吉"。这里孔子自述他的旨趣与巫史不同，并不能够说明孔子认为自己与巫史是表里关系。认真推敲一下会发现，余英时在论述这个问题时其实前后矛盾而自己毫无觉察，比如，既然明明已经注意到周公制礼作乐的要点已经是"以德行说礼"，那还如何坚持礼乐文化与巫文化相表里的观点呢。

## 轴心时代

雅斯贝尔斯提出"轴心时代"这个概念是为了说明人类历史的共同起源和目标，而非西方学者在接受这个概念时则往往是想要申说某种文明多元论。但"多元"的意涵仍保留在雅斯贝尔斯的看法中，因为他强调的恰恰是轴心文明各自独立地发生在不同的地区。如果不考虑雅斯贝尔斯在《历史的起源与目标》后面的部分论及非西方文明时表露出来的无知和偏见，那么，接受并进一步补充、扩展"轴心时代"这个概念对于非西方文明的代言者而言，在西方文明主导的当今世界——雅斯贝尔斯将之刻画为人类历史的第四个阶段，即技术时代——为非西方文明挣得一席之地的目的基本上是可以达到的。但问题在于，这种比较研究的产物如果被以不够审慎的方式置入关于自身文明的叙事，甚至作为自身文明叙事的核心内容，则极有可能产生非常严重的思想后果。

轴心时代的特点是理性反思，理性反思的后果即所谓哲学的突破，大要来说表现为必须在相互关联中才能得到恰当理解的两个方面：终极关怀的觉醒与自我的觉醒。终极关怀的觉醒意味着宗教的成熟，即宗教在其根本处从巫术乃至自然宗教中摆脱出来，或者简单地说，表现为天的精神化。自我的觉醒意味着人类能动意识的发现，即人能够在意识中将自己从自然中分辨出来，或者简单地说，表现为心灵的发现。如果说理性的反思侧重的是轴心时代的动力方面的话，那么，哲学的突破侧重的是轴心时代的建构方面。鉴于以往论述轴心时代的学者往往会偏重某个方面而多有缺失，在此提出对轴心时代的一个比较全面的刻画就是必要的。简而言之，轴心时代涉及对生活世界的一种反思性建构，一种具有双重指向——指向终极与自我——的反思性建构。

基于对轴心时代的这种理解，余英时将中国的轴心时代断在诸子时代就有相当程度的妥当性，特别是相比于史华慈等人断在更早的周代而言。一个非常明显的理由在于，相对于更早的西周，包括孔子在内的诸子时代（春秋时代以下）才真正表现出成规模、系统化的理性反思倾向，这是毋庸置疑的。然而，问题也随之而来：如果说中国轴心时代的"哲学的突破"发生在诸子时代，从而这个时代能够被恰当地刻画为中国文明的开端，那么，如何理解这个开端的内在结构及其统一性就是一个必须提出的问题，因为开端并不仅仅是一个时间上的点，而且也一定包含着能够塑造一个文明的某种整体性的、建构性的精神力量。①

就此而言，一个直观的问题在于：如何看待并刻画诸子时代与诸子以前的时代的关系，特别是其思想关系？雅斯贝尔斯用"突破"来刻画这种关系，意味着轴心时代与此前时代主要呈现为一种断裂关系。而包括余英时在内的大多数论述中国文明的轴心时代的学者也都承认，相比于其他地区的轴心文明，中国文明的轴心时代与此前时代的连续性最强。那么，在这种与过去既断裂又连续的双重关联中，如何理解诸子时代是中国文明的一个突破性的开端？这个突破性开端的建构性力量又表现在哪里呢？在此我们肯定会想到史华慈那个看法的某种合理考虑：周代礼乐文明的建构性意义对于理解中国轴心时代的重要性。换言之，诸子时代的反思性特征比较容易辨识，但诸子时代的建构性特征则不容易被看到。要将中国文明的轴心时代断在诸子时代，必须对其建构性作出清楚的说明。

在此我们的运思就走到了理解中国文明的一个至关重要的岔路口：是遵照轴心时代的概念和理论断言诸子时代与此前的时代在思想上主要是一种断裂关系，还是说更强调二者的连续性？如果是后者，那就意味着轴心时代的概念和理论对于我们刻画中国文明已然失去了根本性的意义。如果是前者，正如余英时所作的那样，那就必须面对如何理解这个时代的新的建构性力量的问题。

然而，在《论天人之际》一书中，正如在很多论述中国轴心时代的著作中，这个问题基本上阙如。我们看到的常见现象反倒是，一方面板上钉钉地将只有通过突破、断裂才能界定清楚的"轴心时代"概念作为核心词汇用于刻画中国文明，另一方面又以

---

① 余英时避用"哲学的突破"，而用"轴心突破"，或许有他的考虑，比如说，他所谓的内向超越好像不太像一个哲学问题。实际上，雅斯贝尔斯是在比较宽泛的意义上使用"哲学的突破"这个说法的：在论述轴心时代哲学家的出现时，他将中国的圣哲、印度的苦行者、以色列的先知和希腊的哲人统称为"哲学家"。参见《历史的起源与目标》，魏楚雄、俞新天译，华夏出版社1989年版，第10页。

独特性的名义强调中国文明与轴心文明相比最有连续性。我并不认为这种状况是出于偶然的疏忽或未能深思，也不认为这中间的张力可以通过引入程度刻画的指标而得以消解。将中国的轴心时代断在诸子时代其思想实质仍是胡适的《中国哲学史大纲》，用蔡元培的话来说，就是"截断众流"，将上古中国史作为神话一笔勾销。这样，关于中国文明的轴心时代论就与看似勇猛、实则鄙陋的疑古学派同一个鼻孔出气了。这显然是现代以来有意地放置在中国思想起源问题上的一个最大的理论迷障。这样，关于中国文明的轴心时代论根本上来说并不能够为中国文明在世界历史上争得一席之地，而是表现为针对中国文明的真正开端的一种异常强悍的解构力量。这种异常强悍的解构力量借着现代人文社会科学传统而来，这一点并非无关紧要。

不过，我这里的批评并不一定构成对轴心时代概念的彻底否定。如果我们将连续与断裂的问题暂且按下不表，直接思考这个突破性开端的建构性意义，我以为主要是提出孔子对于中国文明的轴心意义。实际上雅斯贝尔斯已经明确指出，"对于西方的意识来说，耶稣基督是历史的轴心。"[1] 因此，顺着雅斯贝尔斯所提出的轴心时代理论框架，可以说，《论天人之际》最大的问题，就在于没有能够提出孔子的意义问题。关联于前面的分析，只要像胡适那样，将孔子等同于诸子之一，就不可能提出这个问题。

---

[1] 《历史的起源与目标》，第 70 页。

# 参考文献

**中文论著：**

蔡仲德，1994 年：《冯友兰先生年谱初编》，开封：河南人民出版社

曹元弼，1973 年：《复礼堂文集》，台北：文史哲出版社

陈壁生，2010 年：《经学、制度与生活》，上海：华东师范大学出版社

陈焕章著，韩华译，2015 年：《孔门理财学》，北京：商务印书馆

陈来，2001 年：《现代中国哲学的追寻：新理学与新心学》，北京：人民出版社

陈寅恪，2009 年：《陈寅恪集：金明馆丛稿二编》，北京：生活·读书·新知三联书店

陈寅恪，2009 年：《陈寅恪集：诗集，附唐篔诗存》，生活·读书·新知三联书店

戴季陶，1959 年：《戴季陶先生文存》（陈天锡编），台北：中央文物供应社

戴季陶，1925 年：《孙文主义之哲学的基础》，上海：民智书局出版

邓晓芒，2010 年：《儒家伦理新批判》，重庆：重庆大学出版社

冯友兰，1984 年：《三松堂学术文集》，北京：北京大学出

版社

冯友兰，2009年：《中国现代哲学史》，北京：读书新知三联书店

顾炎武著，陈垣校注，2007年：《日知录》，合肥：安徽大学出版社

郭齐勇主编，2004年：《儒家伦理争鸣集》，武汉：湖北教育出版社

哈贝马斯，2000年：《合法化危机》（刘北成、曹卫东译），上海：上海人民出版社

海德格尔，2010年：《物的追问》（赵卫国译），上海：上海译文出版社

海德格尔，1996年：《海德格尔选集》（孙周兴译），上海三联书店1996年版

贺麟，1947年：《文化与人生》，北京：商务印书馆

黑格尔，1961年：《法哲学原理》（范扬、张企泰译），北京：商务印书馆

亨廷顿，2010年：《文明的冲突与世界秩序的重建》（周琪译），北京：新华出版社

胡适，1997年：《中国哲学史大纲》，上海：上海古籍出版社

荒木见悟，2008：《佛教与儒教》（廖肇亨译），台北：联经出版事业股份有限公司

霍耐特，2013年：《自由的权利》（王旭译），北京：社会科学文献出版社

霍耐特，2016：《不确定性之痛：黑格尔法哲学的再现实化》（王晓升译），华东师范大学出版社

蒋庆，1995年：《公羊学引论》，沈阳：辽宁教育出版社

康有为，1981年：《康有为政论集》（汤志钧编），北京：中华书局

康有为，1935年：《大同书》，北京：中华书局

康有为:《礼运注》,中国图书公司代印,演孔丛书本

康有为,2007年:《康有为全集》,北京:中国人民大学出版社

李大钊,1999年:《李大钊文集》,北京:人民出版社

李源澄,2010年:《李源澄儒学论集》,成都:四川大学出版社

李泽厚,1985年:《李泽厚哲学美学文选》,长沙:湖南人民出版社

李泽厚,2007年:《批判哲学的批判》,北京:生活·读书·新知三联书店

李泽厚,2006年:《李泽厚近年答问录》,天津:天津社会科学院出版社

李泽厚,1985年:《中国古代思想史论》,北京:人民出版社

李泽厚,2008年:《人类学历史本体论》,天津:天津社会科学院出版社

李泽厚,1999年:《己卯五说》,北京:中国电影出版社

李泽厚,1987年:《中国现代思想史论》,北京:东方出版社

梁济,2008年:《梁巨川遗书》,上海:华东师范大学出版社

梁启超,1926年:《饮冰室文集》,北京:中华书局

梁启超,1989年:《饮冰室合集》,上海:中华书局

梁启超,1999年:《梁启超全集》,北京:北京出版社

梁启超,1998年:《清代学术概论》,上海:上海古籍出版社

梁漱溟,1922年:《东西文化及其哲学》,北京:商务印书馆

梁漱溟,2005年:《人心与人生》,上海:上海人民出版社

梁漱溟,2005年:《中国文化要义》,上海:上海人民出版社

刘师培,1936年:《刘申叔先生遗书》,宁武南氏校印

刘咸炘,2009年:《推十书》甲辑,上海:上海科学技术文献出版社

麦金太尔,2003年:《追寻美德》(宋继杰译),北京:译林

出版社

毛泽东，1991 年：《毛泽东选集》，北京：人民出版社

尼采，2007 年：《权力意志》（孙周兴译），北京：商务印书馆

钱穆，2011 年：《中国近三百年学术史》，北京：商务印书馆

钱穆，2013 年：《国史大纲》，北京：商务印书馆

璩鑫圭、唐良炎编，1991 年：《中国近代教育史资料汇编：学制演变》，上海：上海教育出版社

饶宗颐，1997 年：《中国史学上之正统论》，香港：龙门书店

森，2016 年：《再论不平等》（王利文、于占杰译），北京：中国人民大学出版社孙中山，1925 年：《孙文主义之哲学的基础》，上海：民智书局

孙中山，黄昌谷编，1926 年：《孙中山先生演说集》，上海：民智书局

孙中山，徐文珊纂辑，1960 年：《国父遗教三民主义总辑》，台北：中华丛书编审委员会

孙中山，1981 年：《孙中山全集》，北京：中华书局

孙中山，1990 年，王耿雄主编：《孙中山集外集》，上海：上海人民出版社

苏舆主编，2002 年：《翼教丛编》，上海：上海书店

谭嗣同，1981 年：《谭嗣同全集》，北京：中华书局

唐文明，2010 年：《近忧：文化政治与中国的未来》，上海：华东师范大学出版社

唐文明，2012 年：《隐秘的颠覆：牟宗三、康德与原始儒家》，北京：生活·读书·新知三联书店

唐文明，2012 年：《敷教在宽：康有为孔教思想申论》，北京：中国人民大学出版社

王春霞，2005 年：《"排满"与民族主义》，北京：社会科学文献出版社

王汎森，2012：《傅斯年：中国近代历史与政治中的个体生

命》（王晓冰译），生活·读书·新知三联书店

王夫之，1999年：《船山遗书》，北京：北京出版社

王国维，2010年，《王国维全集》，杭州：浙江教育出版社

汪晖，2004年：《现代中国思想的兴起》，北京：生活·读书·新知三联书店

汪荣祖，2006年：《康有为论》，北京：中华书局

威廉斯，2017：《伦理学与哲学的限度》（陈嘉映译），北京：商务印书馆

翁贺凯，2010年：《现代中国的自由民族主义》，北京：法律出版社

吴学昭，2014年：《吴宓与陈寅恪》，北京：生活·读书·新知三联书店

萧公权，1997年：《近代中国与新世界：康有为变法与大同思想研究》（汪容祖译），南京：江苏人民出版社

谢幼伟，1946年：《孝与中国文化》，重庆：青年军出版社

徐文珊纂辑，1960年：《国父遗教三民主义总辑》，台北：中华丛书编审委员会

雅斯贝斯，1989年：《历史的起源与目标》（魏楚雄、俞新天译），北京：华夏出版社

杨度，1986年：《杨度集》（刘晴波主编），长沙：湖南人民出版社

雍正，1969年：《大义觉迷录》，见沈云龙主编：《近代中国史料丛刊》第三十六辑，台北：文海出版社

余英时，1998：《现代儒学论》，上海：上海人民出版社

余英时，2014：《论天人之际》，北京：中华书局

张君劢，1938年：《明日之中国文化》，北京：商务印书馆

张申府，1996年：《思与文》，河北：河北教育出版社

张祥龙，1996年：《海德格尔思想与中国天道》，北京：生活·读书·新知三联书店

张祥龙，2001 年：《从现象学到孔夫子》，北京：商务印书馆

张祥龙，2007 年：《思想避难：全球化中的古代哲理》，北京：北京大学出版社

张祥龙，2009 年：《孔子的现象学阐释九讲：礼乐人生与哲理》，上海：华东师范大学出版社

张祥龙，2010 年：《先秦儒家哲学九讲：从〈春秋〉到荀子》，桂林：广西师范大学出版社

张祥龙，2012 年：《拒秦兴汉和应对佛教的儒家哲学：从董仲舒到陆象山》，桂林：广西师范大学出版社

张祥龙，2012 年：《德国哲学、德国文化与中国哲理》，上海：上海外语教育出版社

张祥龙，2014 年：《复见天地心：儒家再临的蕴意与道路》，北京：东方出版社

张祥龙，2017 年：《家与孝》，北京：生活·读书·新知三联书店

张之洞，1998 年：《张之洞全集》，河北：河北人民出版社版

章太炎，1977 年：《章太炎政论选集》（汤志钧编），上海：中华书局

章太炎，1985 年：《章太炎全集》，上海：人民出版社版

章学诚，1985 年：《文史通义校注》（叶瑛校注），上海：中华书局

周伟驰，2013：《太平天国与启示录》，北京：中国社会科学出版社

曾国藩，1986 年：《曾国藩全集·诗文》，长沙：岳麓书社

朱有瓛主编，1987 年：《中国近代学制史料》，上海：华东师范大学出版社版

**中文论文：**

陈旭麓，1982 年：《论中体西用》，北京：《历史研究》第

5 期

沟口雄三, 2007 年:《重新思考辛亥革命的历史定位》, 北京:《台湾社会研究季刊》, 第 67 期

李慎之, 1999 年:《独立之精神, 自由之思想——论作为思想家的陈寅恪》, 北京:《炎黄春秋》第 12 期

刘清平, 2002 年:《美德还是腐败? 析〈孟子〉中有关舜的两个案例》, 北京:《哲学研究》第 2 期

贺照田, 2007 年:《勉励献疑: 回应沟口先生》, 北京:《台湾社会研究季刊》, 第 67 期

唐文明, 2011 年:《隐者的生活志向与儒者的政治关怀》,《思想与文化》第 11 辑, 上海: 华东师范大学出版社

唐文明, 2009 年:《当代中国何以呼唤孔子?》, 澳门:《神州交流》第 6 卷第 2 期

汪东, 1906 年:《革命今势论》,《民报》第 17 号

张祥龙, 1993 年:《胡塞尔、海德格与东方哲学》, 北京:《中国社会科学》第 6 期

**英文论著与论文:**

Francis Fukuyama, 2004: *State - Building : Governance and World Order in the 21st Century* , New York: Cornell University Press

Hok - lam Chan, 1984: *Legitimation in Imperial China : Discussion under the Jurchen - Chin Dynasty* , Washington: University of Washington Press

Max Weber, 2004: "Politics as a Vocation", in *The Vocation Lectures* , edited and with an Introduction by David Owen and Tracy B. Strong, translated by Rodney Livingstone, Hackett Publishing Company

Max Weber, 1978: *Economy and Society* , Vol. 1, California: University of California Press

Max Weber, 1947: *The Theory of Social and Economic Organiza-*

*tion*, trans. by A. M. Henderson and Talcott Parsons, ed. with an introduction by Talcott parsons, The Free Press

Martin Barker, 1980: "Kant as a Problem for Weber", in *The British Journal of Sociology*, Vol. 31, No.

Bernard Williams, 1994: *Shame and Necessity*, California: University of California Press

# 跋

在我个人皈依儒门的过程中，人伦亲情发挥了重要作用。我现在仍然清晰地记得，在 1992 年夏季临近毕业的某个特殊时刻，由于某些特别的因缘使我思考到死亡的问题。我似乎并不惧怕死亡，觉得自己死了也没什么关系，但一想到如果我死了，将给父母带来不堪承受的痛苦，就觉得那种场景是我根本不愿看到的。其时，我已读过不少中西哲学领域的大书，于是试图理解自己的这些念头。我注意到，苏格拉底对游叙弗伦告其父亲杀人的态度，至少从字面上看与孔子"子为父隐"的主张形成了鲜明对比，就顺手写下了一个比较性的提纲。从那时起，人伦问题就进入了我的思考范围，也在后来的关键时刻促成了我的皈依。

1995 年秋我入读北京大学的第一个学期，为了完成西方伦理学史课程的期中作业，就将以前写的提纲发展成一篇论文，题名为《情理之间：两种传统伦理思想框架之下的个案比较》，得到了后来成为我导师的万俊人教授的肯定。这篇论文首先发表于校内的《北京大学研究生学刊》，后来正式发表于《中州学刊》1997 年第 6 期。我记得我所在的哲学系 95 级硕士研究生班还组织了一次学术活动，专门讨论我这篇论文，印象中当时所有同学都反对我的观点，于是我不得不与他们展开了一次人数上相当悬殊的辩论。虽然以一对多使我无法很好地阐述我的观点甚至觉得有点儿狼狈，但最终让我深感欣慰的是，在讨论的最后，当我发现自己完全没法说服我的同学时，我提高声音向他们抛出了一个问题：如果真的是你的父亲犯了杀人罪，你真的会选择告发他吗？没想到大家都沉默了：实际上最终没有一个同学干脆、明确地回答"是"。

后来看到梁漱溟由佛转儒、王阳明龙场顿悟都与人伦关切有关，也使我更加确信我的体会和理解。但在北京大学读书期间，对于儒门我最关心的还是形而上问题，也就是终极性问题或超越性问题，以及儒门的处境问题，也就是现代性问题。我的博士论文的选题就由这两个问题构成，2001年写成时题名为《与命与仁：原始儒家伦理精神与现代性问题》。在其中，人伦问题仍是我重点关注的一个主题：我通过自我的本真性这个概念来调和人伦观念所遭遇的古今之变，认为儒门传统中的自我观念是人伦中的自我，且这种自我观念通过本真性的议题完全可以和现代性的基本原则相适应。

随着我对现代性认识的加深，我越来越意识到问题并没有那么简单。现代性的种种问题和弊病可能是根本性的，这就需要我们对现代性进行彻底的反思和批判。对于儒门信徒而言，确立起超越时代的经典意识能够给予批判现代性以最重要的思想资源。这自然也意味着，出于儒门信仰而对现代性的批判与来自其他信念而对现代性的批判在关键的地方一定会分道扬镳，尽管在批判的主题上会出现不少共享的知识和信念。收入本书中的十二篇论文就来自这样的问题意识，实际上是我试图以问题为主线刻画中国现代儒学史的一个初步努力，因此不难看到，人伦问题是本书的思考主轴，而中西问题、古今问题以及在中西古今的张力中展开的中国现代性的相关理念、主张与道路等思想界关注的热点问题，都被关联于人伦问题而得到重新刻画。至于基于人伦观念而重构一种新的政治哲学，则是我已经准备了很久的一个研究课题，但这仍要再准备几年才有可能动笔。

需要说明的是，本书所收的文章此前大都已在各种学术刊物发表过，在此一一列出，并对这些刊物和给予我帮助的各位约稿者和编辑朋友们表示感谢！《儒教文明与基督教文明的相遇》原载游斌主编：《比较经学》第4辑，宗教文化出版社2014年版；《中国革命的历程和现代儒家思想的开展》原载《文化纵横》2010年第2期，原来发表时有删节，收入本书的是全文；《人伦理念的普世意义及其现代调适》原载《道德与文明》2015年第6期；《从陈寅恪悼念王国维的诗文谈儒教人伦思想中的自由观念》原载《读书》2015年第5期，原来发表时有删节，收入本书的是全文；《陈焕章论儒教社会主义》原载王中江主编：《中国儒学》第12辑，中国社会科学出版社2017年版；《辛亥革命前王国维论哲学及人文学的分科》原载《云南大学学报》2011年第6期；《夷夏之辨与现代中国国家建构中的正当性问题》原载唐文明：《近忧：文化政治与中国的未来》，华东师范大学出版社2010年版，这次收入时有修改；《政治自觉、教化自觉与中华民族的现代建构》原载干春松、陈壁生主编：《经学研究》第2辑，中国人民大学出版社2013年版，这次收入时有修改；《儒教美德伦理传统的衰落与复兴》此前未发表；《儒教伦理与腐败问题》原载《伦理学研究》2011年第5期；《实际生活经验与思想的路标》原载杨国荣主编：《思想与文化》第21辑，华东师范大学出版社2017年版；《比较的陷阱与软性暴力》原载《天府新论》2016年第3期。

特别感谢吴飞教授在百忙之中为本书作序。吴飞对于现代以来废黜人伦的大同主义的批评，与我的看法高度一致，而我们之间存在的不少差异，也有助于我修正、深化和完善原有的理解。

唐文明于北京学清苑止而巽斋
孔子纪元2569年12月15日
孔子纪元2570年10月20日改